中青年经济与管理学者文库

GUANLIKUAIJI ZHONG DE QIFASHI PIANCHA：
TOUZI JUECE HE YEJI PINGJIA

管理会计中的启发式偏差：投资决策和业绩评价

李子扬　著

中国财经出版传媒集团
中国财政经济出版社

图书在版编目（CIP）数据

管理会计中的启发式偏差：投资决策和业绩评价 / 李子扬著．--北京：中国财政经济出版社，2020.3

（中青年经济与管理学者文库）

ISBN 978-7-5095-9730-9

Ⅰ.①管…　Ⅱ.①李…　Ⅲ.①管理会计-研究　Ⅳ.①F234.3

中国版本图书馆 CIP 数据核字（2020）第 047527 号

责任编辑：孙　琛　　　　　　　责任校对：李　丽

封面设计：智点创意

中国财政经济出版社 出版

URL：http：//www.cfeph.cn

E-mail：cfeph@cfemg.cn

社址：北京市海淀区阜成路甲 28 号　邮政编码：100142

营销中心电话：010-88191537

北京财经印刷厂印装　各地新华书店经销

880×1230 毫米　32 开　8.875 印张　208 000 字

2020 年 3 月第 1 版　2020 年 3 月北京第 1 次印刷

定价：40.00 元

ISBN 978-7-5095-9730-9

（图书出现印装问题，本社负责调换）

本社质量投诉电话：010-88190744

打击盗版举报热线：010-88191661　QQ：2242791300

策划人语

题记：一个人的精神成长史，取决于他的阅读史。只有阅读能最有效地培养精神生活习惯，而好的习惯又培养性格，性格决定人生。

——我们自豪，因为我们就是创造这精神产品的人。

选择了飞翔，总能看到蓝天；选择了远航，总能感受大海。人生不仅要作出选择，也要坚持住自己的选择。学会计、当编辑是我的意外选择。人说编辑是为人做嫁衣，可是这一选择我坚持了27年，苦在其中，乐在其中，也算是有声有色。每当我把一本本好书呈献给人们的时候，我觉得我是“富贵”的人：富，不是你身上的钱财，而是你心里的满足；贵，不是你地位的显赫，而是你被人需要的程度。

书海探寻，情怀永恒

我要说，做编辑我幸运，因为我不仅是第一个读者，可以对作品“品头论足”，也可以对作品“生杀予夺”；更重要的是，这是一个很高层次的平台，在多年与名家的交往和名著的“对话”中，深深地为他们的人格和才学所感动，被作品的精彩所吸引，这不仅使我“下笔如有神”，更使我的思想和灵魂也受到一次次洗礼和震撼，得到一次次升华。对于我的作者我的书，如数家珍，作者中不乏才学和为人同样过人的多位泰斗和“颜值高责任大”的众多才子佳人；策划的作品不仅立足专业还兼顾人文，也是情怀所在，专业加人文路才会更宽。

多年的体会是，作为一名编辑，起码要“三心二意”，即“责任心、细心、耐心”和“服务意识、创新意识”。要多策划一些有分量的拳头产品，用一个选题推动一个系统工程，用一个系统工程培养一个出版社品牌。给新入职编辑讲座时我做过一个比喻：编辑两项基本功，审稿——甚至要比博导审批学生论文还要全面、细致；选题策划——要像电影导演一样做“星探”，善于发现优秀作者和挖掘好的原创作品。记不得27年来我策划和编辑了多少书，组织和策划了一大批教材、业务培训用书、通俗读物、理论专著等，有的获得过国家、省部级各类奖项，有的以其填补空白、社会热点、风格新颖、开拓尝试等特点受到读者的欢迎。20世纪90年代我开始自主策划选题，多年来每年都有新丛书问世。比如，21世纪初内部控制研究在国内刚兴起时，策划了《现代内部控制丛书》，其中《企业内部控制管理操作手册》是我鼓励作者将自己饱含心血的经过长期钻研和实践并证明卓有成效的成果奉献付梓，使得更多的人能受益于此，这无疑是对我国内部控制理论探索和实践发展的一种贡献，内部控制选题至今还是热点。2013年的《来去无尘——一位财政部长的生前事》所展现的吴波精神，与深入推进党风廉政建设相得益彰，得到中央领导同志的高度重视和重要批示。中央各大主流媒体纷纷连续报道，掀起了全社会学习吴波高尚情操的热潮。2014 年至今的前沿选题《财务云丛书》等也越来越受到业界认可。

想是问题，做是答案

众所周知，目前的图书出版业在行业竞争和纸质图书受到严重冲击的情况下，出版人无不感到莫大的危机。在这种背景下，策划一套专业图书是颇感困惑的一件事，风险更大。但即使这样我们也不能因噎废食、停滞不前，还要积极应对，继续发挥纸质图书的固有特质，挖掘出版内容和形式都精彩的原创作品，适应新形势下读者的更高需求。2017 年，我们接受新的挑战，开启新的征程，又策划《中青年经济与管理学者文库》《当代税收名家丛书》《中国税务律师系列丛书》《现代管理实务丛书》《高等院校应用型会计人才精细化培养系列教材》等，继续为扶持学术研究和总结最新成果，在高端研究与专业知识普及和应用之间搭建一座座有益的桥梁。

每一个时代的经济环境不同，理论研究和实务探索所需要解决的问题也有所差别。当前我国不仅处于经济结构调整和供给侧改革的攻坚期，同时也处于大数据和互联网突飞猛进的变革期，矛盾叠加，风险交汇，市场环境和组织模式不断演变发展、推陈出新，经济、管理、财税等领域的新理论、新思想、新方法、新工具也层出不穷。乱花渐欲迷人眼，击水三千浪几何？这些领域的研究人员被时代赋予了更艰巨的责任，也面临着更高、更多元的要求，我们不仅要具备更广阔的学术视野，而且要有更严谨的学术思维。

输在犹豫，赢在行动

《中青年经济与管理学者文库》的作者，都是我国经济与管理领域的中坚力量，也是未来的大家。他们中有些人潜心从事理论研究，有些人则深耕在实务一线，但无论现实身份如何，视野全都没有被拘泥在“象牙塔”内。他们从不同视角对市场经济的不同要素进行细致审视，然后汇聚于“财经版”这面旗帜之下，相互碰撞，彼此激荡，力求在市场经济转型升级的关键时期留下最新鲜的“中国印记”。

这些经济与管理领域的中青年学者，就是我国市场经济发展的潜力与优势，他们的研究成果，不仅将引领市场经济的各个组成环节向更科学、更先进的方向发展，而且将成为我国政府和企业在未来经济世界扮演更重要角色的支点与动力。祝愿这些中青年学者能攀上更高的学术之山，走向更远的研究之路，也期待宏观、中观、微观各个层面的市场参与者都能从这套文库中得到切实的启发与指引，在全面深化改革、增强发展活力的关键时期，发挥正能量和积极作用，为经济社会发展增添新的动力！

如果您认可，如果您有意愿，欢迎您和您的朋友加盟我们的作者队伍！在中国财经出版传媒集团的“旗舰”下，中国财政经济出版社这“老字号”，一定励精图治，谱写新的篇章。我们用“龙的精神，玉的品质”来助力您实现梦想！

策划人：樊清玉

邮箱：qingyuf@ sina. com

2017 年春

序

高效、准确地向信息使用者提供决策相关的信息是会计学科存在之基石、发展之源泉。作为一个信息系统，以数量为标尺来报告和反映经济活动是会计与生俱来的责任和使命。因此，自会计学科诞生以来直至今日，众多学者精心地从会计信息组织框架，结构体系，涵盖内容，报告时间、主体，质量标准等各个方面对如何提高会计信息的质量展开了大量广泛、深入且有价值的研究。然而，就在我们为更详尽、真实地描述经济活动以及更充分、有效地提供决策有用信息而不断探寻如何丰富会计“语域”、如何完善会计“语法”时，又何妨做一个大胆的思考：我们的“语言”——数量信息本身是否有可能导致决策的误差呢？早在20世纪70年代，心理学、行为学者即开始对人类怎样形成和处理数目及量纲单位信息展开研究，以探知人们究竟如何去形容时间、空间以及生活中一切可衡量、比较的事物，甚至是没有实物形态的思想，因为这正是日常生活中人们每时每刻进行决策的依据。此类问题有一个共同点：需要一个基础的数量分辨能力。虽然人类区分数目的本领与生俱来，但将数目结合特定单位进行数学意义上的表达却使人们依靠本能辨别数量的任务变得复杂起来。当将同一事物通过不同数目和单位（量纲）进行描述时（如1年、12个月、365天），人们往往需要在本能之外做更多分析和思考以完成决策。由于这样的决策任务在生活、工作中大量存在，研究者开始探讨以不同的数目与单位相结合来表达同一个数量是否会引起人们认知和决策的偏差。

数目启发式（Numerosity Heuristic）正是这种认知偏差的形式之一。泛而言之，数目启发式是指人们在对数量或概率做出估计、判断时单纯以表面的数目作为其依据，而忽略其他重要信息（如计量单位）。对于会计学科而言，其作为一门以数字为信息载体记录会计主体经济活动的学科，核心宗旨即为决策主体提供决策有用的信息。而数量在会计信息系统中的重要性毋庸置疑，几乎是会计信息系统赖以存在的基础，无论我们表达各类收益或损失、各项资产或负债、现金流量的流入和流出，都离不开数量形式。在将数量视为“语言”的会计学科中，对于报告形式、单位、时间均无统一标准的管理会计信息而言，数目启发效应是否存在于管理会计信息使用、处理的过程中，这是一个十分重要但尚未被探讨的问题。在现有研究中，管理会计信息使用者似乎大多被限定在“完全理性人”假设的框架下，无论何种管理会计任务、管理会计信息，决策主体均可以完全无偏地在决策中获取、理解和应用所呈报的信息并用于判断之中，但少有研究关注管理会计信息的具体使用过程。毕竟管理会计信息与其他信息一样，均需要被人类的认知加工处理才能真正应用于决策。众多偏离理性决策的现象和心理学研究成果表明，决策主体的真实行为与新古典经济学假设的理性经济人有较大差异，人们在这一过程中却并非完全理性：人们处理信息的过程往往受到思维及认知中固有缺陷的影响。而数目启发式作为人类处理数量信息时一种常见的启发式策略，是否可影响以数量为主要信息载体的管理会计信息的加工和使用过程，是一个亟须关注的问题。本书着眼于管理会计控制任务中常见的投资决策任务和业绩评价任务，采用实验研究方法，将数目启发式效应对管理会计具体行为影响的分析细分为四个研究问题，分别探讨了数目启发式效应在管理会计信息使用过程中的存在性，影响数目启发式作用的情景条件和个人特征，以及数目启发式与其他非理性行为的交互影响，并引入决策激励等方法对数目启发效应的存在性进行了稳健性检测，探讨相应应对措施。本书以实验为主要研究方法对上述研究内容进行实验情景构造、实施预实验及正式实验测试，最终得到研究结果如下：

其一，数目启发式效应确实存在于管理会计具体任务中，并最终导致有偏的决策。本书研究发现，数目启发式效应确实存在于投资决策和业绩评价任务中：在投资决策任务中面临数量、概率信息做出判断时，被测试者（本书以下简称“被试”）倾向以数目启发式代替理性算法来推断数量大小和可能性高低，并最终做出有偏误的决策；在业绩任务中被试同样受到数目启发式效应影响，被试面对等量的数量信息仅因数目形式的差异就给出了有显著差异的评价。

其二，任务情景和个人特征可影响数目启发式效应在管理会计任务中的作用。在验证了数目启发式效应存在于管理会计信息使用过程的前提下，本书研究继续探讨了管理会计任务中数目启发式效应作用发挥的影响条件。此处的影响条件又实际分为任务情景和个人特征。本书研究发现，数目启发式效应作用的发挥首先会受到任务情景条件的影响，让被试感到复杂程度更高、耗费认知努力更多的任务会促使其更倾向于选择数目启发式策略作为完成决策任务的依据。同时，数目启发式效应也与个人思维方式密切相关，相比于抽象思维组，具象思维组的被试更易受数目启发效应的影响；但数学水平、逻辑能力、工作年限、职位高低等个人特征并不能在依据数量信息进行判断的任务中导致有差异的决策。这说明数目启发式策略独立于人类数学水平和逻辑能力而存在，也在一定程度上印证了人类同时存在两套计数系统，后天学习和培养的理性计数能力与本能的计数系统相独立，当采用本能计数系统时，理性计数能力的高低并不能影响到人类依据前者做出的判断。

其三，数目启发式效应可与其他非理性行为共同影响管理会计信息的使用过程。在数目启发式效应与其他非理性行为的交互影响的研究中，实验结果发现，数目启发式效应可与人们在不同情形下对待风险态度和偏好不一致的非理性行为共同影响决策者的判断。被试在对确定性收益项目和不确定性收益项目进行比较抉择的投资决策任务中，当一个确定性收益项目用大数目（即小计量单位）表述时，决策者比同样的项目用小数目（即大计量单位）表述时更有可能选择该项目；而当一个确定性损失项目用大数目（即小计量单位）表述时，决策者比同样的项目用小数目（即大计量单位）表述时更有可能拒绝该项目而选择对应的不确定性损失项目。

其四，本书研究通过引入真实公司的背景和数据以及引入决策激励的方法进一步验证了实验结果的稳健性以及在实践中的适用性。研究结果发现，数目启发式效应仍然稳健地存在于引入真实数据和决策激励的管理会计投资决策及业绩评价任务情景中，在该实验情形下，被试仍然更倾向高估大数目形式下的数量信息，低估小数目形式下的数量信息，以数目作为判断数量大小的依据。该结果在印证了数目启发式效应稳健性的同时，也在一定程度上使本书研究结果更具实务推广性和实践意义。针对数目启发式效应的影响，本书研究从完善管理信息系统、对可标准化的数量信息进行标准化以及管理决策者自我约束和警醒的角度探讨了数目启发式效应的应对举措。

第1章 绪　　论

1.1　背景

高效、准确地向信息使用者提供决策相关的信息是会计学科存在之基石、发展之源泉。作为一个信息系统，以数量为标尺来报告和反映经济活动是会计与生俱来的责任和使命。因此，自会计学科诞生以来直至今日，众多学者精心地从会计信息组织框架，结构体系，涵盖内容，报告时间、主体，质量标准等各个方面对如何提高会计信息的质量展开了大量广泛、深入且有价值的研究。然而，就在我们为更详尽、真实地描述经济活动以及更充分、有效地提供决策有用信息而不断探寻如何丰富会计“语域”、如何完善会计“语法”时，又何妨做一个大胆的思考：我们的“语言”——数量信息本身是否有可能导致决策的误差呢？

早在20世纪70年代，心理学、行为学者即开始对人类怎样形成和处理数目及量纲单位信息展开研究（例如人们怎样描述多远、多快、多长和有多少），以探知人们究竟如何去形容时间、空间以及生活中一切可衡量、比较的事物，甚至是没有实物形态的思想（Adaval，2012），因为这正是日常生活中人们每时每刻进行决策的依据（例如一餐吃多少食物，购买物品支付多少货币，生产商品耗费多少原料）。此类问题有一个共同点：需要一个基础的数量分辨能力。虽然人类区分数目的本领与生俱来，但将数目结合特定单位进行数学意义上的表达却使人们依靠本能辨别数量的任务变得复杂起来。当将同一事物通过不同数目和单位（量纲）进行描述时（如1年、12个月、365天），人们往往需要在本能之外做更多分析和思考以完成决策。由于这样的决策任务在生活、工作中大量存在，研究者开始探讨以不同的数目与单位相结合来表达同一个数量是否会引起人们认知和决策的偏差。而数目启发式（Numerosity Heuristic）正是这种认知偏差的形式之一。

泛而言之，数目启发式是指人们在对数量或概率做出估计、判断时单纯以表面的数目作为其依据，而忽略其他重要信息（如计量单位）（Pelham et al.，1994）。例如：人们在不知道房间大小的情况下，常容易认为一套有八个房间的房子比一套有五个房间的房子大；在不知道研究助手实际工作效率的情况下，认为两个研究助手比一个研究助手更有效率等。心理学及行为学研究者从数量、图形、概率、货币等众多角度验证了数目启发式效应的存在，人们在生活、工作中似乎难逃这一思维偏差的影响。那么对于会计这样一个几乎将数量视为语言，以确认、记录、计量和报告为流程对经济活动进行“记载”的学科，这种数目启发式效应是否会在会计报告使用者阅读会计

"文字"、理解会计"语言"时也出现呢？当前研究少有对这一问题给予关注。特别是对不同于财务会计以统一单位（量纲）呈报数量信息的管理会计而言，其信息呈报形式、单位、时间等并没有一致的规定，不同的企业及不同性质的任务、生产流程、项目等都可能涉及不同的计量单位。例如核算一个工程项目的成本，既可以百万元为单位，亦可以元为单位；衡量一项任务的进度，可以报告项目离预定期限相差多少天、多少个月，或多少年。像这样对相同的经济变量用不同单位、量纲呈报是否会引起管理会计报告使用者的判断和决策出现偏差呢？该问题的答案对探知决策主体究竟如何理解、运用管理会计信息，以及如何进一步提升管理会计信息的有用性和决策价值都至关重要。基于此，本研究立足于管理会计实践，从管理会计控制任务中经常面临的投资决策和业绩评价任务出发，采用行为学方法探讨数目启发式效应对决策者在处理不同呈报形式下的数量信息时的影响。

1.2 研究问题

会计作为一门以数字为信息载体记录会计主体经济活动的学科，核心宗旨即为决策主体提供决策有用的信息。而数量在会计信息系统中的重要性毋庸置疑，几乎是会计信息系统赖以存在的基础，无论我们表达各类收益或损失、各项资产或负债，还是现金流量的流入和流出，均离不开数量形式。在将数量视为"语言"的会计学科中，对于报告形式、单位、时间均无统一标准的管理会计信息而言，数目启发效应是否存在于管理会计信息使用、处理的过程中，这是一个十分重要但尚未被探讨的问题。在现有研究中，管理会计信息使用者似乎大多被限定于“完全理性人”假设的框架下，无论何种管理会计任务、管理会计信息，决策主体均可以完全无偏地在决策过程中获取、理解和应用所呈报的信息并应用于判断。但少有研究关注管理会计信息的具体使用过程，毕竟管理会计信息与其他信息一样，均需要被人类的认知加工处理才能真正应用于决策。众多偏离理性决策的现象和心理学研究成果表明，决策主体的真实行为与新古典经济学假设的理性经济人有较大差异，人们在这一过程中却并非完全理性：人们处理信息的过程往往受到思维及认知中固有缺陷的影响。而数目启发式作为人类处理数量信息时一种常见的启发式策略，是否可影响以数量为主要信息载体的管理会计信息的加工和使用过程，是一个亟需关注的问题。具体来讲，数目启发式效应对管理会计具体行为影响的分析又可细分为以下四个研究问题。其一，管理会计投资决策和业绩评价任务中数目启发式效应的存在性。对于管理会计控制任务中常见的投资决策和业绩评价任务，数目效应是否存在并影响信息使用主体的认知和决策；对于任务中涉及的不同数量信息，如数目信息、单位（量纲）信息、概率、比例信息等，数目启发式效应是否均存在于各类管理会计信息的使用、处理过程中。其二，管理会计任务中数目启发式效应的作用条件。任务情景因素，如任务复杂程度、完成任务的认知耗费等是否可影响数目启发式效应在管理会计任务中的作用；而管理会计主体个人特征，如思维方式、数学水平、逻辑能力等与认知有关的特征对管理会计投资决策任务中数目启发式效应又有何影响，特别是与管理会计实践相关的工作年限、管理年限和岗位层次等对其数目启发式效应的作用发挥有何影响。其三，数目启发式效应是否可与其他非理性认知效应共同影响管理会计信息使用、处理过程：信息决策是信息使用者在备选信息中做出抉择生成行为结果的认知过程，而人类在这一过程中并非完全理性，认知中的非理性因素将干扰信息处理过程。那么在数目启发式外，管理会计信息使用主体在处理信息过程中的其他非理性行为是否存在，并与数目启发式效应共同作用于信息使用、处理过程，其他非理性行为对数目启发式效应本身又有何影响。其四，管理会计任务中数目启发式效应的应对方式：若数目启发式效应确实存在于信息使用者的决策过程中，那么在实践中可以何种方式抑制数目启发式效应在管理会计任务中的影响。

其中，数目启发式效应广泛意义上的存在性在心理学及行为学领域中早有研究，如怀尔德（Wilder，1977，1978）、佩蒂和卡乔波（Petty & Cacioppo，1984）、佩尔曼和斯旺（Pelman & Swann 1989）、肖沃斯（Showers，1992）等在团队影响、论据说服力、自我价值认同等行为学研究中支持了数目启发效应的存在，而佩尔曼等（1994）则分别从图形面积、数字计算、货币估计、概率选择、人物特征等角度直接探索数目在人们日常数量判断中的作用，首次提出“数目启发式”效应这一概念，并在实证分析中支持其存在。此后拉吉等（Raj et al.，1994）、山口（Yamagishi，1997）、山口等（Yamagishi et al.，2006）、拉古比尔（Raghubir，2008）针对医疗中疾病死亡率表述、赌博收益表述、健康风险表述等更切近人们日常生活的领域对数目启发式效应在人们生活、思维中的影响进行了许多研究，如在山口（1997）的实验研究中，当某一疾病死亡率表述为每10000人中有1286人死亡时，人们认为此疾病的危险程度比死亡率表述为每100人中有24.14人死亡时要大，尽管前者的实际死亡率（12.86%）远小于后者（24.14%）。而索曼等（Soman et al.，2002）、韦滕布罗赫等（Wertenbroch et al.，2007）、伯森等（Burson et al.，2009）、潘德拉等（Pandelaere et al.，2011）、巴克奇和李（Bagchi & Li，2012）、张和史瓦兹（Zhang & Schwarz，2012）则开始逐步将数目启发式效应引入经济学领域，从“货币幻觉”、商品售后服务保障期限表述、客户回报项目积分表述、产品维修期限表述等多角度探讨数目启发式效应是否存在于市场活动中的消费者主体的决策中，其研究均支持数目启发式效应在消费者行为中的存在性。例如将一个商品的售后服务保障期限表述为84个月时，其获得消费者的质量认可高于将保障期限表述为7年。但现有对经济学领域中数目启发式效应研究并未考虑数目启发式效应是否可出现在会计这样一个频繁使用数量形式去确认、计量、记录、呈报经济信息的经济管理活动中。特别对于种类众多且数量呈报格式、内容、时间及单位均不统一的管理会计信息，数目启发式效应更有可能导致决策者做出错误决策。例如在投资决策活动中，既涉及以数目和金钱单位为载体的收益信息，也涉及以概率为主要表达方式的风险信息，且这类信息呈报异于有统一格式、统一计量单位、统一呈报时间财务会计信息呈报，其不同数目与单位的组合可以形成不同的数量形式，而不规则的呈报时间及繁多的决策信息更增加了信息使用者的认知负担，很可能引发数目启发式效应而导致有偏决策。对于业绩评价任务，相应评价指标常涉及两个基本数量指标，一个为标准值（或目标值），一个为实际值，而两者数量上差异在不同单位下常呈现不同数目形式。这种相同数量差异在不同单位下的数目差异现象与索曼等（2002）与韦滕布罗赫等（2007）研究中“货币幻觉”的情况十分类似，人们很可能以数目作为数量的主要关注点而高估大数目形式呈现的评价指标的完成情况，给予更高的评价。故研究者在不断探索如何完善管理会计信息结构框架、标准等问题的同时，也应对管理会计信息呈报形式及其特征本身给予更多关注，毕竟这是信息使用者加工、使用管理会计信息不可或缺的环节，也是管理会计信息赖以发挥作用的基础。因此，探讨数目启发式效应在管理会计具体行为中的存在性是本研究的首要环节和关注焦点。

管理会计任务中数目启发式效应的作用条件、与其他非理性认知效应的共同影响及其抑制措施的研究则基于管理会计数目启发式效应的存在性。根据佩恩等（Payne et al.，1992）、蔡肯和伊格雷（Chaiken & Eagly，1989）、马什瓦兰和蔡肯（Maheswaran & Chaiken，1991）、吉伯等（Gilbert et al.，1988）、张和史瓦兹（2012）、潘德拉等（2011）等的研究，数目启发效应作用的发挥及效果也受一些外部条件的影响，如任务的复杂程度、完成任务的认知耗费、完成任务的时间紧迫程度等，而在管理会计信息使用、处理过程中同样面临类似的情景因素，如信息量大小、任务难易度等。此外，张和史瓦兹（2012）、潘德拉等（2011）等研究发现思维方式、单位换算熟悉程度等个人特征也会影响数量信息使用过程中数目启发式效应的作用，如单位换算更加敏感、熟练的信息使用者可较少受数目启发式效应支配。在实践中管理会计主体的个人特征也常有着明显差异，如工作年限、管理年限、思维方式、数学水平、逻辑能力、管理层次等。因此，不同的管理会计任务情景因素及管理会计主体个人特征也可能影响管理会计具体行为中数目启发式效应作用的发挥，探讨哪些管理会计任务情景因素及主体个人特征可影响数目启发式效应在管理会计行为中作用的发挥是本书的第二个研究点。那么数目启发式是否是管理会计信息使用主体依据管理会计信息决策时唯一的非理性思考方式呢？大量心理学及行为学研究表明，决策是信息使用者在备选信息中做出抉择并生成行为结果的认知过程（Libby，1981），而人们在这一过程中却并非完全理性：人们处理信息的过程往往受到思维及认知中固有缺陷的影响。由于管理会计任务的复杂性及管理会计信息的多样性，管理会计主体在信息使用过程中很可能受多种非理性思考方式影响。那么我们不得不思考一个问题：其他非理性效应可与数目启发式效应同时出现于管理会计任务过程中吗？两者可产生交互影响吗？因此，本书第三个研究点即关注数目启发式效应与其他非理性思考因素在管理会计行为中的共同作用。最后，一个重要的问题是，若数目启发式效应存在于管理会计信息使用、处理过程中，与管理会计主体个人特征及情景因素相关，同时可与其他非理性思考方式共同影响决策过程，那么我们应怎样抑制这一数目启发式效应呢？在潘德拉等（2011）的研究中发现，如果在决策者依据不同数目及单位形式组成的同等数量信息做出决策时，提供量纲单位换算比率可减小数目启发式的作用影响。但对于管理会计实践而言，这实际增加了决策过程中决策者的认知努力程度及工作量而影响决策效率。此外还存在其他数目启发式效应的抑制方法吗？例如管理会计信息标准化等？这是本研究第四个要探讨的问题。综上所述，本研究欲探讨数目启发式效应在大量应用数量信息的管理会计中的影响，并分析其作用发挥与管理会计情景因素及主体个人特征的关系，及其与其他非理性因素对管理会计决策的共同影响，最终分析管理会计中这一效应的抑制措施。本书研究思路及研究具体目的如图 1－1 所示。

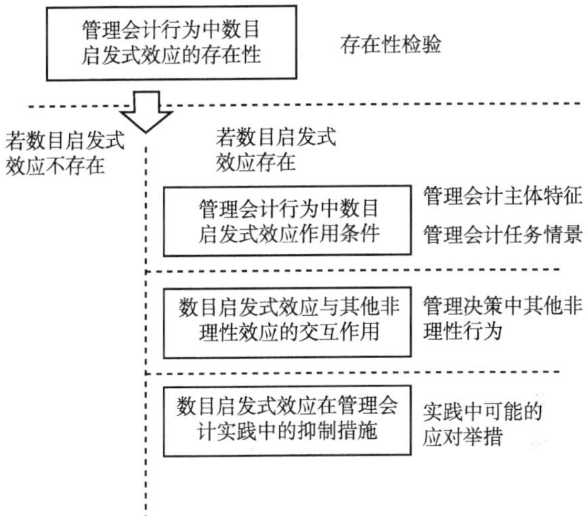

图1-1　本书研究逻辑图

1.3　研究方法

本书研究主题涉及管理会计信息使用过程中与认知心理学相关的行为分析，为达上述研究目的，本书应用行为会计中常用的实验研究作为主要研究方法。行为会计研究的主要特点即将会计活动中人的行为和作用作为主要分析点，寻求影响人的行为的变量，以设计出可有效辅助决策或管理控制的会计信息系统。行为会计将心理学、经济学、组织行为学等领域的相关概念、方法和原理引进会计领域，通过探析人的行为与会计信息系统间的相互关系，研究会计主体的行为特征和规律，预测、控制和引导其行为。实验研究是行为会计的主要研究方法之一，在可控的实验室环境下，针对某一会计现象，通过控制某些条件使得参加者在模拟但更为简化的具有纯粹形式的会计情景中进行决策，通过观察和分析实验结果来检验、比较和完善已有的会计理论或发现新的规律。之所以在行为会计中常使用实验研究方法观测和总结会计主体的行为规律，主要因为相比于其他研究方法，实验方法可以更纯粹地探讨和验证会计信息系统与个体行为之间的因果关系：实验情景的构造可以限定起因和结果对应的独立变量、自变量以及因变量，通过随机化的方式排除其他可能的影响因子，并严格限定起因和结果的先后对应关系。同时，实验研究也具有可控性和可重复验证两大特征，研究者可以操纵实验室环境，设定和控制某些条件，纯粹地观察决策者的行为分析结果，而其他研究者也可以重复相应实验情景，进而独立地证实或证伪前人的结论，进一步探索新的规律。此外在实验中可引入和控制经济激励，由此得到的数据也往往更能观测个体的行为动机并更加契合实际经济活动。

对于本书而言，数目启发式效应诞生并长期应用于心理学及消费者行为学研究领域。由于该效应是人类数量信息处理时思维和认知上的反应，对该效应的研究必须在人们实际处理数量信息的过程中予以分析，并无相应替代变量，也无法从公开的数据库中获得需要的研究数据。且管理会计具体任务中涉及影响决策的潜在因素并非数量启发式效应一种，必须严格控制情境中探究自变量与因变量，排除其他可能的影响因子。此外，心理学及消费者行为学中数目启发式效应现有研究也以实验研究作为该领域的主流研究范式。因此，本书也采用实验研究作为主要研究方法，并辅以实验后问卷探究相应变量对数目启发式效应的影响，以此更直接地呈现数目启发式效应对会计信息使用主体行为的影响。为纯粹地探究数目启发式效应对管理会计信息使用主体的影响，本研究全部以实验方式完成数目启发式存在性、作用条件以及与其他非理性行为的交互作用等研究章节。本书的研究技术路线如图 1－2 所示。

管理会计中数目启发式效应存在性检验
投资决策任务
业绩评价任务
数量形式信息
概率形式信息
决策准确性
决策一致性
投资决策任务
业绩评价任务
数目启发式影响条件
情景因素
任务复杂程度
认知努力耗费程度
其他非理性思维方式
对待风险态度
个人特征
思维方式
数学水平
逻辑能力
工作经验
管理经验
岗位层次
管理会计实践中可能的抑制因素
决策激励
信息决策

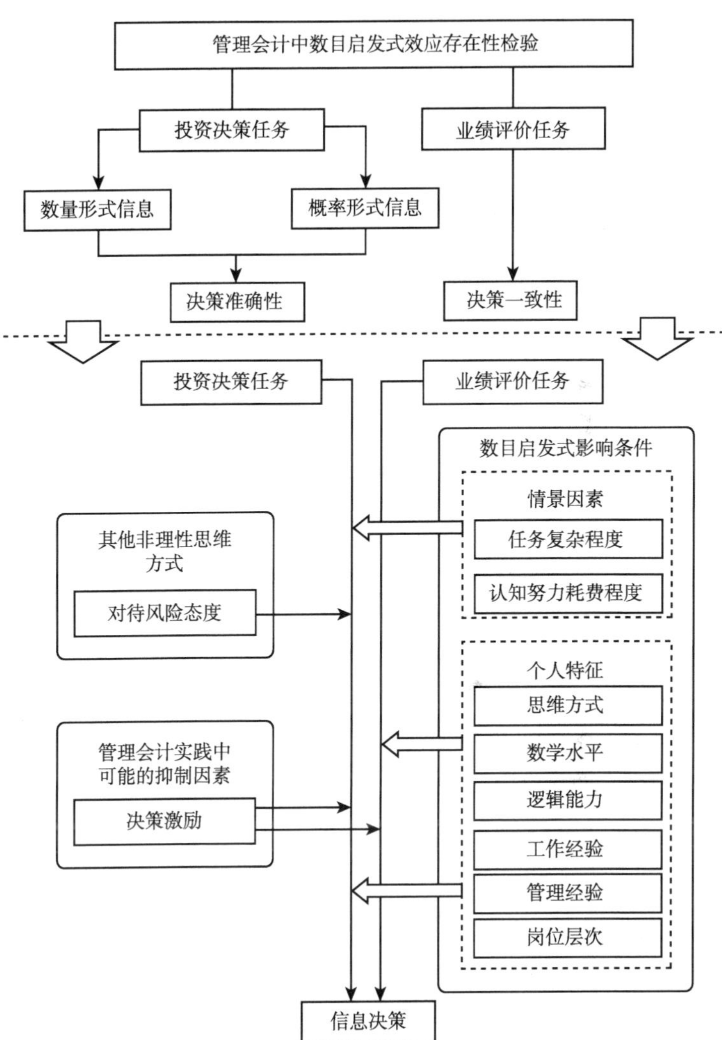

图1-2　本书研究逻辑图

1.4 研究意义与创新

本书的研究关注一个“古老”的话题：会计信息的决策有用性。围绕这一主题，不少研究者精心地从会计信息组织框架、结构体系、质量标准等各个方面对如何提高会计信息的质量展开了大量有价值的研究。然而，本研究则关注一个似乎被现有研究忽视的问题：作为会计信息载体的数量信息本身是否可引致信息使用主体的认知偏误并导致有偏的决策。在引入数目启发式这一认知效应的基础上，本研究基于管理会计的投资决策任务和业绩评价任务，以实验研究为主要方法分析了数目启发式策略在管理会计信息使用过程中的存在性、作用条件及与其他非理性行为的交互影响。本书一方面从管理会计信息认知的行为视角分析非理性认知因素——数目启发式效应对以数量为主要载体会计信息在使用和辅助决策过程中的影响，填补现有会计信息决策有用性和会计行为领域相关研究的空白，具有重要的理论和实践意义，在方法上也具有较强的探索意义；另一方面在管理会计领域针对具体任务探析了数目启发式策略的影响机制和作用条件，与现有数目启发式研究文献相对比，增加了数目启发式效应的稳健性和推广性。同时，本书还针对管理会计信息系统自身的特点，创新性地探析了数目启发式效应与其他非理性认知因素在决策过程中的交互作用，以及管理会计信息使用主体特定的个人特征对数目启发式效应作用发挥的影响。

本书也为相关实验研究提供了实证支持并丰富了实验数据库。行为会计学研究的一个普遍难题在于数据获得的烦琐性和昂贵性，一个完整的实验研究需要历经实验情景设计、被试招募、实验室和设备确认、实验现场组织、控制以及后期数据整理、分析等众多环节，同时还须给予被试金钱上的激励，故一系列实验的实施往往需要研究者付出大量的精力、人力、物力和财力，因此，研究者实验数据的获取和共享本身也是对行为会计学科研的一个贡献。本书所涉及的实证数据均是现场实验数据，历经系统性的预实验、正式实验和稳健性研究过程，共征集到1024个实验样本，内容丰富，数量充实，可为相关实验研究提供重要的数据支持。此外，本书还通过实验后问卷设置，增加了研究维度，为后续相关研究的拓展奠定了一定基础。

相比于现有研究，本书的研究创新和理论意义主要体现为以下四个方面：

第一，本书针对现有研究忽视会计信息使用者在处理数量信息时的认知因素的研究缺陷，立足于管理会计具体任务，首次在管理会计领域探析了数目启发式效应对信息使用主体判断和决策的影响，弥补了现有研究的空白。由于数量信息在会计中广泛使用，数目启发式的存在可直接影响会计决策质量和会计信息的决策有用性，并最终对企业的经营绩效产生重要影响。此前虽有心理学和消费者行为学的文献记录了数目启发式效应，但这多数是针对消费者个人选择或者日常生活的普通选择，而涉及投资决策和经营决策时，人们也许会从理性角度进行决策分析而非随意依靠直觉，故在本研究之前，并不能确定数目启发式效应是否存在于会计信息使用和决策中。本研究则通过构建系列实验验证了数目启发式效应在会计信息认知和使用中的存在性，说明了人们在加工会计的“语言”——数量信息时，并不能完全准确地处理信息并有效辅助决策。会计信息中的数量形式本身可引致信息使用者的决策偏差，这对于以数量为基础的会计学科而言，其理论和实践意义不言而喻。且本书并非仅简单直接地将数目启发式引入会计领域，而是针对管理会计信息的特征，细致分析数目启发式效应的适用性和影响机制，并在验证该效应存在的基础上深入地探讨了其作用条件、与其他非理性认知的交互影响和抑制措施等。这既进一步丰富了会计信息有用性和会计决策准确性的理论探讨，对后续研究有着重要启示意义；也有助于实践中会计信息使用者更加警醒并采取应对措施以减少认知偏差，提升决策效率和准确性。

第二，跳出“完全理性经济人”的假设，以更贴近人们实际经济活动的“有限理性”视角探讨管理会计信息的具体使用过程，并引入“数目启发式”这一非理性认知因素，为今后关注会计信息使用和会计决策中的非理性行为提供了新的研究路径。尽管完全理性经济人假设在经济学领域存在许多争议，然而当下许多针对会计信息有用性的探讨仍主要建立在理性经济人假设的基础上，主观地认为会计信息使用者可准确无误地获取和理解会计信息系统生成的信息，虽然会计基本假设中并无“使用者理性”的假设。本研究则基于数目启发式这一人们在数量判断时极易出现的认知效应，探讨并验证了管理会计信息使用者的非理性行为，系统地支持了“有限理性”理性假设，也为后续研究基于“有限理性”进一步探讨会计信息具体使用提供了新的研究切入点和经验证据。此外，本研究也可促使更多研究者从人类心理认知的角度看待管理会计信息的生成和使用，促进行为会计学的发展。毕竟管理会计信息的编制者和最终使用者（决策者）均是现实中的人，而会计本身也是人的行为。现有研究大多从会计信息组织框架，结构体系，涵盖内容，报告时间、主体，质量标准等许多方面对如何提高会计信息的决策有用性展开研究；但少有研究从信息使用者的自身思维、行为模式影响的角度分析会计信息辅助决策的实际作用。故本书的探讨也有助于研究者立足于信息具体使用过程，更全面地思考如何改进和完善管理会计信息的呈报形式等规则以提升其决策有用性。

第三，拓展了现有数目启发式效应的研究，结合管理会计信息使用过程和使用主体本身的特征，更全面地分析了数目启发式策略的作用条件以及与其他非理性因素的共同作用。本书探索性地将数目启发式效应引入会计领域研究中，首先拓展了该理论的应用范围，其次支持和验证了该效应在人类群体中的广泛存在性。本书还基于管理会计任务的特定情景，探讨了工作年限、担任管理职位年限、考评他人业绩年限等个人特征等因素是否可影响数目启发式效应作用的发挥；同时结合管理会计具体任务考察了数目启发式效应的抑制方式，这均进一步细化了现有数目启发式效应研究。此外，本研究更分析了数目启发效应与其他非理性因素在决策中的共同作用，这在现有数目启发式效应的研究中也是创新性的，有助于后续研究更全面探讨数目启发式效应在人类工作和生活中的影响。

第四，本书的研究也有着重要的实践指导性。管理会计信息如何能更有效地支持决策，提高决策准确性及效率，这本来就是管理会计实际工作中面临的核心问题。本书研究以管理会计信息的实际使用为着眼点，系统分析了管理会计中数目启发式效应的存在性、作用发挥条件、与其他非理性思维的共同作用及抑制措施，从而有助于实践中管理会计信息使用者及编制者意识到一个重要问题：由于人们在信息处理过程中的非理性因素，管理会计信息的决策有用性与信息形式也密切相关。特别对于管理会计中大量非统一格式数量信息的使用，数量启发式效应的存在更应得到管理会计实务领域足够的警醒和重视。从本书研究中可以发现，数目启发式效应不仅可能使管理会计信息者在实践中因管理会计信息数目形式的差异而做出显著不同或有偏差的决策，同时该效应在任务复杂度高、信息种类纷繁复杂、信息量较大的管理会计信息处理实践中更易发生，并影响决策。同时，在实践中管理者往往并非只受到一种心理效应或思维效应的影响，数目启发式效应还可以与其他非理性思维共同作用于管理决策过程，这更增加了数目启发式效应在管理会计实践中的影响范围。本书研究结果不仅可使管理会计实务工作者重视处理数量信息过程中的非理性思维，也分析了该效应在何种情景因素下更易发生和其影响，从而有助于管理会计实际工作者警醒数目启发式效应的发生。此外，依据研究结果，本书还至少提出了两种在实践中抑制和克服数目启发式效应的应对措施，一种是加快管理信息系统的完善和普及，在管理信息系统中设置标准化的信息生成及处理模型，采用标准软件对管理会计信息进行分析、加工并决策，减少人脑在处理信息过程中的非理性因素影响；另一种措施是对管理会计信息呈报中可予以标准化的部分，如呈报格式、单位信息等在一定程度上予以标准化，在给出不同形式下数量信息时，提供标准单位化的数量信息作为参考，以尽量减少引发决策过程中数目启发式出现的可能性。因此，本书的研究有助于实践中的管理会计信息使用者采取相应措施规避或减弱数目启发式效应的影响，进一步提升实践中管理会计信息的决策有用性，增进管理会计决策的准确度和效率，最终改善企业经营能力和企业绩效。

第2章 理论基础

2.1　有限理性——完全理性经济人假设之困

2.1.1　理性——人类经济活动的分析“基石”

从严格意义上说，“理性”（Rationality）是一个充满歧义、模糊的词语，既可泛指人类在心智上控制、调节行为和思维的能力，也可狭义地定义为推理能力。在不同学科中，“理性”常被赋予不同含义或区分为不同类型。在经济相关学科中，作为经济学最重要的理论假设和理论基础，理性人思想最初源于亚当·斯密在《国富论》中对经济人的阐释，一句简单的“合乎理性的人”至少囊括了以下三层含义：自利，追求自身利益是驱动人们经济行为的根本动机；理智，经济人对市场和自身利益均有理智判断，从而使所求利益尽可能最大化；个人利益与公共利益的一致性，在良好的制度和法律的保证下，经济人追求个人利益最大化的自由行动可无意识地、卓有成效地增进社会的公共利益，二者之间存在一致性。经济人假设是对经济生活中一般人的抽象，使经济人与理性行为紧密结合，前者是行为主体，后者是行为本身。经济人假设既包含人是理性的假定，又夹杂社会、道德等因素，但较简单地将产出最大化等同于理性最大化，同时未精确论证个人利益最大化行为增进社会公众利益最大化的路径。

新古典经济学派结合偏好和选择将经济人假设进一步发展完善，提出经济行为者具有充分有序、单一的或内在一致的偏好，具有完备的信息和无懈可击的计算能力，在深思熟虑后会选择比其他行为更能满足自己偏好（至少不会更坏）的行为。在此假设基础上的理性行为常被要求符合特定的理性公理，特别在数学化的一般均衡及期望效用理论中，经济人获得了非同寻常的理性，但同时也被抽象掉伦理等因素，抛弃了经济人概念中的主观心理因素，以偏好概念代替了对目的本身的解释，成为彻底的经济分析执行者。因此，符合理性经济人假设的经济主体具有以下特点：(1) 拥有完备的知识和完美的计算能力，对决策目标和相关约束条件有着非常确切的了解，知晓所有可能的待选择对象或备择方案，且无论备择方案多么复杂，都能计算出最优的方案，并将其作为终选方案。经济行为都是有意识的和理性的，不存在经验型和随机型的决策。(2) 有一个稳定有序的偏好体系，并依据偏好体系对每一个备择方案的客观价值给出恰如其分的评价、赋予相应的效用函数值，对自己所要达到的目的具有明确的认识，对于经济生活中的任何变动，都能做出独立的选择，追求个人利益最大化。

新古典经济学派对理性人的假设使学者们可以从影响人们经

济行为的众多复杂因素中，抽象出主要的基本因素，对人们有关经济行为做出预测、提供行动方针或决策的理论基础，这极大地推进、影响了现代经济学的发展。理性经济人和理性行为也成为学者们分析经济活动主体思想、行为和经济决策的典型视角。新古典经济学派在此基础上建立起严密的理论框架，引入具有高度逻辑性的数学模型为经济行为的分析提供方法支持。在具体应用中，理性主要被描述和简化为效用函数确定条件下的最大化选择及其行为，生产者在给定技术和资源约束下能够找到一个可获得最大利润的最优生产方案，消费者在既定的预算约束下能够找到一个可获得最大效用的消费方案。以数学模型描述人类经济行为主要包含效用函数确定和效用函数最大化计算两个内容，其代表性应用理论——诺伊曼和摩根斯坦（1947）提出的期望效用理论（Expected Utility Theory），基于理性人假设和贝叶斯公理的基础，建立了不确定条件下对理性人经济决策进行分析的框架。在该理论设定下，经济决策主体知道决策所有选项可能性及所有选项的潜在结果，可敏锐地感知选项间的差异，并做出满足效用最大的选择（Edwards，1992）。此后，萨维奇（Savage，1954）进一步提出主观期望效用理论（Subjective Expected Utility Theory），以主观概率代替期望效用理论中的客观概率，分析经济主体，计算期望值，做出决策的行为。理性人假设成为类似理论模型的根基，并与瓦尔拉斯均衡等分析框架共同构筑了近代微观经济学的基石，也成为经济学相关学科及分支学科中经济活动分析的“隐形前提”。

2.1.2　有限理性——人类认知极限束缚的妥协

然而，不少学者发现，在理性人假设和以其为基础的理论模型中，进行判断和决策的经济主体似乎被描述为了一台专门求最优解的微型处理器（Lingnau et al.，2013）。完全和无限制的理性使人们可以立即吸收、理解和处理与其经济行为相关的完备信息，进行缜密地逻辑推理和数学计算并准确求得相应数学解，根据稳定的偏好系统迅速实施符合自身利益最大化的经济行为或决策。在理性人设定下，经济主体必须在始终如一的偏好体系下做出达到最大效用的选择，具有惊人的计算能力，在经济决策中不受信息呈现方式的影响，对人的知识和能力有着近乎完美的要求。

但在现实经济活动中，人们似乎很少能够达到“理性人”的标准。一方面，由于价值问题的复杂性，现实经济活动中的人们可能难以明确表达其价值偏好或保持偏好的稳定和一致性。同时，偏好并非完全自私、自利，也存在公平、利他等社会偏好。萨缪尔森（Samuelson，1993）、拉宾（Rabin，1993）等经济学家提出，人们实际是有限自利的，常常也会关心他人的利益，关注物质利益的分配或行为的动机是否公平。当公平原则与利益最大化的目标冲突的时候，人们甚至可以放弃自身物质利益以换取公平结果。而此类不一致性的偏好和有限的自利并不能如效用最大化函数般被刻画、计算，正如制度经济学派的代表人物道格拉斯（Douglass，1994）所说：“人类行为不仅遵循个人效用函数中的财富最大化，也受利他和自我施加的约束的影响，而这会改变人们实际的选择。”因此，不少经济学家开始突破自利假设的偏好，结合与社会个体、群体感知联系紧密的社会心理学，将诸如公平、互利等人类社会性情感因素纳入效用函数，并且以博弈论为基本分析工具构建了一系列博弈实验①。在实验研究过程中

① 该系列博弈实验包括：最后通牒博弈（Ultimatum Game）、礼物交换博弈（Gift Exchange Game）、信任博弈（Trust Game）、独裁博弈（Dictator Game）以及公共品博弈（Public Product Game）等。

他们发现，人类违背理性经济人自利假设的行为广泛存在，常体现出公平、利他的偏好。例如，独裁者实验中独裁者的给予行为（Forsythe et al.，1994）、信任实验中委托人的信任投资行为、代理人的可信任回报行为（Berg et al.，1995）、礼物交换博弈中双方的互惠行为（Fehr et al.，1996），等等。博弈实验以简洁而有说服力的结论对经济学的经济人自利假设进行了系统性的反驳，也成为行为经济学、实验经济学和社会偏好理论的重要组成部分。

更重要的一方面，由于实际经济活动中人类理解认知、信息获取、计算分析能力的局限，没有一个经济行为主体可以如完全理性人假设般，拥有完全完备的信息并能够迅速进行准确的信息处理、精确的数理计算，在所有的可能解中选出最优解（即使是包涵非自利目标的最优解）。在现实世界中，人的理性通常会受到人类认识能力的有限性、信息的不完全性、任务的复杂性和环境的不确定性的制约。在这些客观条件的制约下，人们的认知能力和计算能力都不可能是“无限”的。因此，在 20 世纪 40 年代末，西蒙（Simon，1955）针对“完全理性”假设提出了“有限理性”（Bounded Rationality）的概念，并逐步完善。他认为，完全理性经济人假设忽视了人是在特定的条件限制中开展选择行为的基本前提，以效益最大化为目标的理性选择理论夸大了人的理性选择能力。西蒙（1955）将理性阐述为“一种在给定条件和约束的限度内能够达到给定目标的行为方式”，并将理性分为实质理性与过程理性。实质理性，即新古典经济学采用的理性概念，指理性人总是达成既定效用函数和约束条件下客观或者实质最优的决策。过程理性是指，理性人基于现有的知识和计算手段进行适当的思考，以过程上合理的方式做出决策。这种过程理性实际考虑了人的基本生理限制，由此而引起的认知限制、动机限制，及其相互影响的限制。认知心理学研究发现，人类的记忆组织是一种表列等级结构。与计算机内存有限、从内存到外存的存取需要时间的储存组织形式相类似，人类大脑的短时记忆容量也有限，从短时记忆到长时记忆需要过渡的时间（Simon, 1957），这成为人类大脑加工所有任务的基本生理约束。这一约束，使思维过程表现为一种串行处理或搜索状态（同一时间内考虑的问题是有限的），从而限制了人们的注意广度（选择性注意）以及知识信息的获得速度和存量。

有限理性基于人类大脑功能和认知能力的限制，从信息的不完全性、知识的不完备性、信息处理的成本及非传统目标函数等角度，阐释了现实经济活动中对决策者信息获取和处理能力的约束。根据有限理性，现实的决策者在决策前并不自然具备全部备选方案和完备信息，必须进行方案搜索和信息收集；价值偏好也并非始终如一，难以用统一效用函数刻画，其选择过程受经验知识水平、搜索方案难易、决策者个性特征（如固执性）等因素影响；由于知识、信息、能力、时间及环境等多方面因素的制约，有的决策者追求其行为的满意化而非最优化，可接受足够好的解，而非强求最优解。因此，虽然有限理性假设下经济行为主体受各种限制而不能获得最大化行为目标，但在有限资源（时间、信息和计算能力等）下进行决策取得满意化结果所采用的过程、方法或程序是符合理性标准的。早期的大部分研究采用规范模型来解释人们的效率和选择，但引用不同的过程来解释与经济最优的偏离。

其他研究者也从制度环境等角度提出和发展了对有限理性的不同观点[①]。但西蒙的有限理性注重的不是经济决策或管理决策

① 如新制度经济学派的 Hodgson、North、Coase、Williamson 等从信息成本和交易费用的角度解释有限理性；Hayek、Amartya Sen 则强调历史、习俗对理性的限制。

的结果，而是决策的过程本身以及决策过程中人类的心理活动或认识活动。这将经济决策和管理决策的研究视野引向了心理学，把人类的心理活动和认知过程的分析纳入管理决策和经济学中，使人们研究理性选择时不仅关注决策的目的和结果，而且注意决策行为中的心理、意识活动及相应行为过程。这为后续研究提供了一个新的视角，即结合人类思维、认知能力和在经济活动中可能出现的心理效应，以更贴近行为主体的角度分析人类的经济、管理活动。同时，对与完全理性人经济理论相悖又经常出现于实际经济活动中的现象进行了解释。西蒙对有限理性的探讨以及结合心理学进行研究的视角，给后来的行为经济学、行为会计、行为金融等众多经济管理学科以很大的启发。

与西蒙同时代的莱宾斯坦（Leeibenstein，1971），在他的选择理性假说中提出，组织或厂商并不是最基本的决策和行为单位，基本的决策单位是人，组织的理性必须建立在个人理性组成的集体理性之上。因此，要认识和理解经济现象，就必须考察个人的行为。选择理性是指个人行为既不符合完全理性也不是完全非理性，而是会选择某一理性水平。莱宾斯坦认为，新古典理论假定人的理性是充分完全的，但现实经济活动中个人理性的水平受制于其个性和环境压力。所以个人的行为受到两种共存的倾向影响：一种倾向是坚持新古典式的完全理性标准，努力追求最大化，促使个体进行精确计算、深思熟虑并注意细节，又称为“超越功能”（super ego function）；另一种倾向则是个体使用“松散的”、不受到约束的决策程序，即“本我功能”（id function），在本我功能下，个体不愿意（但不一定不能够）采取精确计算、深思熟虑、注意细节的理性行为。理性选择理论认为，现实情况中个人行为会在这两种功能之间妥协，并不完全符合理性的要求，而是有“选择理性”的人。同样作为否定完全理性的选择理性假设仍然与有限理性假设存在着一定的差异，如果说有限理性是客观因素限制造成的理性，更侧重不得已而为之的被迫，那么选择理性则是指行为主体不愿意最大化理性，只选择一定程度的理性，更侧重妥协的主动性。

然而，“有限理性”与“选择理性”这两个几乎同时代的理性假设都有着一个共同的重要着眼点——人类本身的思维、认知能力的约束。正是这一源自人类自身生理构成的制约，成为“有限理性”和“选择理性”等许多否定完全理性假设的理论的出发点和坚实依据。毕竟越来越多的学者开始意识到，如完全理性假设般描述的人类与实际经济、管理活动中人类的行为有着许多差距。在现实中，人们表现出了理性行为的“片段”（刘凤良，2008），但要完全达到“合乎理性的人”这简单的几个字却并不简单。正如奈特（Knight，1921）所言，世界的复杂性使任何理论都需要抽象现实作一些假设，但为了推导的严谨，经济学假设要尽量符合现实。

在实际经济活动中，人类的决策必须经历一个思考的过程，运用大脑对相应信息和环境进行分析、推理、判断或计算，根据自身的需求和偏好，基于相应目标给出选择和决策。只是完全理性假设将人类在此过程中的分析、推理、计算能力完全放大化，并对偏好和目标给予了严格的要求；而与有限理性相关的假设则认识到并引入了人类在此过程中的局限和约束。毕竟，现实经济活动中人类的认知是有限的，既不可能掌握全部信息，也无法认识决策的详尽规律，并非如同完全理性假设下拥有计算机公式般精确的计算能力和信息处理速度，也难以通过确定的函数设定完全有序和一致的偏好并寻求自利的最优解，在经济过程中需要自行搜集、理解和处理相应信息（饶育蕾和蒋波，2012）。同时，完全理性也简化了个体行为的复杂性和多样性而被赋予了极强的目的性和相似特点。因此不少研究者开始将视角转向经济个体分析、选择和决策的具体过程，针对经济活动中人类思维、认知的约束和限制，观察和研究存在此约束和限制下人类的经济行为，以探索、获取经济活动中的客观规律。

2.2　启发式效应——有限理性下人类的经验思维法则

对人类思维、认知约束和限制的探讨使心理学、特别是认知心理学这一门研究人类的行为的学科逐渐进入研究者们的视野中。例如阿莱斯（Allais，1953）从认知心理学的角度研究决策者在判断和选择中信息的处理机制及其所受的内外部环境影响，基于决策者心理的角度研究“人们实际中怎样决策”以及“为什么会这样决策”。有限理性的相关理论也正是受认知心理学的影响，并借鉴认知心理学完善后续的论证和论述。认知（cognition）即指人们认识世界的心理过程。认知心理学则是一门分析人们注意力、记忆力、语言处理、感知、问题解决和思考过程，研究人类如何观察客观世界以及如何获取、贮存、提取和使用信息和知识的心理学分支，它通过构建人类的认知模型，进行认知过程的实验，以此观察和说明人类心理活动及行为表现。认知心理学的存在和发展，启发着不少研究者们从人类认知的角度分析经济活动中的思维局限，更细致地观察和探讨人类的经济行为。

在心理学中，认知是指通过形成概念、知觉、判断或想象等心理活动来反映和揭示客观事物的特性和联系、获取知识的心理过程，即个体思维进行信息处理的心理功能，并涉及注意、想象、记忆、思维和意识等众多心理活动和认知环节（Neisser，

1982)。作为一种自然赋予人类的天赋，认知正是人类实施行为的重要前提，对于人类的经济行为也同样如此。但完全理性人的假设则以一种理想的视角，很大程度上简化了人类对经济信息的获取和处理的过程，忽视了人类在此过程中的心理活动，将人完全等同于不受任何心理影响、严格遵循既定程序运行的计算机般的信息处理仪器，以一种机械的信息处理方式代替人类的认知过程。然而作为高级生物的特质，认知这种以人的感觉器官对外界事物进行信息加工的心理过程和与其相关的心理活动在整个人类群体中是必不可少的。

因此，基于认知心理学的视角，人类的经济活动中选择和决策有一个必经的过程——系统性的信息处理过程（狭义的认知概念即人类获取信息并加工处理的过程）。在人类经济活动中，经济行为主体的信息源即为纷繁复杂的外在经济变量，对经济信息的处理首先需要完成信息的获得——接受作用于人类视觉、听觉等感官的信息刺激，在感觉系统将其转化为生物电能，输入人脑以待进一步处理。其次需基于存在知觉、记忆、思维等心理活动中的相应信息编码方式，对获得的信息进行编码，转换信息的形式，并引入工作记忆或永久性记忆中，将外部客观信息的特性以意义、形状、图形、声像等具体形象等形式呈现，于大脑中完成对该部分信息的储存。使用该储存信息时，大脑又依据相应线索和规律进行信息的寻找和提取，完成信息的反馈和输出，最终经济主体依据信息处理的结果实施相应的经济行为。从人类大脑完成信息处理直至形成具体经济行为的整个过程着眼，每个环节都需要人类大脑的持续工作，不断动用感知、记忆、思维等功能，耗费认知努力以完成经济决策和选择。

然而由于大脑的生理构造，人类在信息的处理过程中很难全知全能又准确无误，达到精确的计算和记忆，并不断工作而不知疲惫；人类的信息处理过程也经常面临时限的约束而紧急迫切，并受任务复杂度、情景不确定性等众多内外因素的影响。因此在认知的各个环节中，每一阶段都可能受到其他心理因素的刺激或认知环境的制约而偏离理性的信息处理过程和方式，最终形成认知上的偏差。心理学上，认知偏差（cognition biases）一般是指拥有正常心理、知识水平及行为的人对客观事物认识的非理性偏离（李晓周，2010）。而经济主体认知偏差的存在很可能进一步诱发经济主体判断和决策行为的偏差，即经济主体在“理性”行为基准上的偏离。因此大量学者从认知偏差的视角观察人类的经济行为，构建众多实验验证其存在，对新古典经济学重要的基础假设经济人的完全理性进行质疑、辩驳和演进，并以此分析大量有悖于传统经济学理论又于现实中存在的经济行为规律。例如，格林和威罗比（Gehring & Willoughby，2002）基于人类认知和信息处理过程中脑电波变化对赌博中人的行为进行分析，在仪器对大脑额叶内侧负波（MFN）的记录中显示，快速经过神经回路、不经过大脑逻辑加工处理的无意识的自动处理过程以及受内外部情景和环境影响的情感处理过程这两类非理性处理过程均存在于风险决策过程中，从人类大脑神经活动规律的角度提供了人类非理性决策行为的神经学基础，印证了人类在信息处理中的有限性和认知偏差的存在。从学科的角度上讲，心理学与经济学、管理学等学科边界也随着此类研究的深入而逐渐淡化，例如西蒙（1990）即提出认知心理学与组织行为学、经济学的研究对象在本质上是相同的，即人的分析决策和问题求解的过程。大量的实验研究也开始从各自学科的角度印证了认知偏差在人类经济、管理活动中的存在，并且对各类系统性的认知偏差进行归类，分析其具体成因。

启发式（Heuristic）正是人类认知水平局限下常见的一类导

致偏离理性信息处理过程而形成认知偏差的重要因素。与完全理性人假设中人类在经济决策中只拥有理性计算单一处理进程不同，众多心理学研究发现，现实中人类的经济决策实际夹杂着两类信息处理过程：凭借直觉而进行内隐的、联想的、自动的处理过程和凭借分析、逻辑计算的、外显的、服从规则制约、受控制的处理过程（Hastie，2001）。以分析和逻辑计算为主的信息处理过程在一定程度上趋近于理性处理过程，动用大脑机能有意识地按既定规则处理信息并做出最优反应，虽不能达到全知全能的精准，但其处理方式至少符合"过程理性"的标准①。而以直觉为依据的处理过程则基本依赖于感官的直观感受和现有经验、习惯，"轻率而快捷"地完成信息加工形成决策，与带有理性性质的按既定规则和偏好进行最优选择的处理方式截然不同。

在经济行为过程中，个体对客观决策信息进行编码、转化信息形式、存入工作记忆或永久记忆的具体过程与其大脑选择的信息处理方式密不可分，或以有意识的偏好和显性规则去识别、理解、存储信息，或以难以察觉的潜在感知、经验、内在情感等直觉系统引入信息。直觉的信息处理过程与有意识地遵守既定规则进行逻辑推理和分析的过程不同，常以无意识的形态"潜伏"在信息处理过程中，故难以被明确感知其存在，但它对于客体本质和关联的理解也是非常重要的。特维斯基和卡尼曼（Tversky & Kahneman，1974）认为直觉和普通常识极易被运用于决策过程中，不少研究也发现（Gilbert，1995；Gigerenzer，1996，2000；Epstein，1994），人类的思维和行为一半以上是依据直觉进行的，但这并未被大多数行为主体意识到。直觉既包括

① 过程理性的概念由西蒙提出，是指行为应是过程理性的，是经过一定程度下的深思熟虑后而产生，行为的过程符合预设的规范标准。

直观的感知，也涵盖现有经验和习惯，认知主体的知识储备的规模和经验累积的程度常决定直觉的准确性水平[①]。相比于较严谨的逻辑计算和分析，人们通常在主观上将直觉与较差水平的行为表现相联系。但直觉作为人类认识客观世界的自发、潜在方式，依据直觉做出的认知和判断其实也可能识别客体的本质，达到较高的准确度。例如，有研究发现在国际象棋比赛中，高水平参赛者能够凭直觉果断又有效地走出快棋而获得胜利（Simon，1973）。直觉，特别是其中与经验、习惯和知识有关的部分，大多是以自己过往或他人深思熟虑的结果为基础的，当感知到需解决的任务与自己现有的经验和知识有关联时，大脑就可能以直觉作为思维决策的信息处理路径。

更重要的是，相比于耗费大量认知努力，运行大脑众多信息处理机能，占用时间深思熟虑的逻辑推理过程而言，直觉并不要求行为主体有意识地搜寻尽可能完备的信息并按照既定规则或标准程序分析，而是侧重快速的领悟和判断，耗费认知努力较少。人类大脑对信息处理方式的选择，即以直觉还是逻辑推理的方式处理任务，与信息是否充分并无太大关联，因为无论主体是否充分拥有信息，直觉都是决策行为中一项随时可选用的潜在处理路径。但由于人类自身存在着先天缺陷——有限的认知能量和生理活动时限，人类无法对环境反映的各种信息和数据进行完全优化的处理，形成完全的理解和储存，而在现实经济活动中面临着纷繁复杂的信息处理任务时，又只得不断耗费认知努力完成信息的处理并最终实施选择和决策行为。作为“认知的吝啬鬼”（Cognitive Misers），尽可能节约认知努力的耗费又是大脑的一种潜在

① 直觉的准确性水平一般是指直觉反映与客观主体的符合程度（李晓周，2010）。

的生理倾向（Henderson et al.，1992），因此人类经常寻找节省有限的认知能量又尽可能多地处理客观信息的方法，有效的手段即在认知过程中将复杂的问题进行简单化处理，例如通过忽略一部分信息以减少认知的负担，过度侧重某部分信息以规避对更多信息的搜集，或者以达到足够好（而非完美）的标准认可和做出一个不尽完美的选择。这样的认知过程通常被称作"认知捷径"，人们可以以此节约认知资源耗费（Gigerenzer 和 Todd，1999）。吉仁泽（Gigerenzer，1996）及其所在的马克斯—普朗克进化人类学研究所适应行为与认知研究小组发现，人类的认知节约倾向是在身体与大脑进行过程中成型的，正由于人类认知的局限性，大脑在可以实施复杂的推理计算的同时，也适应性地演化出一套独立于逻辑分析的快速反应心理工具。而人类在繁衍中不断继承了其中适应其生活环境的部分，这些心理工具在信息处理过程中带有快速和认知节省的特征，使人类可以只依据少量的信息和简单的规则进行选择和决策。并且吉仁泽和研究小组同事在系列实验研究中发现，有许多认知节省心理工具存在于人们决策过程中，且不同类型的工具适应不同特定环境下的问题，类似于一个适应性工具箱（adaptive toolbox），人类在日常生活中常据此进行决策，并非应用复杂的逻辑推理和理性计算方式。基于直觉的信息处理方式相比于系统的逻辑推理分析方式更能节约认知耗费，但其在实际决策中也有着明显的弊端。直觉作为人们认识客观事物和信息加工的简化策略，依据其进行决策的方式使人们能较直接地理解复杂的事物间关联、感知事物本质，在短时间内给出问题可行的解决方式；但同时由于大部分经验和习惯是以过去的认知和知识为基础的，当待解决的问题立足于新的信息环境和决策背景时，以直觉作为主要信息处理方式很多情况下并不能带来如理性分析般的决策准确性和效果，导致有偏的决策行为。

启发式思维（Heuristic Decision Processes）是一种节省认知努力的、简化的、信息处理方式：忽略部分信息的存在，不采用严格理性地搜集所有信息并客观分析和逻辑计算求最优解，而依据直观感受或经验在大脑中寻找“捷径”，以达到相比于复杂计算更快、更节约认知资源解决问题的目的（Newell 和 Simon，1972；Gigerenzer 和 Gaissmaier，2011）。其存在源于人类天生的认知资源和信息处理能力的缺陷，个体行为者难以对所有信息源进行精确反应并使用逻辑分析准确计算出最优处理路径和最优解。当人类在处理复杂的、高不确定性或缺乏现成计算法则的情况下，自然选择将人类的信息处理过程进化为可依据简化的信息处理途径——以固有的经验或习惯代替耗费大量认知努力的理性计算过程，并形成可经常使用的节约认知耗费的思维法则。启发式的实质是人类为节约思维成本而依赖直观感受或经验习惯，对一种或多种提示性信息予以刻意的选择和关注而代替理性算法的决策方式和思维过程（Simon，1955；Kahneman 和 Tversky，1973；1979）。启发式思维追求并不是最优解，而是在有约束的情景下的快速可行解（Henderson et al.，1992）。

作为一种简单、笼统的问题处理策略，启发式既包含有限认知约束下的无奈，也包含人类依据经验潜在的主动选择。启发式思维与人类直觉（特别是人类自身的经验习惯）有密切的关联，启发式的研究灵感最初也源于人类凭借直觉用简单的、信息质量低的、不可靠的信息源解决问题的过程（Pearl，1984）。但不同于直觉的是，启发式更具体地形成了有针对性的、系统的规则和策略，大多数启发式策略会与不同种类的问题配对（Kahneman，2011）。大量实验研究发现，启发式思维并不是个别的、暂时的现象，而是普遍存在于人类的日常活动中，有着全局性的影响。毕竟对于大多数现实问题而言，寻求最优解是几乎不可能的，因为在时间约束和信息认知约束框架下是无法达到精确最优计算并列举所有备择解的，特别在复杂度和不确定强的环境下，近似的弱处理方法（Weak Methods）反而被人类常用（Gerling，2007；Gigerenzer 和 Gaissmaier，2011）。尽管人们认知资源有限，但在日常的经济活动中仍可以做出快速的、节省认知的决策。为了解决复杂的问题，经济主体使用在过去学习过程中积累的方法和能力并应用于当下决策环境中，这种启发式策略的特别之处就是其并非僵化的最大化处理方式，而是简单又聪颖的（Gigerenzer 和 Gaissmaier，2011；Basel 和 Brfihl，2011）。它可以快速形成问题解决策略但只使用有关环境下极少的信息、知识和努力，并且其易懂也易学，容易被立即想到和应用。

启发式信息处理策略主要包括以下三个关键规则（Gigerenzer，2001）：简单的信息搜集方向、领域和顺序的规则以确定信息搜集的范围；简单的信息搜集停止规则以确定信息搜集在何时和何处停止；简单的在现有信息基础上采取何种决策的规则以做出最终判断。结合以上特征，沙和奥本海默（Shah & Oppenheimer，2008）则基于认知努力节省的不同情形设定了一个辨别和检验是否存在启发式的判断框架，如果存在启发式策略，则至少符合以下五个特征之一：只关注和依据少量线索，减少了每一个备择选项的考虑线索数，只关注最明显的或最容易依据其做出判断的线索；尽量减少储存和提取信息线索的努力，只使用简单对比的结果和最易获得的信息，放弃寻找实际更有价值的信息线索；降低获得信息线索的权重；降低信息的整合程度，并不将所有获得的信息线索纳入考虑形成整体的印象；尽量减少备择选项的数量，限制同时可比较的备择选项数。

启发式（heuristics）源于希腊单词“寻找”（heuriskein），后衍生作为人类解决问题时对信息处理和逻辑分析过程的一种简化意识（Groner 和 Bischof，1983），其本身是一个完全中性的词，常代表着在特定情景下尽量做出最优决策与可用时间、需耗费信息搜集成本间的权衡（Henderson et al.，1992）。阿伦森（Aronson，2001）的研究发现，启发式在以下情况下容易被人们使用：（1）用于认真考虑、思考某个问题的时间受到限制；（2）负载信息过多，造成大量认知负担，大脑已难以对其进行充分处理（如大脑已进入疲劳状态）；（3）需解决的问题并非十分重要，不必特别耗费大量认知能量；（4）无现成计算方法或缺乏解决问题所需可靠经验和知识时。在面对与固有经验和知识具有较高同质性的问题时，依据启发式思维解决问题是很有效率的。例如消防员处在危险的燃烧建筑物中时，其反应基本是凭借直觉的，因为此时决策必须在短时间内做出，而消防员日常的训练累积了处理此类情景下的经验，此时“走捷径”解决问题的方式虽然不一定是最优的，但通常是有效的（Kurz 和 Gigerenzer，2007）。

启发式在不确定性状态下时也通常被人们使用，不确定性常常代表着概率的主观估计，这种主观估计在人类意识中类似于对距离的测量、对尺寸的感知等。估计和感知其实很容易有着启发式的影响和作用，最常见的一个例子就是“近大远小”，这即是物理学科学规律与人类心理感知的结合，影响经验和直觉，最终成为人们心理感知和行为规律的启发式准则。又例如人们的感知中常常认为物品的表面距离部分受制于其明晰度，也就是说一些物品的表面看起来越清晰，物品位置越近，而处于位置较远的物体则会看着比较模糊。这同样是一种启发式规律，如果依赖于该规则去估计距离，很可能出现系统性的错误。在能见度很差时，就会出现偏差的情况，距离会被高估，毕竟物品的轮廓在这个时候很模糊。而在能见度很高时，物品的轮廓可能很清晰，距离则可能被低估。此类启发式策略会导致习惯性的直觉偏差，人们可能并未意识到这种错误的发生和存在，但其确实可能出现于人们的估计和决策过程中。

人的认知能量是有限的，在对越来越复杂的现实世界进行判断与认知过程中，人们会尽力寻找认知的捷径。研究表明，人类是“认知吝啬鬼”，人们总是在竭力节省认知的能量。受到信息加工能力的限制，人们总是试图通过以下方法把复杂问题简单化：通过忽略一部分信息以减少认知负担；过度使用某些信息以避免寻找更多的信息；接受一个不尽完美的选择，并认为这已经足够好了。这种认知捷径通常是有效的，因为这样做可以很好地利用有限的认知资源来加工无穷无尽的信息。但这种简化策略会产生一定的偏差，特别是在信息不充分或忽略了重要信息的情况下。现代认知心理学家认为，认知偏差对经济决策的影响具有普遍性。由于决策具有不确定性和动态性，探讨认知过程中的各种偏差，以及这些偏差给人们决策判断带来的影响具有重要的意义。

虽然使用启发式策略有时可以既快速解决问题又节约认知成本，但毕竟不是一种科学解决问题的路径。与启发式对应的依据逻辑推理分析的计算式（Algorithm）思维相比，启发式策略在很多时候容易造成决策相关信息获取的不充分和对重要信息的忽略，因过度依赖易得信息、过度侧重以往经验、过分依据局部特征判断总体等缘由，形成认知过程中一定程度上偏离事物客观本质、标准规则的偏差，即“启发式偏差”（Heuristic Bias）。它描述了心智正常、受过一定教育、训练的人类却一贯做出错误决策和判断的规律和现象。与启发式本身的中性色彩不同，启发式偏差是在人类认知局限、感觉机理、个体动机、处理策略甚至情感情绪等因素共同影响下，依据启发式思维形成认知判断与正确、合理处理方式的偏离。这种认知偏差在人类经济活动中普遍存在，并可导致有偏的经济、管理决策和行为（Tversky 和 Kahneman，1971）。人们倾向于运用“启发式”（Heuristic）方法进行决策。启发式方法包括代表性启发、可得性启发、锚定和调整启发、情感启发等。因为过分依赖通过某个类别的特征来推断个体、过度使用容易得到的信息、僵化于分析的数字、过于依赖直觉判断等原因，人们容易产生“启发式偏差”。研究显示，当我们没有时间认真思考某个问题时；当我们负载的信息过多，无法充分地对其进行加工时；当手中的问题并不十分重要，以至于我们不必太过思考时；当我们缺乏做出决策所需的可靠的知识或信息时，容易使用启发法判断。经验法则是解决问题的一种方法，而且有的时候采用经验法则的确可以既解决问题又节省成本。但经验法则毕竟不是一种科学的解决问题的办法，采用这种方法不可避免地会产生偏差。进一步的研究发现，企业家运用启发法和简化策略以最小化认知过程，往往会导致大量的认知偏差，这些认知偏差将影响决策者对信息的注意和判断。在复杂的、不确定的环境下做决策时，这种启发式认知偏差会加大。因此，这种认知偏差在企业家中会非常普遍，因为面对冒险决策所带来的不确定性和巨大压力，他们常常会下意识地简化信息的处理过程，用启发式方法进行判断与决策。如施文克（Schwenk，1984）发现企业经理人会运用启发式策略以简化信息处理过程，但这常使决策者的注意和判断出现偏误，形成有偏决策。对于企业管理者而言，启发式偏差的存在实际是比较普遍的：由于企业管理者所面临的决策情境既复杂又充满不确定性，这导致决策过程时常伴随着巨大压力，在此情境之下，企业管理者会下意识或无意地对信息处理过程进行简化，从而提高决策速度（饶育蕾和蒋波，2010）。现有研究在经济、管理领域关注较多的启发式偏差有代表性偏差、可得性偏差和锚定与调整偏差等。

2.2.1 代表性启发式偏差

代表性启发式（Representative Heuristic）的概念由特维斯基和卡尼曼（1974）提出，指当决策者判断某些客体特征是否出现时，只依据其代表性的特征是否出现，或以典型的子样本特征来推断总体，在不确定性情况下以某客体与另一客体的相似程度推断该客体的可能特征，或设定过去模式与将来的相似，找寻熟悉模式进行判断，而不仔细思考该模式出现的原因和重复的可能性。例如，一个人的性格被邻居形容为非常害羞和离群，常愿意帮助别人，但对现实人际并不是特别在意，有一个温顺又洁净的心灵，他注重细节，喜欢做些整理和排列的事情。请问这个人从事农民、销售员、飞行员、图书管理员和外科医生这几种职业中哪种职业的可能性最高？若使用代表性启发式策略，人们很可能会选择图书管理员，因为这个人的描述很符合大多数人固有印象中图书管理员的特征。但这种代表性启发式策略可能会给决策带来严重的偏误，因为用于判断客体与固有印象是否相似的因素并不是影响其从事职业概率的决定因素。在总体人群中农民的数量要远远高于图书管理员的数量，也有从事农业生产的人符合上述特征，因此从理性算法的角度，这个人的职业是农民的可能性远高于是图书管理员（Tversky 和 Kahneman，1974）。从这个例子可见，人们估计某一客体的概率时，常忽视潜在的重要可能性因素而过于重视典型的特征，在概率估计中过分关注典型特征的相似性，以代表性特征是否出现作为决策依据，误以为小样本规律可代表整体分布。代表式启发的策略和思维路径容易导致决策中的以下偏误：以偏概全，高估小样本概率的有效性、忽视全样本的基本概率分布状况；赌徒谬误现象（Gambler's Fallacy），在前后样本独立的情形下，以过去概率推断现有概率，例如买彩票时人们一般不选择在前期已中奖的数字（Clotfelter 和 Cook，1993）；趋势跟随（Trend Chasing），将随机或巧合出现的群簇式趋势误认为因果规律，并作为判断依据（Shiller，1998）。

在经济活动中，代表性偏差也常出现于经济主体的决策过程。且人们对此类依据代表性特征总结的规律也常过度自信，将其作为经验使用。例如，在股票投资中，个体投资者较难具备专业的投资知识和技能，也不能获得足够多的有效市场信息，因此代表性启发式成为其常用的决策方法，使用市场信息中的历史典型趋势、形态（如波浪理论等）分析现实市场情形或预测未来股票走势（Camerer，1995；卢佐东，2014）。这种策略对于个体投资者可能是有效的，但常会形成有偏误的决策。在格拉瑟（Grather，1985）的研究中也发现，人们在对市场中证券价格进行判断时，会依据过去相似情况的经验为基础判断事件出现的概率，并以此解释证券价值与价格的背离。杰加迪西（Jegadeesh，1993）和赫舒拉发（Hirshleifer，2001）的研究也发现，人们倾向以股票过去的趋势或者与 IPO 相似的情形预期未来股票价格。

2.2.2　可得性启发式偏差

可得性启发式（Availability heuristic）主要指决策者在判断某一种类客体或事件出现的可能性时会更加依据在大脑中容易回忆起、可得程度更高的信息，并倾向于高估易回忆、想象的客体或事件发生的可能性（Tversky 和 Kahneman，1974）。例如，人们会通过回忆周围朋友得心脏病的情况来估计中年人患心脏病的大致概率；想象创业经商可能遇到的各种困难来估计其获得成功的可能性。可得性是一个有用的估计概率和频率的方法，毕竟在许多情况下大样本或常出现的一些客体和事例回忆起来确实比小样本或小概率出现的客体和事例容易更快更清楚地回忆起来。但是，这种可回忆性、可得性除了来自常发生次数、概率因素外，也会受其他因素的影响。因此可得性高的事件并不一定是真正概率更高、更易出现的事件，这会导致预测的偏差或错觉。在本质上，可得性启发式也是一种违背理性计算和贝叶斯法则的主观认知策略，遵循“容易被想到的事情越经常发生”（Pennington 和 Hastie，1975）的思维捷径，依据其形成偏离理性计算方式的认知偏差被称为“可得性启发式偏差”。例如在特维斯基和卡尼曼（1973）的实验中，他们给被试宣读一份包含等量男女名人的名单，再询问被试名单中男性名字是否比女性名字出现得多。在其中一组被试中，男性名人的知名度相对都比女性名人知名度高，在另一组中则刚好相反，女性名人知名度高于男性。实验结果发现，两组被试都给出了错误答案，在男性名人知名度更高的组中被试认为男性名字更多，在女性名人知名度更高的组中被试则认为女性名字更多。除了知名度因素外，其他如信息突显程度（Salience）、事件发生年限等其他因素也会影响可得性。比如亲眼看到一间房子着火比从当地报纸上看到一场火灾可能更会影响人们对火灾事故概率的主观判断。另外，最近发生的事件相比于多年以前发生的事件也更容易被回忆起，例如当一个人不久前刚看到一辆车子侧翻路旁时，他很可能会在主观判断中高估车祸发生的概率。在记忆中搜集信息的方式和有效性也会影响可得性启发式偏差的产生，如被问及在英文中一个单词以字母 R 开头的概率是否高于以 R 为第三个字母的概率，人们一般会去记忆中搜寻这两类单词，如 road、car 等，但搜寻以 R 为首字母的单词易于找到以 R 为第三个字母的单词：由于字母表是以首字母顺序为索引，人们搜寻首字母为 R 的单词更加方便，一般会习惯地认为以 R 开头的单词多于 R 位于第三个字母的单词。然而作为辅音字母，在辞典中以R为第三字母的单词要高于以R开头的单词。布莱斯和博纳（Bless & Bohner，1990）的研究也发现，情感契合程度与可得性联系紧密，人类关于过往经历的记忆往往与当时所处的心境联系紧密，如亲人的去世往往伴随着痛苦的心情，而孩子出生时往往是快乐的心境，回忆相应信息时在同样的心境下更容易被唤起。此外，想象能力差异和错觉等也会影响以可得性启发式为策略带来的偏误程度。

可得性偏差在经济领域的应用也十分广泛。例如在保险领域，某一类灾难发生时间越近，被媒体曝光越多，人们在主观判断中越容易高估其发生的可能性，从而更积极地购买某类保险。例如2000年武汉6·22空难后，武汉机场的航空意外险投保率迅速升至60%，但在半年后又跌至10%（施建祥和朱丽莎，2006）。在金融领域，分析师以案例或图表表述时，相比于平白的语言和数据介绍更容易引起投资者对风险的感知；最新收到的消息、媒体头版头条也是可得性相对较高的信息，更易成为投资者的依据（Gadarowski，2001）。在消费者行为领域，直接展示商品房销量的急剧上升的市场统计分析图，相比于单纯的说明更容易促成消费者最终的购买决策，因为图在消费者记忆中的突显性更高（卢佐冬，2014）。在财务决策中，美国财务官研究基金（Financial Executive Research Foundation）在2003年的调查研究中发现，CFO与风险管控经理对于企业最大潜在风险有着明显的差异：CFO认为员工和管理的操作性失误是最大的潜在风险（平均权重达70%），而风险管控经理则认为火灾等灾祸风险最大（平均权重达50%），原因在于CFO记忆中更熟悉的是操作性失误带来的危害，而风险管控经理则对财产安全更加关注，平时积累该方面信息较多。

2.2.3 锚定与调整启发式偏差

在许多情况下，人们的估计和解决问题的策略是从一个初始值开始慢慢调整再最终做出判断。初始值作为起点线，可能是有问题提出时随机形成和确定的，也可能是部分计算后的结果。无论何种情况，起点线在估计过程中总占有较大的权重，而调整则常是缓慢、不充分且偏向起点线的，这种现象被称为锚定（Slovic 和 Lichtenstein，1971）。锚定效应中，初始值类似“锚”一般固化了人们的初始认知，导致后续调整的非充分而系统性偏离正确答案，形成的偏差即锚定偏差（Anchoring Bias）。特维斯基和卡尼曼（1974）通过一个实验阐释了这种调整的不充分，在实验中，被试被要求估计联合国中非洲国家的比例。估计的步骤如下：被试首先需转动幸运轮盘并随机获得 0—100 间的一个数字，然后被试被告知这个数字是高于还是低于真实的数值（即联合国中非洲国家实际数量），然后被试基于该数字向上或向下调整数值做出估计。实验结果显示，虽然都清楚知道幸运轮盘给出的数字是完全随机的，但该数字在被试的估计中有一个明显的标记和锚定的作用，被试在调整后最终给出的估计值仍偏向这一随机数字，例如当随机数字是 10 时，被试估计值是 25，随机数字是 65 时，被试估计值是 45。当在实验中添加准确估计可获报酬奖励时，锚定效应仍没有显著改善。锚定效应不只出现在给定初始值的条件下，当被试基于一些不完全计算的结果做出估计时，锚定效应也会影响最终决策。在另一个实验中，两组高中生需要在 5 秒内给出相应的数学乘积，一组是 $8\times7\times6\times5\times4\times3\times2\times1$，另一组是 $1\times2\times3\times4\times5\times6\times7\times8$，在时间限制下，被试很可能只计算出前几步乘积的结果，再依据其做出推断和调整。若使用了锚定和调整启发式策略，则最终的估计结果应该会低于标准答案，且第一组给出的估计值应大于后一组。这都被实验结果验证了，第一组的估计值的中位数为 2250，而第二组估计值的中位数为 512，但都低于正确答案 40320。人们容易高估连续事件发生的概率而低估分离事件的概率的倾向（Cohen et al.，1972）同样源于锚定效应。基本事件（无论在哪一个阶段）的概率为连续事件和分离事件概率的估计提供了一个参照点，由于基于参照点的调整往往是不充分的，最终连续与分离事件概率的估计值往往离基本事件的概率值比较接近。但需要注意的是，连续事件的总概率实际是比单个基本事件的概率低的，故分离事件的总体概率应远高于连续事件的概率，而不是接近。因此锚定效应实际造成连续事件的总体概率被高估，而非连续事件的总体概率被低估。

人们在面临不确定性估计时会受到初始值的影响，即根据初始值进行调整判断，但调整往往不能到位，这种受初始数值的影响常常导致错误的判断。人们对某个对象进行估计时，这些特定的起始值就像船上的“锚”一样固化了人们对事件的估计。虽然人们以初始值为参照对事件的估计进行了调整，以获得问题的正确答案，但调整通常是不充分的，不同的初始值会产生不同的估计结果，从而系统性地受到初始值的影响，并系统性地偏离了正确答案，这种锚定与调整启发式在人类经济活动中同样大量存在。例如在消费者行为领域，以低起始价为基础讨价还价后的成交价格明显低于以高起始价作为基准的情形，因为消费者潜意识中是以起始价为成交价的参照（Northcraft 和 Neale，2001）。锚定效应也会在人们消费时导致“货币幻觉”的产生（Shafir 和 Tversky，1992），即人们在认知上对货币的名义币值有一定的锚定，导致考虑通货膨胀率时的调整不充分，而对真实币值产生有偏误的感知，混淆名义币值和实际币值。虽然理性的算法需要人们在决策时以通货膨胀率折算货币的账面价值，但人们对其的锚定思维驱动着人们可能不做或少做折算调整就进行决策。在金融产品估值中，人们也对名义利率等有着锚定效应，导致对实际利率的低估，做出有偏的估计（Shafir et al.，1997）。在证券投资中，外部信息可能成为投资者的锚定参照，假如媒体或机构宣传牛市将形成时，投资者可能把较高的股价指数作为参照点，在经调整之后可仍然很高。另外，技术学派中许多投资策略也与锚定调整策略有关，如涨跌中的黄金分割点等。在公司财务决策中，经理人也会使用锚定与调整启发式策略，路瓦路和卡尼曼（Lovallo & Kahneman，2003）在研究中发现，经理人会在设定预期目标时，会将类似情况的预期值、往期的预测计划或熟悉的数据作为参照值，在此基础上调整结合经营情景调整预期目标。但因调整的不充分，目标值的设定往往并不合乎实际情况。比如在对项目未来现金流进行预测时，常锚定其能达到某范围内的最高值，再以此为参照进行调整；又如企业资本结构的确定，许多公司均基于经验将行业均值或以前年度的资本结构作为参照比例进行一定程度的调整，但这很可能因为不适应企业的成长阶段或融资环境的变化而影响经营发展。

2.3 启发式效应与管理会计信息

在上述的代表性启发式、可得式启发式以及锚定与调整启发式外，还存在着一些其他的启发式策略和相关的心理偏差，比如情感启发偏差。情感启发式主要是人类在认知过程中指以客体事物与自身情绪或主观体验的相合性作为判断依据的一种认知方式。由于人类的情感和情绪一般是由外部信息启发的，不同种类的情感、情绪一般会与相应信息有潜在联系，因此人们会有意识或无意识地根据情绪情感表达对信息的感知和评价，代替理性的推理过程（Wilson 和 Schooler，1991）。例如，当人们对某些侮辱感到愤怒时，这一情绪的反应就表达了否定和不赞成。在人类依据信息做出决策时，情感作为一种心理活动难免同时出现于信息获得、编码、储存和提取等各个处理环节中，而许多情感又与不同种类信息有着天然联系，因此人们很容易将情感本身作为一种信息源的等价物直接做出判断（Shcwarz 和 Clore，1983，1988；Clore 和 Parortt，1991）。例如人们会直接依据喜欢、厌恶等感觉完成决策，并不基于任务特征进行理性计算和推理，在决策时会有意无意地询问自身对任务情感感受，并以此作为自己对当前任务的反应和处理。情感启发式策略的意义在于，相比于耗费大量认知成本的严格的逻辑推理或数学计算信息处理过程，对刺激物的情感反应常是快速及时的（Clore 和 Byrne，1974；Zajonc，1980），这为行为主体短时限内快速决策提供了依据。

与其他启发式策略一样，情感启发式也会因固有心理局限导致决策者认知偏差的产生，毕竟情感只是一种在信息处理时可参考的线索，但如果被赋予过高权重，或者完全依据情感做出决策，会在很大程度上增添决策的主观随意性，较严重地偏离理性计算法则。施瓦茨和克罗尔（Schwarz & Clore，1983）的实验中，被试被要求对生活的幸福程度做出快速评估，当被试在阴雨天气回答此问题时，评估的结果明显比在晴朗的好天气中给出的评估更加消极。约翰逊和特维斯基（Johnson & Tversky，2003）研究发现，在认知过程中，人们会有意或无意地给不同客体、概念、事件或形象贴上情感标签，导致人们做出不客观的决策，甚至对同一事件的判断都会因心情的差异给出不同的答案。情感标签的存在使人们情感启发式策略带有明显的主观性，该作用是潜在的又密切跟随人们决策过程的，很难被单独剥离。例如，报纸以悲伤的文字叙述洪水、疾病时会使人们高估此类灾害发生的可能性和危害（Johnson 和 Tversky，2003）。在经济活动中人们也会常采用情感启发式作为决策策略，或受其影响产生认知偏差。甘扎克（Ganzach，2000）的实验研究发现，在不确定较强的情境下，情感对人们认知和决策的影响常更加明显，情感和情绪常会影响人们对风险和收益的感知，在负面情感下人们会高估风险而低估收益，在正面情感下则相反。乐观的情绪会导致更积极、进取的投资决策，而悲观情绪则常伴随保守的投资策略（Shefrin，2007）。

在人们认知的过程中，大脑的信息处理过程往往是复杂的，且会受到多种心理因素和思路路径的影响。除启发式偏差外，其他一些心理、思维因素也会出现在认知和决策过程中，导致与理性处理方式的偏离，更重要的是，它们很可能与启发式策略共同作用于认知与决策过程中，带来交互的影响。这里也将这部分与人们经济活动和管理决策联系紧密的除启发式外的认知偏差进行介绍和阐述。

首先是框架偏差。框架，在这里主要是指表述或对待问题的方式和角度，它并不影响问题的本质，但心理学研究发现，人们的决策判断很大程度上受表述事物或问题的方式或结构的影响，并非孤立地感知信息素材，以其组合方式和发生背景来解释信息做出决策。特维斯基和卡尼曼（1981）提出决策框架的概念，决策框架即决策任务表述的方式和角度，而框架效应即决策者面对相同的信息，受表述方式和角度不同而做出有差异决策，或因表述方式角度的转变而转变偏好的现象。例如莱文和格什（Levin & Gaeth，1988）发现，若将牛肉表述为“含有 75% 的瘦肉”获得的消费者认可会比表述为“含有 25% 的肥肉”更高。“亚洲疾病问题”现象（Tversky 和 Kahneman，1981）是说明框架效应导致选择反转的一个重要实验，在实验场景中，被试需要针对即将爆发的一种罕见的疾病选择两种应对方案中的一种，该疾病预计将造成600人死亡，但是方案在不同组被试间采用了不同的表述方式（即框架）。在第一种表述方式组中（框架1），两种应对方案被表述为：如果使用A方案，确定有200人会存活，如果使用B方案，则有1/3的几率使600人全部存活，有2/3的几率无人存活；在第二种表述方式组中（框架2），两种应对方案被表述为：如果使用C方案，确定会有400人死亡，如果使用D方案，则有1/3的几率治疗成功，无人死亡，有2/3的几率全部死亡。在这四种方案中，A与C方案实质是相同的，都是确定200人存活400人死亡，B和D方案也是相同的，都是有1/3的几率治愈全部600人，2/3的几率全部死亡。且若使用理性算法，这四种方案的数学期望也是一致的，即存活200人。然而，两组不同框架情景中被试的选择却完全相反，在框架1中，有72%的被试选择确定性方案——A方案，确保200人存活；但在框架2中，却只有22%的人选择确定性方案——C方案，而有78%的被试选择不确定的D方案。如果使用理性计算，四种方案具有相同期望，依据期望效用的不变性原则（Invariance），在框架1中选择确定性方案，那么在框架2中也应同样选择确定性方案。实验结果说明人们确实受到框架效应的影响，偏离理性计算，且在收益框架下，人们更偏向选择确定性的收益，呈现风险规避（Risk - averse），在损失框架下，人们更偏向选择不确定性的损失，呈现风险追逐（Risk - seeking）。会使认知心理学发现认知是具有选择性的，其实同时被人类大脑接收的信息是十分丰富的，但被大脑加工的信息是有限的，因此人类会依据自己的需要选择性地反映部分信息，暂时忽略其他信息。被忽略的信息一般被称为认知背景，尽管一般认知客体会有鲜明的特征和形象凸显于认知背景前而较强地影响判断决策，但认知背景也有着重要作用。特别是在不同信息的表述形式和角度（即框架）下，认知背景可能会被突出，甚至由背景变为有鲜明特征的信息，使认知主体的判断和选择也出现相应转变。除认知背景外，环境背景也是框架重要组成，环境背景包括：不同方案的对比；人们在事前的想法；信息的呈现方式和顺序。有学者也将人们受制于信息的框架结构或情境做出判断决策的情形称为框架依赖（Framing Dependence），并分为主要由决策者自身习惯和认知造成的内部框架依赖和由信息呈现方式导致外部框架依赖。由框架依赖造成的认知和判断的偏差即框架偏差（Framing bias），同一实质信息的不同表述方式和角度可能会引导人们侧重问题的不同方面，导致寻找真实偏好时的偏误。

作为非理性的普通人，认知主体在认知过程中还会受意志、情绪等其他心理特征因素影响，与启发式认知偏差共同作用导致有偏的判断和决策。例如过度自信和证实偏差。过度自信（Overconfidence）是指，人们倾向高估自己能力，认为自身知识和经验的准确性比事实中程度更高的一种信念（Gervaris et al.，2002）。在过度自信的影响下，人们在决策中往往会低估风险，高估获得好结果的概率，将成功主要归因于自身能力，忽略运气等因素，对自己的评价比客观情况更自信，导致有偏误的认知和决策，形成“乐观偏差”（Optimism Bias）。在日常情况中，过度自信通常表现为人们在处理问题时倾向认为自己的能力、智慧和判断高于其他人或平均水平，即优于平均水平效应（Better－than－Average effect）（Greenwald，1980；Svenson，1981）。库珀等（Cooper et al.，1988）在对2994家企业的调查研究中发现，面对同样的经营项目，企业管理者认为他人经营成功概率的均值为59%，而自己成功的概率确高达81%，只有11%的管理者认为他人可获得100%的成功，但认为自己可获100%成功的比例却达33%。又如卢索和肖梅克（Russo & Schoemaker，1992）一项针对职业经理人的调查研究显示，被调查者对自己决策准确率的估计有90%时，实际只有42%—62%；对自己决策准确率的估计有50%，实际只有20%。从心理学角度来讲，自信是一种积极心理暗示，能促使人积极关注主要矛盾而忽视琐碎信息，快速果断地做出决策，勇于挑战和创新，并让人觉得自己有能力胜任相应工作、把握和掌控问题的解决过程。人们也不总是过得自信的，在一定程度上取决于决策类型和对信心的评分方式（Ronis和Yates，1987）。适度的乐观在生存竞争中是有一定优势的。虽然适度和过度间难以找到标准界线，但自信一旦较大偏离客观情绪时，很可能导致将现实扭曲为虚假的乐观形式，忽略明显或潜在的风险，盲目做出决策。例如形成"控制幻觉"（Illusion of control），人为地对事件成功的期望超过客观概率，或者"自我归因"（Self Attribution），将积极的结果归因于自己能力等自身因素，而将消极的结果归结为受外部环境、运气及客观因素等。过度自信还可以与启发式偏差相互影响，共同作用于认知和决策过程中。可能性偏差中，凸显性强、容易被人的注意的信息会被过度自信的主体更多注意到，特别是与其自有信念一致的信息，两者作用的交互很可能加重个体的决策偏误。"证实偏差"（Confirmatory bias）主要是指人们一旦存在某种信念和设想，在认知和决策过程中会有意或无意地寻找和关注支持该信念的信息，甚至花费更多时间和认知成本添加与决策不相关的附加证据，而忽视或较少关注于信念和设想不一致的信息，非客观地搜集和处理信息，最终导致由偏误的认知和决策（Gilovich，1991）。心理学研究表明，证实偏差在人群中是普遍存在的，相比于否定某固有信念和设想的信息、证据，人们会在决策中赋予支持的信息、证据更多的权重，并且倾向再次证实该信念和设想，而非证伪的思路。例如史托和黄（Staw & Hoang，1995）发现一个有趣的现象，在 NBA 比赛中，教练往往将球员的薪水作为是否让该球员上场的重要依据，有时甚至不考虑该球员近期表现。球员的薪水越高，或者球队选拔时支付的花费越高，平均上场时间越多，即使该球员受伤、缺乏训练。证实偏差在经济活动中也常常出现，在金融产品定价时，对错误定价和交易策略的坚持会引致偏差的持续存在，直到非常强的否定证据出现时才可能迫使错误策略的放弃。在管理者决策时，也存在花费大量时间、成本搜集证明现有观点正确的信息、证据的现象，而常常不愿主动搜寻其他证据，特别是否定性证据，即使在搜集的信息也否定信念时，也不愿放弃，而是耗费额外时间、认知成本继续搜寻支持信念的信息。此外，证实偏差又往往与锚定效应共同出现于信息处理过程中，导致偏差进一步加剧。对原有信念的坚持和固守很容易形成一种锚定，并以此作为参照点，而获得的支持信息会加重锚定作用，即认可了否定信息。由于调整的不充分，仍会造成认知偏误，况且在证实偏差的作用下，对否定信息的认可是较难的，人们对此类“破坏性”的证据往往吹毛求疵，这会加重认知和决策偏误的程度。

另外决策中常见的心理偏差效应还有后悔厌恶、心理账户、光环效应等。人们在决策中往往对错误的决策和行为感到后悔，因后悔带来的痛苦和难过可能大于由于错误本身而引发的损失，为避免后悔，人们会做出一些非理性行为，此类现象即后悔厌恶（Regret Aversion）（Thaler，1980）。后悔厌恶一般在事前对主体决策产生影响，导致其自我控制和局限，无法依据理性行为或理性逻辑计算做出决策。由于后悔损失可能比损失本身更痛苦，为规避后悔，人们会倾向获得一定信息后再做出决策，即使这些信息并不是重要和决策必需信息（Ritov，1996）。在泰勒（Thaler，1980）的实验中，他假设人物 A 在一个剧院排队买票时，被告知刚好是第十万个观众，可得到剧院赠与的 100 美元现金；人物 B 在另一个剧院排队买票，被告知他前面一名观众刚好是第十万个观众，得到了 1000 美元现金，而他可以获得剧院赠予的 150 美元现金。实验被试需要回答情愿是 A 还是 B，大部分被试都选择 A 因为会更加高兴，而 B 会因失去 1000 元的机会而感到痛惜。从收益角度，B 的收益明显高于 A，但由于错失获得 1000 元的机会，尽管没有任何损失，B 仍会产生负面的情绪。在很多时候，相比于同样不好的结果，采取行动（Action）的后悔程度要高于没有采取行动（Inaction）的后悔程度（Gleicher et al.，1990；kahneman 和 Tversky，1982；Landman，1987），在卡尼曼和特维斯基（1979）的实验中，实验情景为：在情景 1 中，保罗打算将持有的 A 公司股票出售并转投 B 公司，但最终没有实行，若他转投了 B 公司，将会多 1200 美元的收益；在情景 2 中，乔治本来持有 B 公司股票，但后来出售了这部分股票并转投 A 公司，若他没有转投，将会多 1200 美元的收益，此时被试需选择上述情景中的人物谁更后悔。虽然在两种情形中，两人的损失实质上是一样的，均是失去了获取 1200 美元的机会。但研究结果发现，92% 的被试认为乔治会更加后悔，因为乔治采取了行动，即所谓的“自作自受”。人们为避免后悔，会在信息处理或做出选择决策时采用一些特殊的方式，如选择熟悉的事物、转移责任、事先限制选择的集合等，将行为和选择的目标定为未来后悔的最小化。后悔最小化在人们可知信息或备择方案信息不多时是比较有用的，但处于信息可获取或可经过努力获取的情景时，其往往会导致偏离理性的处理方式和决策。

“心理账户”（Mental Accounting）是指人们常有意或在潜意

识中将某类资金的价值估计得比另一类低，将来源、所在及用途等不同的资金人为地划归为不同类别的“账户”（Thaler，1980），并给予不同的重视程度。相比于常规的工资收入等的精打细算、谨慎支出，人们对在股市获得的暴利、赌场赢得的赌金、意外分得的遗产、返还的所得税等的估价更低，更倾向于轻率地使用这部分资金（Bondt 和 Werner，1995）。但在传统经济学的假设中，所有资金均是等价的、可相互替代的，人们在赌场赢得的 1000 元和工资的 1000 元应该是没有区别的。然而在人们的认知中，资金并不是可互相替代的，人们倾向武断地将资金划分在不同心理账户中，并在决策中只考虑相关的心理账户的资金，最终导致有偏的决策。例如在卡尼曼和特维斯基（1981）的音乐会实验中，被试面临两种场景，A 场景为：若你今天晚上正打算去听一场票价为 200 元的音乐会，正当出发的时候，你发现一张价值 200 元的电话卡被你遗失了，此时是否还会继续去听这场音乐会？B 场景为：若你昨天买了一张 200 元音乐会的票，正当出发的时候，你发现这张票不见了，此时是否还会花 200 元买一张票继续去听音乐会？实验结果表明在 A 场景下，大多数被试表示还会再去听这场音乐会，而在 B 场景中，大部分被试则表示不会去听音乐会。但如果仔细分析，A 场景下和 B 场景下的两个回答其实是自相矛盾的。如果从理性计算的角度出发，无论遗失的是电话卡还是音乐会门票，其实质均是造成了 200 元的资金损失，也都需要再支付 200 元购买音乐会门票，损失和支出的资金数量并无区别，为何在遗失电话卡后仍继续去听音乐会，而在音乐会票丢失之后就不去了呢？其原因即人们容易在心中有意或潜意识将资金角度、存在方式不同的资金回归于不同的账户中。类似地，在该实验中大部分被试也将电话卡和音乐会票分别归为不同的账户，电话卡的遗失并不会影响音乐会所在资金账户的预算和支出，而是被划归为别的账户的损失，独立于“音乐会票”账户开支，故大部分被试仍旧选择继续去听音乐会。但遗失的音乐会票与需要再补购的音乐会票则均被归入同一账户，若遗失后再买一张，该账户支出明显增加，带来需花双倍的价格 400 元去听一场音乐会的感觉，故大部分被试放弃继续再去。心理账户不仅可造成人们在大脑中对资金本身给予不同的对待方式，也会使人们划分明确或不明确的相应预算规则、支出规则、记账频率、消费过程等，或将货币等同于某一层次的商品（住房、食品等），导致人们在涉及经济损益时从不同角度分解决策信息，而不是综合考虑（Heath 和 Soll，1996）。对于一定账户中的资金，“来得容易也去得容易”，也许这就是为什么赌徒的口袋里永远没钱的道理，输了固然可惜，赢了的资金却像是不劳而获般容易，谁愿意存银行呢？

光环效应是指，人们对客体的认知和判断从一个角度或局部出发，形成印象后再扩散至整体得出整体印象。例如一个人被标明是好的，那他很容易会被打上许多好品质的标签，整体笼罩一种积极的氛围；而一个人被标明是坏的，则许多恶劣的形容词也会随之而来，整体呈现消极否定的状态。类似于大风天气前出现的月晕，月亮在折射下呈现更大的光圈、放大的虚幻，而这种认知中强烈知觉的品质或特点，就如同月晕般向周围弥漫、扩散，掩盖其他本质和特征，故光环效应又被形象称为“晕轮效应”。该效应的形成主要源于人类知觉感知的整体性特征，由于客体不同属性或部分常有机联接为复合体，人类感知客体时，倾向于将不同属性、部分的客体对象归为一个整体，而并非对其个别属性或部分进行孤立地感知。若我们闭眼闻到苹果气味或摸到苹果形状时，大脑会自发凭借经验补足苹果的其他特征，如颜色（红色或绿色）、味道（甜或酸）等，形成苹果整体的形象。对人的感知也同样如此，对热情的人整体上的感知是易相处、乐于助人、亲切友好、幽默感较强，而冷漠的人整体上则显得不易相处，古板和孤独、不愿轻易求人。当某人有了热情或冷漠的一个特征时，我们会自然地补足其他关联特征。知觉的整体性特征会加快人们的认知速度，简明迅速地完成对客体的认识和感知，不用逐一识别客体的个别属性和部分。但也容易带来认知的偏误，美国心理学家克雷在麻省理工学院的实验中，他先向两个班级的学生宣布会临时请来一位研究生代课，并介绍了这位研究生的一些性格情况。在一个班中，他将这位研究生描述为具有热情、果敢、踏实、勤奋等品质的人，而在另一班中，除将热情换为冷漠外，描述中的其余各项品质均相同。两个班的学生间并无信息交流，不知道该差别。两种介绍形成了截然不同的效果：下课后，前一班的学生与前来代课的研究生亲密攀谈，气氛融洽；而另一个班的学生却对这名研究生敬而远之。由于学生们的整体性认知中过分突出某一性格特征的重要性，实验中对这名研究生性格介绍的一词之差，最终影响到整体的印象。尼斯比特和威尔逊（Nisbett & Wilson，1977）也应用类似的实验印证了“光环效应”的存在。在实验中，他们告诉被试学生这是一项关于教师评价制度的研究，实验感兴趣的是学生对老师的评价是否依赖于学生与老师的接触和熟悉程度（这并不是实验真实的研究目的，只是故意的误导）。在实验中，学生们被分为两组观看关于同一位讲师的不同视频。实验特地安排了一位外国口音很重（比利时口音）的老师，在其中一组学生观看的视频中，这位老师友好又和蔼地回答了一系列问题。在另一组学生观看的视频中，同一位老师以疏远和冷酷的语气回答了同样的问题。实验结果显示，这位老师用不同的语气回答同样问题、表述同样内容使不同组的学生对其教学水平的感知有着明显的差异，其中一组学生认为他是一位热爱教学和学生的老师，而在另一组中则被认知为一个完全不热爱教学的权威人物。

在前文分析中，启发式效应在人类信息处理过程中的存在已被大量心理学及行为学研究印证，许多文献也细致阐释和探析了启发式效应的形成机理和作用途径。启发式效应作为信息加工过程中人类潜在的简洁、节省认知的处理策略，与标准、理性的处理规则同时存在于人类的决策和判断中。其类似于信息处理过程中大脑的“副产品”，只要人类存在着直觉感知或相应经验，即存在着使用启发式策略加工信息的可能性。更为重要的是，大量研究同时发现，启发式效应在人类经济管理活动中也广泛存在。管理会计本身作为一种服务于内部管理决策的信息系统，启发式效应是否存在于人类使用管理会计信息的过程之中，现有研究对此的探讨却十分有限。

管理会计信息系统的传统目标即辅助决策并影响决策（Demski 和 Feltham，1976），这是管理会计本质的责任和使命。为此管理会计需要系统地为管理决策过程提供相关信息，应用于内部管理控制中。因此，分析和探讨管理会计信息使用者的信息加工和处理过程，也是提升管理会计信息有用性不可或缺的关注点。然而，正如林瑙（Lingnau，2009）所提到的，尽管理性经济人假设在经济学领域存在争议，但许多管理会计信息有用性的探讨仍主要建立在理性经济人假设的基础上，并将其作为信息使用者在处理管理会计信息过程中的基本假设。因此现有研究中不少文献只关注管理会计信息系统的“生产”框架、体系等，却忽视了信息使用者的具体使用过程。

随着行为经济学的发展和认知心理学影响的扩大，不少管理会计学者开始发现，这种理论上和理想状态中的假设与管理控制决策实践常常是矛盾的（Basel 和 Brihl，2011），因此不少学者开始从决策行为的视角描述和探析决策者（管理者和管理会计师）的实际决策过程（Simon，1990；Cyert 和 March，1992；Lingnau，2011）。毕竟实践中管理会计的决策环境是充满复杂性和不确定性的，在此情景下，由于人类认知能力的局限，管理会计信息使用者的处理过程难以一直维持以完全理性、标准的策略加工所有信息，而此时一种较切合实际地描述真实环境下决策的理论模型是“双路径模型”（Dual process model；Lingnau 和 Walter，2011）。“双路径模型”类似于“选择理性”假设的设定，它认为管理会计信息使用者实际有两种信息处理路径。第一种是系统的信息处理路径（Systematic information processing），该路径是一个复杂宽泛的信息分析过程，信息使用主体需要理解和回忆所有与决策相关的信息，并在考虑所有可获得的信息后再做出决定。第二种路径即启发式策略的信息处理路径（Heuristic information processing），该路径则是一个有限的信息处理过程，使用较少的认知能量，并主要依据较少的信息进行决策（Chaiken et al.，1989）。林瑙等（2013）认为，上述两种信息处理过程实际上可契合和包含管理会计信息使用者的所有信息处理路径。该两类路径也同样需满足一定的条件，系统的路径至少需要相应认知能力和使用这部分认知能力的动机，而启发式路径则需要不同的启发式线索（Heuristic Cues）和能够应用启发式策略的认知水平（Eagly 和 Chaiken，1993）。对于实际的管理会计信息使用者而言，上述两类条件均是极易具备的。

正如前文“有限理性”和启发式策略理论阐释时所分析的，许多问题是难以找到最优解的，因为完美的数学计算和完全的信息获取以及完备的备择项列在现实中并不存在。管理会计具体任务也同样如此，完备的信息获取和完美的决策计算在现实中难以存在。因此，相比于完全理性的信息处理方式，以一种趋向理性或者过程满意的处理方法也是常用的次优选择（Gerling，2007）。在考虑到相应处理情景和人类认知局限的情况下，这些处理策略在一定程度上也是被信息使用主体有意或无意中接受的，但据此做出的判断和决策往往是非标准理性并有一定认知偏差的（Merbach，1992），这就是所谓的启发式策略（Newell 和 Simon，1972）。对于管理决策中的信息处理过程，启发式策略实际是有意或无意地忽略部分信息，以快速并节省认知的方式搜寻信息并做出决策的方式（Gigerenzer 和 Gaissmaier，2011）。实际上，许多研究发现管理决策是建立在启发式的基础之上（Sciascia，2004），管理会计信息的实际使用过程也很可能受到启发式策略的影响。

对于实际的管理会计任务而言，可被搜寻和理解决策相关信息在一定的时间限制及人类认知限制下是有限的，不同任务其目标也截然不同，甚至部分任务并没有最优解。同时，在管理会计任务中，任务模块的多元化也大大增加了管理会计信息使用的频率以及信息的规模。管理会计实际使用过程中会以预算、成本管理、业绩评价等各个模块相互衔接，信息相互勾稽，基于工作的实际情形随时可呈报。其呈报频次、数量、规模均远远高于财务会计信息。管理会计在于决策的支持和决策辅助，其依据均是管理会计信息。一旦组织的战略目标确定，管理会计即可通过预算任务分解组织的战略目标，使用各种预算方法，细化组织完成组织战略需要达到的子目标，规划达成路径和具体节点，并匹配相应资金计划。财务预算是集中反映未来一定期间（预算年度）现金收支、经营成果和财务状况的预算。财务预算的内容一般包括“现金预算”“预计损益表”和“预计资金平衡表（预计资产负债表）”。其中，现金预算反映企业在预算期内，由于生产经营和投资活动所引起的现金收入、现金支出和现金余缺情况；预计损益表反映企业在预算期内的经营业绩，即销售收入、变动成本、固定成本和税后净收益等构成情况；预计资金平衡表反映企业在预算期末的财务状况，即资金来源和资金占用以及它们各自的构成情况。在预算任务中，急需针对不同预算任务，如财务预算、资金预算等开展相应资金分配计划，涉及众多编制任务，需要提供大量预算信息。例如，业务预算是指与企业日常经营活动直接相关的经营业务的各种预算。主要包括销售预算、生产预算、直接材料预算、直接人工预算、制造费用预算、产品成本预算、销售费用预算和管理费用预算。而专门决策预算是指企业不经常发生的、一次性的重要决策预算。专门决策预算直接反映相关决策的结果，是实际中选方案的进一步规划。如资本支出预算，其编制依据可以追溯到决策之前搜集到的有关资料，只不过预算比决策估算更细致、更精确一些。此外，还有相应财务预算，财务预算是指企业在计划期内反映有关预计现金收支、财务状况和经营成果的预算，主要包括现金预算和预计财务报表。财务预算作为全面预算体系的最后环节，从价值方面总括地反映企业业务预算与专门决策预算的结果，在全面预算中占有举足轻重的地位。同时在预算执行过程中，任何反馈和调整也是预算任务需要呈报的信息。

当预算确定后，即需要开展相应的运营管理，其中重要环节即是涉及资金运用的投资决策任务。投资决策是指为实现预期的投资目标，投资主体运用一定的方法和手段，经过相应程序，将筹集或拥有的资金选择适当项目投放和运转，对投资的必要性、投资目标、投资规模、投资方向、投资结构、投资成本与收益等经济管理活动中的重大问题所进行的判断和方案选择①。投资决

① 本书中所阐释和分析的投资决策任务主要指管理控制流程中企业面向内部的实体投资方式，如固定资产投资，新技术投资等，与资本市场投资者面向金融产品的投资有一定区别。

策是组织管理控制和生产经营的重要过程。运营管理还包括成本控制、供应链管理、内部控制等各个模块。成本控制，是指根据一定时期设立的成本管理目标，由控制主体在其责权范围内，在成本生产耗费发生前和企业成本形成过程中，对各种影响因素所采取的主动预防和及时调节措施，以提高成本效益。成本控制的过程是运用系统工程的原理对企业在生产经营过程中发生的各种耗费进行计算、调节和监督的过程，也是一个发现薄弱环节，挖掘内部潜力，寻找一切可能降低成本途径的过程。科学地组织实施成本控制，可以促进企业改善经营管理，转变经营机制，全面提高企业素质，使企业在市场竞争的环境下生存、发展和壮大，当前较新颖的成本管理方法包括作业成本法等。供应链管理是对供应链中的物流、信息流、资金流的增值管理，供应链管理采用了集成化的管理思想和方法，执行从供应商、生产商、销售商、零售商的最终用户的总体过程中的计划、组织、指挥、协调和控制职能。而供应链管理主要涉及四个主要领域：需求、供应、生产和物流。供应链管理是以同步化、集成化生产计划为向导，以多种管理技术和管理系统（如 ERP）为支持，围绕供应、生产作业、物流、满足需求来实施的。内部控制则是一个宽泛的管理范围，是指一个单位为了实现其经营目标，保护资产的安全完整，保证会计信息资料的正确可靠，确保经营方针的贯彻执行，保证经营活动的经济性、效率性和效果性而在单位内部采取的自我调整、约束、规划、评价和控制的一系列方法、手段与措施的总称。此外还有着库存管理、订单管理等众多内容。此类任务模块均需要大量的管理会计信息来沟通和呈报，以辅助决策和支持决策。

最终的管理控制效果如何，还需要进行反馈和评价，并辅以激励和惩罚机制。为确保组织资源有效利用以实现战略目标的管理控制方式，管理会计不可或缺的任务之一即合理反映企业中战略或经济目标的执行情况，以供内部信息使用者做出相应决策，即业绩评价任务。业绩评价任务总体上侧重对内部管理控制结果的评价，以衡量各级管理者的战略实施控制活动的效果和效率为宗旨，连接着企业目标、组织结构、全面预算和激励机制等其他众多管理环节。辅以业绩评价环节，应当对战略和运营管控执行到位的参与者进行奖励，对执行不合格者进行惩罚，这主要在薪酬管理中体现。薪酬管理，是在组织发展战略指导下，对员工薪酬支付原则、薪酬策略、薪酬水平、薪酬结构、薪酬构成进行确定、分配和调整的动态管理过程。薪酬管理要为实现薪酬管理目标服务，薪酬管理目标是基于人力资源战略设立的，人力资源战略服从于企业发展战略。企业人力资源的核心问题就是薪酬管理。薪酬管理包括薪酬体系设计和薪酬日常管理两个方面。薪酬体系设计主要是薪酬水平设计、薪酬结构设计和薪酬构成设计。薪酬设计是薪酬管理最基础的工作，如果薪酬水平、薪酬结构、薪酬构成等方面有问题，企业薪酬管理不可能取得预定目标。薪酬日常管理是由薪酬预算、薪酬支付、薪酬调整组成的循环，这个循环可以称之为薪酬成本管理循环。薪酬预算、薪酬支付、薪酬调整工作是薪酬管理的重点工作，应切实加强薪酬日常管理工作，以便实现薪酬管理的目标。薪酬体系建立起来后，应密切关注薪酬日常管理中存在的问题，及时调整公司薪酬策略，调整薪酬水平、薪酬结构以及薪酬构成以实现效率、公平、合法的薪酬目标，从而保证公司发展战略的实现。

从上述内容可以看出，管理会计各个模板与信息的呈报和使用息息相关，是内部管理和控制的基础。这均使得管理会计信息使用者难以一直或完全使用符合理性经济人假设的标准策略完成信息处理，许多现实的管理决策问题在合理时限中，可能难以找到所有备择方案并给出最优解（Gigerenzer，2008）。此时相比于“双路径模型中”系统的信息处理路径，简洁的启发式策略更可能成为解决问题的主要途径。面对有限的时间和认知和复杂、高工作量的任务，以经验和直觉限定信息搜寻方向，以近似标准的计算方式快速、节省认知地完成判断和决策是一种很可能出现在管理会计任务中的信息处理方式（Gerling，2007）。此时问题的关键是何种信息或情景特征会触发决策者选择理性的处理路径或启发式的处理路径，导致启发式效应的存在，并最终影响其决策和判断。因此，正如林瑙等（2013）所提出的，为探索管理会计领域的启发式策略，未来研究可探讨各种启发式策略在管理会计任务中存在和应用条件，以及其发挥作用的关键因素；同时也需要检验依据启发式策略的决策与依据标准分析策略的决策之间的偏离程度。毕竟相比于“完全理性”假设，结合人们认知局限和管理会计任务情景限制（如时间、任务难度等）从决策行为视角探析信息使用的具体过程，更符合管理会计实践，也有助于从管理会计信息如何被加工和使用的角度探讨管理会计信息有用性的提升。本书针对一类与管理会计信息特征息息相关的启发式效应，探讨其在管理会计决策中的存在性、作用条件以及与其他非理性认知的交互作用，这种启发式效应即“数目启发式”。

第3章 文献回顾和理论分析

3.1 数目启发式的来源及存在性研究

“数目启发式”这一概念虽由佩尔曼等（Palham et al.，1994）正式提出，但早在此之前，众多心理学和行为学者即对数目启发式的存在问题展开研究，研究者最早以动物作为被试进行实验，探寻这一以数目作为数量①判断依据的效应是否存在及其对个体行为的影响。例如，对数目启发式的系列研究最早可追溯到20世纪40年代，在动物行为的研究中，沃尔夫和卡珀伦（Wolfe & Kaplon，1941）以鸡作为被试的实验中发现，对于作为食物的玉

① 数目启发式（Numerosity Heuristic）即本书中的数量（Quantity）均是值由数目（Number）和单位（Unity）构成的描述事物多少的表达形式。

米谷粒，将一整颗谷粒分成四瓣喂食相比于同样一颗完整的谷粒更能起到有效激励和强化行为的作用，实验中的被试不仅对食物总量水平有反应，也对食物总量被分解的数目多少有反应。哈特曼（Hartmann，1935）中的研究也提到了类似结果：将整个食物分解成更细小、更多的单位喂食动物，相比于不分解食物的情况，动物更容易满足，进食总量也显著减少。研究者最初认为这类低等生物混淆数量本身和数目并不出奇，但令人意外的是，研究者随后对大脑更复杂的动物（如老鼠）进行实验研究发现：更“聪明”的动物同样过度侧重数目并将单纯数目作为判断依据，川普曼（Traupmann，1971）发现对于同等分量的食物，相比整块喂食，老鼠在将食物分小块喂食时跑转轮的速度更快，表现更积极；卡帕尔迪等（Capaldi et al.，1989）的实验也发现，老鼠偏好于四次75毫克食丸而非一次性300毫克的食丸。这些实验表明，由于在自然的环境中数量与数目高度相关，动物在认知上很容易混淆数目和数量，单纯以数目为推断数量的依据高估实际数量。

而自20世纪70年代末开始，学者开始探讨人类的认知中是否存在以数目作为数量依据而高估数量的情形，在佩尔曼等（1994）正式提出数目启发式概念前，关于此方面的研究多是非直接的，例如怀尔德（1977，1978）在研究个人受他人行为影响时发现，若将他人分为若干个小单位或单人代替整个团队时，个人更易受到他人意见和判断的影响，或更容易答应他人的要求。即当他人或群体被分为数目更多的社会单位时，人们更易受到他人或群体的影响（Wilder，1977）。在人类观点的形成和转化的研究中也发现了将数目作为主要判断依据的“数目经验法则”，例如佩蒂和卡乔波（1983）发现，只简单告诉被试一种论点有9个论据支持，相比于简单告诉被试有3个论据支持更能增加论点的影响力，使被试接受这个论点，即使被试并未真正看到这些论据的具体内容。甚至有研究发现，人们对自我的认识也同样会过分注重数目而高估数量，如在佩尔曼和斯旺（1989）与Showers（1992）关于人类自尊感（Self – worth）系列研究中，大量积极正面的自我评价可以夸大自尊感，但如同其他抽象名词，人类的自我评价在认知中也可用不同形式组织和呈现，而当人们将积极正面的自我评价细分为更多单独的类别和条目时，可显著提升人们的自尊感。例如肖沃斯（1992）发现人们的自尊感不仅与自我评价的内容相关，也与自我评价的组织形式相关，例如当单一的自我看法（如我有创造力、善于分析、表达）被细分为多种看法（如我有创造力、我善于分析、我善于表达）时，人类的自尊感显著提高。这些研究证据显示，人类似乎与动物一样，也与存在这种以单纯数目为判断依据而错误估计数量的认知偏差。

为纯粹、有效地验证这一认知策略是否存在，佩尔曼等（1994）从图形面积、数字计算、货币估计、概率选择、人物特征等角度实施了5个实验，直接探索数目在人类日常数量判断中的影响，并最终验证了该认知策略的存在性。在其实验一中，被试面临的任务是估计两个图形的面积，这两个图形分别是：一个完整的圆形；同样面积的圆形被分为9块后呈现的形状。被试需要判断两个图形分别是一个参照图形（三角形）面积的倍数。该任务被构建为“简单重组”和“复杂重组”两个实验情景：在简单情景中，圆形被分为9块后的部分仍围绕为一个圆圈，只是各部分间留有间隙，很容易看出是由一个整圆分割而成；在复杂情景中，圆形被分为9块后的部分被平行排列在一条水平线上，较难看出是由一个圆形分成的9部分。来自加州大学洛杉矶分校的48名心理学专业学生参加了该实验，虽然实验中两个待估计图形的面积是一致的，只存在是否划分为 9 部分的区别而已。但实验结果显示，在“简单重组”组中，完整圆形面积估计的均值为参照物的 1.85 倍，而分为 9 块后的图形面积估计的均值为参照物的 1.99 倍，高于整圆面积的估计，但在统计上未显著；在“复杂重组”组中，完整圆形面积估计的均值同样为参照物的 1.85 倍，而分为 9 块后的图形面积估计的均值为参照物的 2.68 倍，显著高出整圆面积估计，且高估了近 50%。实验结果从图形面积估计这一视觉角度说明人们确实存在以数目作为数量估计和判断依据的现象，并且在复杂任务中更易受其影响。

佩尔曼等（1994）实验二的任务则是一个数学计算任务，被试需要计算 24 道连续在显示器屏幕上呈现的加法运算题，每道题只在屏幕上出现 2 秒，然后有 7 秒的暂停，被试需要在 7 秒内说出这道题的答案。这 24 题中有 12 题为“少加项”运算（即每加法题中加项数目少，12 道题的加项数目均值为 4.75），另外 12 题为“多加项”运算（即每加法题中加项数目多，12 道题的加项数目均值为 8.41）。但每个“少加项”运算会匹配一个加项之和相等的“多加项”运算，12 对相匹配的“少加项”运算与“多加项”运算会按随机顺序出现在屏幕上，有 6 对计算题先出现“少加项”运算再出现“多加项”运算，另外 6 对顺序相反。被试同样被分为简单任务组和困难任务组，简单任务组的被试只需要计算 24 道加法计算题，而复杂任务组则需要在完成加法运算的同时辨别有多少个特定数字的存在（例如，一个加法算式中有多少个 4）。由于 12 个运算组每组中“多加项”与“少加项”实际值是相等的，所以被试对“多加项”的计算结果与“少加项”的计算结果估计应是一致的。28 名来自加州大学洛杉矶分校的被试参与了该实验，实验结果显示在复杂任务组中，被试对“多加项”和的估计均值（45.9）显著大于“少加项”和的估计均值（38.7）；在简单任务组中，“多加项”的估计值也高于“少加项”，但未通过统计显著性水平的检验。在实验二中，除了以数目作为数量判断依据会导致认知偏差外，锚定与调整策略也可能被用在被试的决策策略中，他们有可能会先计算前面的几个加项，再以此作为参照点进行（不充分的）调整（Tversky 和 Kahneman，1974）。但由于“少加项”的前几个加项几乎每个加项都是“多加项”的两倍，故若以锚定和调整为主要决策策略，实验结果应是“少加项”和的估计高于“多加项”和的估计值。但实验结果与此相反，特别对于复杂任务组而言，说明在被试决策过程中，这种以数目作为数量判断依据的认知效应可能超过并覆盖（Overshadow）了锚定与调整策略的作用。从实验一和实验二可以看出，当面临复杂任务和多重任务时，人们若按照标准的推理、计算法则需要付出大量的认知努力，此时很可能在一定程度上依据数目作为推测计算数量的线索，毕竟该方法可以比较迅速、轻松地完成复杂的任务，但认知的结果则可能是有偏的。此外，以数目作为判断数量的依据可能是人们面临数量形式信息处理时的主要启发式策略，其作用可能比其他启发式策略更加明显。

佩尔曼等（1994）研究的实验三类似于实验二，但其将单纯的加法运算估计变为一系列硬币值的估计。与实验二中的“少加项”与“多加项”设计相似，实验三中分为“少硬币”与“多硬币”设计，两者总价值是相等的。实验三也得到类似的结果，被试对“多硬币”总价值的估计显著高于“少硬币”总价值的估计。而实验四则从概率计算角度考察数目启发式的存在，实验发现人们在计算风险或收益的几率时，组成最终风险或收益的事项的数目也是被试判断最终概率的重要依据，而被试在面临复杂任务时赋予数目更多的权重，导致对总体概率估计的偏误。例如在实验中，被试被告知在战场中，场地 A 有 10 个地雷，场地 B 有 5 个地雷，被试就倾向选择 B 场地更安全，却忽视了在实验情景中给出的 A 场地每个地雷爆炸的几率是 10%、场地 B 中每个地雷爆炸几率为 20% 的信息，理性计算的总体风险 B 场地更高。实验五则延续了安德森（Anderson，1965）的实验情景，两组被试需要阅读关于一个陌生人 9 条积极的人物性格特征的词汇，并对其印象打分。在其中一个实验组中，被试阅读的 9 个性格特征是 9 个相互独立呈现的条目（1. 有艺术感；2. 行动敏捷；3. 机敏；4. 可融洽相处；5. 有创造力；6. 精力充沛；7. 高智商；8. 精通音乐；9. 机智），而在另一组中，被试阅读的 9 个性格特征被组合为 3 个集合条目（1. 有艺术感、有创造力、精通音乐；2. 行动敏捷、可融洽相处、精力充沛；3. 机敏、高智商、机智）。阅读后被试需要给出关于这个人印象的打分，并在新的一页纸上回忆这 9 个性格特征条目。此外，被试给出印象打分的时间也分为短时组（1 分钟）和长时组（3 分钟）。36 名加州大学洛杉矶分校的学生参与了该次实验，实验结果与纽特森（Newtson，1973）的研究结果相似，在短时情景下，独立条目组打分（88.9）显著高于集合条目组（67.1），而在长时情景下该打分差异不显著。

基于上述实验结果，虽保持实际规模、数量、价值不变，但被试在同样总量被拆分为几部分进行判断时却给出更高估计。被试直接将数目作为判断数量或者可能性的线索，主要表现为：第一，在某刺激物总量不变的情况下，刺激物被分割得越小，所呈现的数目越多，越倾向于高估总量；第二，人们接受某种信息的次数越多，越易高估目标物的某种属性。因此，佩尔曼等（1994）正式提出“数目启发式”的概念，即人类倾向基于特定单位或形式下的数目来判断数量和可能性，而未充分考虑与数目相关的其他重要变量（例如单位或量纲的大小）。

数目启发式作为人类的认知策略之一，与其他类型的启发式效应或心理偏差类似，也是在认知能力以及任务环境的制约下的一种非理性的信息获取和处理方式，与信息的感知和加工过程息息相关。在信息处理中，无论是有生命的人，还是人工信息加工系统（计算机），其本质均是基于符号（Symbol）在大脑或处理器中进行信息传递和分析解码，符号是信息存在的模式，如语言、数字、标记等。因此数字其实是人类生活中广泛接触和普遍使用的信息载体，与信息加工系统中的其他符号形式一样，其主要功能是代表、标志或表明外部世界的事物。数量信息相比于单纯的数字信息而言，很多时候又融入了语言等其他符号成为复合的信息模式，并且其融合方式在人类的进化和习惯中一般得以固定。例如，在中文中一粒米、两条鱼、三头牛、四顶帽子、五件衣服等搭配，又如英文中单复数的使用惯例。符号间通过不同联系方式而形成不同的符号结构（Symbol structure），又称作语句（Expression），符号和符号结构是外部事物的内部表征。Newell 和 Simon（1972）认为，无论是人还是人工智能，信息加工系统均是由感受器（Receptor）、效应器（Effector）、记忆（Memory）和加工器（Processor）组成。感受器接受外界信息，效应器给予反应。信息加工系统都以符号结构来标志其输入和输出，记忆可以存储和提取符号结构。信息加工系统的上述功能也可概括为输入、输出、存储、复制、建立各结构的条件性迁移。Newell 和 Simon（1972）提出，具有这些功能的系统必然表现出智能行为，而人类智能行为的系统还具有对环境的适应能力。与人工智能不同的是，人类的认知系统的信息加工能力是比较有限的，对环境的适应性使人们在进化过程中形成了一套不需要完整经历标准、系列的信息获取和加工过程的“捷径”，以节省认知地、快速地完成信息处理任务。数目启发式就是在处理数量信息时的非系统地处理策略，其主要特征即过度注意数量形式（即数目与单位构成）中的数目信息，而忽视其他相关信息（如单位等）。

在心理学中，注意是指意识或心理活动在某时刻所处的状态，表现为对某一对象的指向与集中（史忠植，2008）。数目启发式即表现为人们在处理数量信息时倾向只对数目的指向和集中。根据注意的过滤器理论（Broadbent，1958），认知上的指向和集中的原因在于神经系统的容量有限，信息进入大脑处理时，神经系统不会接收所有感知的信息，过滤机制会对外界输入信息进行筛选，只将部分信息纳入大脑进行进一步加工，被阻断的信息则被排斥在外。布罗德本特还发现，这种过滤机制并不需要高级分析参与活动，过滤机制完全由简单的刺激物理机制确定信息通过与否，是一种自然、无意识的反应。这也在一定程度上说明为何依据数目启发式策略与有意识地逻辑推理计算法则常存在差距。类似地，认知资源理论（Cognitive Capacity Theory）也从认知任务协调的角度阐释了为何在认知中会出现对某一对象的指向和集中。卡尼曼（1973）提出，在人类分类和识别刺激信息时常常受认知资源有限性的制约。面对简单任务时，人们可能同时实施两件事，比如边聊天边开车，但面对复杂任务时，由于注意的认知资源有限，同时完成几项复杂任务会很快耗尽认知资源，比如我们很难在完成数学计算的同时又背诵诗歌。因此决定注意焦点的过程也就是认知资源适宜分配的过程，利用注意认知资源会受制于认知资源的有限性，该有限性不是一个绝对的固定值，而是相对存在的，与认知能量的唤醒（Arousal）程度有关。

在相对固定时间段内，唤醒水平作为注意认知资源数量和利用认知能量大小的关键因素，若唤醒程度高，就有更多可利用的认知资源能量；若唤醒程度低，则可利用的认知资源能量就相对较少。当固定时间段内的认知能量决定后，大脑会根据各个任务和不同方面的需求确定认知资源的分配。或依据个人的长期习惯，如在注意过程中将认知能量分配给突然运动的东西等新异刺激；或根据当前主观意愿，如达到某个目标或满足某项期望等；也可能依据对完成任务所需认知能量的理性预期，估计不同方面会耗费的认知能量，使能量增加或减少，最终影响注意的分配。总体而言，注意是认知资源的分配和选择的过程，大脑会处理它想要加工的信息，其依据既可能是主观意愿或是习惯，也可能是理性的预期，其结果是人们根据信息情景将有限的认知资源调动到大脑最想处理的新异刺激上，而给其他信息分配较少认知资源。

数目启发式也是在认知资源有限的情况下，将认知资源集中于构成数量信息的数目部分，而该认知资源分配的依据又主要是人类自身的习惯或主观的意愿。因此，类似于注意分配受制于个体认知能量的唤醒水平、当时的主观意愿和习惯、对完成任务各个方面所耗费认知能量的预估及某些心理倾向，数目启发式作用的发挥也会受认知环境和个人特质的影响。

由于在大脑中处理数量信息和相关的数学计算、推导往往会消耗大量的认知努力，数目启发式作为一种快速又节省认知地提供近似数量估计值的启发式策略（Gigerenzer et al.，2000），在人类生活中很可能广泛存在。毕竟在现代社会环境中，数目在很多情况下也是与实际数量密切相关，大数目有时确实是大数量的表现形式。就这一点而言，数目启发式与代表性启发式有一定相似之处，都以局部或典型的特征作为整个客体的代表，由此引发“以偏概全”等偏差。在佩尔曼等（1994）提出数目启发式概念并构建实验验证其存在后，许多学者继续对数目启发式的存在性以及在人类生活、思维中的影响进行了大量研究。

例如，在山口（1997）实验研究中，当某一疾病死亡率表述为每 10000 人中有 1286 人死亡时，人们感知此疾病的危险程度大于死亡率表述为每 100 人中有 24. 14 人死亡，虽然 12. 86% 远小于 24. 14% 的死亡率，可描述数量时采用数值不同却造成了相反的危险感知。大的数值（1286）相比于小的数值（24. 12）更具有刺激程度，更容易引发人们对疾病危险度的感知，但人们却忽视了这些数值所在的量纲范围的不一致（10000 和 100），从而导致认知的偏误。斯通等（Stone et al. ，1997）发现该现象在使用图形表现病亡概率时更加明显，因为图形更突显了 1286 与 24. 14 人数间的差异。米勒等（Miller et al. ，1989）的研究提出了人们在判断同一事件发生的可能性时，当概率以小数字形式呈现时，相比于大数字更易使人们低估事件发生的可能性，即比例偏差效应（Ratio Bias Effect）。柯克帕特里克和爱泼斯坦（Kirkpatrick 和 Epstein，1992）印证了该现象，在他们的实验情景中，被试如果在密封的容器中抽中红色的豆子就可以赢得报酬，被试可以选择在一个 1 颗红豆和 9 颗其他豆子的容器中抽，也可以选择在 10 颗红豆和 90 颗其他豆子的容器中抽，尽管两容器中抽中红色豆子的概率均为 10%，但有 2/3 的被试选择在有 10 颗红豆的容器中抽取。在数目启发式概念提出后，人们以此作为该现象的重要成因（Denes - Raj 和 Epstein，1994），并继续系统地分析该效应。例如，爱泼斯坦（1994）与山口等（2006）实验发现当给予被试抽中红球奖励时，若抓球的概率被描述为 10 个球里面有 1 个目标球时，感知抓到目标球的概率低于概率描述为 100 个球里面有 9 个目标球时的抓球概率，并且在实验中被试表示明确知道两种情形下抽到红球各自的概率，但多红球的情形仍让他们感觉到有更多机会抽到红球。拉古比尔（Raghubir，2008）的研究发现，对健康风险比例描述时，若所用分母较大，这一比例的基础人数则会被突显出来，进而使非健康人数（分子）得到更多关注。阿隆索和费尔南德斯（Alonso 和 Fernandez - Berrocal，2003）在实验中甚至发现，当告诉被试面临 2 个工作机会，工作 A 会有 10 个候选人入围并最终选定 2 人，工作 B 会有 100 人入围并最终选定 10 人，虽然工作 A 获得的几率为 20% 显著高于工作 B 的 10%，但被试更愿意选择申请工作 B，因为被试对最终职位数目的信息过分关注，而忽视了总体竞争人数。Olsen 和 Hjorth（2014）的研究则发现，当在政治竞选时分多个条目列出在公共方面（教育、医疗和社会保障）支出的金额会比单一给出公共方面支出总金额更容易获得人们的投票，虽然两种竞选方案中公共支出总金额相等，但因为在多条目的列示方式会让人们觉得竞选人在公共支出方面的投入更高而获得更多支持。

此外，我们的生活中还有大量使用量表打分的地方，例如我们在购买某些商品前，会查看其他购买者对该商品的评价打分（例如汽车、电脑等），但这些打分量表有满分 5 分、满分 20 分、满分 100 分等不同量纲。不同打分量纲是否会对人们感知的产生影响呢？从理性角度而言，5 分量表应该很容易被转换为 20 分量表或 100 分量表，乘以相应倍数即可完成量表间打分的转化，而不产生有差异的感知。在 100 分量表中对两个客体评价产生的 20 分差距应该等于在 5 分量表中两客体评价产生的 1 分差距，但在数目启发式效应的影响下，这种等价的数学转换在心理上却可能并不相等，由于人们倾向于以数目作为数量的主要依据而忽视其他因素（此处为量纲的大小），大量纲（100 分量纲）下两客体品质的差距（20 分差距）很可能在心理上被放大，而小量纲（5 分量纲）则可能起到缩减两客体品质差距（1 分差距）的作用（Burson，2009）。

3.2　数目启发式效应在人类经济活动中的影响

在 Pelham et al.（1994）正式提出数目启发式效应概念之后，经济学领域的研究者开始关注这一效应在人们经济活动中的影响，但主要集中于研究数目启发式效应如何影响消费者行为。依照消费者选择理论（Consumer Choice Theory），人们在决定交易活动时会比较一些相关参照标准（如预算或者竞争商品的价格），估计参照标准与目标商品价格间比率或差额（Darke 和 Freedman，1993）。由于数目启发式效应的存在，人们在判断时以特定形式下比率或差额的数目作为评估数量依据，导致人们对交易活动及自身购买力的判断出现偏差或"货币幻觉"，进而影响人们的消费行为。

例如，拉古比尔和斯里瓦斯塔瓦（2002）的研究表明，在消费者使用外国货币购买以外国货币标价商品的情况下，由于人们难以完全理性地以精准的汇率比值完成价值换算或因为对汇率比值的不熟悉，当外国货币的单位数量价值（即商品名义上的价值）大于本国货币的单位数量价值时，如美元对人民币，同一件商品用外国货币标价的表面数值比用本国货币标价的表面数值小，此时消费者会感觉商品较为便宜，因而更有可能购买；而当外国货币单位数量价值小于本国货币单位数量价值时，如日元对人民币，同一件商品的价格用外国货币表示时，其表面数值比用本国货币标价的表面数值大，此时人们会感觉商品较贵，因而消费量则会减少。该现象又称为表面价值效应（Face - value Effect）。查托帕迪亚（2002）与韦滕布罗赫等（2007）的研究则在此基础上引入了收入预算，并研究在实际预算和价格比率相同时，不同货币下人们消费数额的差异。他们提出，人们在消费时常常由于预算约束或购买力的限制，在选择时可能因两个步骤导致认知偏差。在第一步中，消费者会估计当前货币单位下消费后余留的比值，第二步则在选择不同商品后的余留价值比较时，以数目启发式策略评估这些商品的名义价值，最终导致决策偏差。其结果显示，当他国货币的面值小于本国货币时人们花费较少，反之，他国货币的面值大于本国货币时人们倾向于花费更多。这是因为预算与价格在同种货币下，大面值的他国货币的预算与价格的差额大于本国货币二者的差额，即 $b^* - p^*$（大面值）$> b - p$（小面值），人们受到数目差额的影响，认为剩余货币较多，因而会倾向于花费更多，反之亦然。此外，数目启发式效应还会在消费者面临各类数目信息时直接影响消费行为。例如，低价是零售商店和超市吸引消费者的重要因素，在选择去哪家超市购物时，除地理位置等因素外，还会在印象中搜索不同超市的低价信息以判断不同超市的定价水平，阿尔巴等（1994）实验发现，对于总商品价格一致的两家超市，一家超市呈现数量众多的低价商品但降价幅度很小，另一家超市呈现少量低价商品但降价幅度很高，被试在对两家超市总体定价水平感知时，对第一家超市价格水平的感知显著低于呈现较少数目低价商品的第二家超市，而奥菲尔等（Ofir et al.，2008）的研究进一步发现，这种价格感知会在人们的记忆中存在，呈现大量低价商品（虽降价幅度很小）的超市相比于少量低价商品（但降价程度很高）会使人们在印象中形成定价水平更低的感知，并且更容易被消费者回忆起，形成长期的选择偏好。

在伯森等（Burson et al.，2009）的实验研究中发现，相比较小的产品属性量度单位，较大的产品属性量度单位使消费者更倾向于选择该产品属性表现较好的产品。伯森等在实验中首先设计了一个选择通话计划的任务，在情景 1 中通话计划 A 需要每年支付 384 美元，但通话质量比较好，100 个电话中平均只有 4.2 个通话会出现信号丢失现象，计划 B 每年只需支付 324 美元，但 100 个电话中平均有 6.5 个通话会出现信号丢失现象。在情景 2 中，计划 A 需要每月支付 32 美元，1000 个电话中平均有 42 个通话会出现信号丢失现象，计划 B 每月需要支付 27 美元，1000 个电话中平均有 65 个通话会出现信号丢失的现象。在两个情景中，不论是计划 A 还是 B，其故障率和支付的成本实际是一致的，只是故障率的表述和花费成本数量形式中的数目和量纲存在差异。然而，实验结果发现被试在情景 1 和情景 2 中通话计划的选择截然不同，在情景 1 中，有 53% 的被试选择计划 B，只有 31% 的被试选择计划 A；但在情景 2 中，有 69% 的被试选择计划 A，只有 23% 的人选择计划 B。其原因在于，在情景 2 中计划 A 给被试的感知是多花 5 美元就可以获得 23 个信号丢失现象的改善，而情景 1 中计划 A 给被试的感知是多花 50 美元只能获得 2.3 个信号丢失现象的改善，但被试确忽略了花费的计算方式（以月为单位和以年为单位）以及信号丢失现象的量纲（100 和 1000），由此形成明显的感知差异甚至偏好的反转。伯森等（2009）的其他实验（影碟租借计划）[①] 中也得到相应结果，不同的数量信息呈现形式可导致被试完全相反的选择和偏好，其研究有力地说明了数目启发式的存在和在经济活动中的影响，也再

① 在该实验场景中，被试需要在两种影碟租借计划中做出选择，在情景 1 中计划 A 为每周租借 7 部电影，需每周支付 10 美元，计划 B 为每周可租借 9 部电影，每周需支付 12 美元；在情景 2 中计划 A 为每年可租借 364 部电影，需每周支付 10 美元，计划 B 为每年可租借 468 部电影，需每周支付 12 美元。尽管计划 A 与计划 B 成本和租借电影数量的差异在两情景中实际是一致的，但在情景 1 中被试更倾向选择计划 A，而在情景 2 中被试更倾向选择计划 B。

次反映了完全理性人假设与人类行为的不一致。

潘德莱尔等（Pandelaere et al.，2011）的研究也得到相似结果，如当一个商品的售后服务保障期限表述为84个月时，其获得消费者的质量认可高于将保障期限表述为7年；又如当实验情景中苹果与巧克力棒中能量均用千焦耳或者卡路里表示时，由于1卡路里相当于4.184千焦耳，用千焦耳做能量单位时，苹果与巧克力间的能量差异更加凸显，被试更倾向于选择能量较少更为健康的苹果。在10分制的量纲中，7和9的质量打分差别常在消费认知上小于1000分制的量纲中700分和900分之差。而且相比于小量纲，在大量纲下人们购买商品的倾向随着质量打分的增长上升更快。

巴吉和李（2012）发现，当将客户忠诚项目表述为"每1美元购物获得1个积分，积满100分时给予奖品"比"每1美元购物获得10个积分，积满1000分时给予奖品"更容易获得客户的青睐，因为相比于前者，第二个表述使消费者认为离最终获得奖励似乎更远。并且该研究还发现，当步长模糊度更高时（例如1美元可获得7到13个积分的步长模糊度就高于1美元可获得10个积分）、离奖励积分越近时（如总分1000分可获得奖励，已获得800分），大量纲的使用能加强顾客的忠诚度。库尔特（2010）提出，虽然消费者在比较、购买商品时是有意识并悉心处理价格信息的，但人们对价格的感知仍然容易无意识地受其他许多因素的影响①。这可能使消费者并不注重客观准确的价值认知，而侧重商品的整体感受（如商品特别昂贵、商品折扣力度大，等等）。而与此整体价格印象相关的量纲、单位形式成

① 例如Coulter和Coulter（2005）在研究中发现价格的字体大小可以无意识地影响人们的价格感知。

为了人们处理或在记忆中提取数量信息的一种自发的、潜意识的依据（Coulter 和 Coulter，2007）。蒙加和巴吉（2012）在研究中提出，虽然在理性的角度下消费者不会因单位大小而影响消费感知，然而实际消费时却不如此，例如，如果当商品送货延迟用较小量级的单位表示为延迟 7—21 天时，相比于以大量级单位周表示为 1—3 周，会给消费者造成延迟程度更高的印象。在蒙加和巴吉构建的实验中发现，当数字信息比较突出时，相比于以楼层数为单位表示建筑物高度（如 10 层），以英尺（1 层 = 13 英尺）为单位表示建筑物高度会使被试感知到建筑物更高。

内贾德和奥奈（Nejad 和 Onay，2014）的研究中提出，介质效应（Medium Effect）被广泛应用于吸引顾客或者奖励员工积极度的措施中，例如顾客忠诚项目等，而数目启发式效应会加强或弱化这种介质作用的影响。因为在许多管理措施或营销策略中，介质总是通过不同的量纲或货币单位表示，例如在 BESTBUY 超市中，顾客可以将每 400 个积分抵扣 5 美元的花费。内贾德和奥奈以实验研究验证了数目启发式效应对介质作用的影响，并发现介质的激励作用会单纯因介质单位或量纲的增加而增加，并不需改变真实的奖励。在其实验中，被试需在两种工作中做出选择，一种每天至少需工作 7 小时，另一种每天至少需工作 4 小时，前者每小时的积分（即此情景中的介质）是后者的两倍，但仅增加每小时工作的量纲。即第一种工作每小时由可获得 10 积分变为 100 积分，第二种工作每小时由可获得 5 积分变为 50 积分，实际奖励机制不变：当积分排在前 70% 时可获得一等奖励；当积分排在 20%—69% 时可获得二等奖励。实验结果发现，在积分量纲变大时，选择第一种工作强度较大的工作的人数由 23% 上升至 67%。其结果说明增加介质的量纲可以提升介质的激励作用，但他们也提出，这种提升效用是存在上限的，例如顾客忠诚项目为搜集300000积分换取一张电影票，这会使消费者听起来觉得不合理甚至起到适得其反的作用。

张和施瓦兹（2012）的研究表明，相比粗简的单位，使用精细的单位描述产品属性会让消费者有更精确的属性感知并增强对该产品的信心，比如在有关汽车维修时间的实验中，用30天或31天表达维修需要的时间时，相比用1个月来表达，被试感知到了更精确的维修时间范围。又如，在选择野外定位导航仪的实验中，被试被告知需要参加一个1.5小时（或90分钟）的徒步活动，地形复杂，因此需要佩带一个定位导航仪以确保安全。有两种定位导航仪可选，一种续航时间为2小时（或120分钟）、租金为15美元，另一种续航时间为3小时（或180分钟）、租金为25美元。实验结果显示，当时间采用小时为单位时，仅有26%的被试选择续航时间较短的导航仪，而采用分钟作为单位时，选择较短续航时间导航仪的人数比率显著上升到57%。

3.3 数目启发式的成因及影响因素

3.3.1 数目启发式成因

在探究数目启发式的存在及其对人类经济行为影响的同时，研究者也对形成这一现象的原因及影响条件进行了分析。从现有文献来看，数目启发式的成因大致可归纳为三个方面：

（1）自然进化和适应。众多心理学研究发现，数量的表达需要后天的训练，但人类的计数能力是天生的，即使是婴儿也可辨别数目的多少，而在自然环境中，大数目往往与大数量高度相关，正是这种天性使人类易将数目作为数量的代名词。从进化和适应的角度来看，在自然界中某物的数目越多通常也代表着更大的数量，因此在长期的演化过程中，人类潜意识中认为数字多的比少的好。例如，人们可能更容易认为一套有八个房间的房子会比只有五个房间的房子面积大，两个研究助手比一个研究助手更有效率等，人们将这种数目作为数量的一个便捷替代以减少认知花费及成本（Tversky 和 Kahneman，1973，1974；Hasher 和 Zacks，1979；Arkes，1991；Fischhoff，1982；Fiske 和 Taylor，1991）。但数目和数量并不完全对等，就像将同一块比萨切为八块并不比切六块增加了面积，以数目作为数量的代替就像以可得性启发式中过去记忆中易回忆的经验作为推断事件概率的依据一样，是有用的但非理性的、不精确的认知策略。基于认知进化的角度，人类为了适应和解决生活中各类问题，大多数人类文明都演化发展出精确的计算和计数系统。然而标准的计算法则虽然如同其他计算法则和逻辑推理策略一样很有用处，但同时也需要付出成本。如果识别客体数目是熟练并且节省认知耗费的，人们有时会直接以数目为依据推断数量，尽管在某些情况下这种策略是具有误导性的。因此，基于上述分析，从人类进化和适应环境的角度出发，正是人们与生俱来的计数能力和数目与数量的天然联系使人类在潜意识中将数目作为数量的代名词。

（2）刺激物量级大小与人类对刺激物反映的非线性关系。人类本身就容易高估以较小单位或部分分割后的总量。不少研究发现，客观刺激物的量级大小（如音量高低）与人类对刺激物的反应（如对音量的判断）并不成线性函数关系（Stevens，1957；Kahneman 和 Tversky，1979，1982；Thaler，1985），而是渐进的相关关系：人类对某个小数目范围内的变动要比此范围外数目的变动更敏感，导致更偏好于分多次获得小的数目而非整体获得一个大数目。对于消费或选择而言，人们偏好分多次获得部分或离散的收益，而非一次性获得整体收益。例如泰勒（1985，1993）的研究发现，被试在买彩票时中一次 50 美元和一次 25 美元会比单纯中一次 75 美元更加高兴。这种人们对多次或多部分的敏感与偏好使人们形成数目多即好的习惯，将大数目值作为大数量形式的主要依据指标，而易忽视其他信息。

（3）前语言期的存在。第三个可能的理论解释则源于认知心理学中有关人类语言系统的研究。有学者提出，人类存在一个前语言期（Preverbal）的计数系统，这套计数系统在人类出生后到学会语言之前的幼年期形成，独立于人类培养形成的、实际使用的计数系统（Gelman 和 Baillergeon，1983）。例如当我们用汉语表达“一”这个量词时，首先需要学习“yi”的发音，但人们在用语言描述数量和进行运算前，实际是可辨别数量的，这就是前语言期的计数系统，该计数系统存在于人类潜意识中而导致人类对单纯的数目更加敏感（Gallistel 和 Gelman，1991；Gelman et al.，1992；Gelman 和 Meck，1994）。在帕奇尼等（Pacini et al.，1998）的研究中也发现，随着人们年龄的增长，后天学习和培养形成的计数系统会逐渐发挥较大作用，而前语言期计数系统的影响会逐渐减弱。例如其在研究比例偏差效应（Ratio Bias Effect）[①] 时，比较了不同年龄段人群比例偏差的程度。研究结果发现，虽然被试在总体上均表现出不同量纲下对相同比例给予不同估计的认知偏差，但对于 8 岁的儿童而言，他们未系统学习过概率的计算方式，不少被试倾向认为在 100 个球里有 2 个红球的盒子中抽取红球的概率要高于在 10 个球里有 1 个红球的盒子；

① 比率偏差（Ratio Bias）在前文中也相应提及，是指当小概率事件以不同比率形式呈现时，人们倾向于认为以较小数字呈现的事件更不可能发生。

对于12岁的儿童而言，大多数被试在100个球里有5个红球、100个球里有3个红球、10个球里有1个红球三种设定下，认为在100个球里有5个红球的盒子中抽取红球的概率更高；而对于成人而言，只有当大量纲的比例设定为100个球中有9个红球时，大部分被试才会认为其抽中红球的概率高于10个球中有1个红球。然而，虽然在前语言的计数系统随年龄增长和知识结构增进会被系统的、理性的运算策略所取代，但其始终存在于人类的潜意识中。一旦人们受到认知能力或任务时间、难度的局限而难以或不愿使用标准、系统的逻辑推理时，潜意识中对数目的敏感即导致数目启发式效应的产生。

上述三种成因的角度虽各不相同，但其至少都支持一个观点：数目启发式效应与人类计数系统密不可分，类似大脑数学运算功能的“副产品”，人类很难完全规避其影响（Fischhoff，1982；Arkes，1991）。这种效应可能既是人们在耗费认知成本时迫不得已的“下策”，也可能正是人类分析类似决策问题时为减少认知努力而在潜意识中的“上策”。

3.3.2　数目启发式效应作用的影响条件

同时不少研究发现，与动物不同，人类数目启发式效应的出现也有其特殊的条件，人类依据数量做出决策和判断时既可能理性地运用系统的信息处理方式，也可能直接采取简略的信息分析过程（Brewer，1988；Liberiaman 和 Eagly，1989；Payne et al.，1992），而数目启发式效应正是一种快速、直觉性的思维“捷径”。由于受过系统的计数和运算训练，大多数成人会拥有较高的认知标准抵制数目启发策略的应用。在可以尽情使用认知能力的情形下，人们会使用复杂的运算策略做出不受数目启发式影响的无偏判断。因此佩勒姆等（1994）提出，人们在决策中数目启发式效应发挥影响的程度很大程度上依赖于在处理任务时某一时段认知能力的耗费程度。这类似于代表性启发式、可得性启发式以及其他众多认知偏差的形成和作用发挥机理，均源于人类在处理信息时的双途径的存在：途径一是复杂的、耗费大量时间与认知努力的、按标准的系统法则信息处理方式；途径二是简略的、快速又节省认知努力的、按经验或习惯的信息处理方式（Brewer，1988；Gilbert，1991）。无论节省认知努力耗费是受制于认知能力和时间局限的无奈之举，还是人们自发地节省大脑能量的主动选择，实际的影响因素可分为客观环境因素和主体自身因素两类。从当前研究看来，影响该效应作用发挥的因素也大致分为这两类：情景条件和个人特征。

情景条件即在对数量、概率进行判断、做出决策时的任务情景和外部条件，主要包括：任务的复杂程度（Payne et al.，1992）、完成任务的时间紧迫程度（Chaiken 和 Eagly，1989；Maheswaran 和 Chaiken，1991）、完成任务的认知耗费程度（Gilbert et al.，1988）。佩恩等（1992）在研究中将任务的复杂性和难度作为人们使用复杂的分析策略或简易的直觉策略情景因素。他们提出，高难度的任务会迫使人们依赖直觉而不是分析推理的处理策略，当任务的难度超过人们某时段可应用的认知能力时，使用分析推理的处理策略与使用简易的启发式策略均不能获得无偏误的判断时，启发式策略相比于分析推理更易快速地解决问题。吉尔伯特等（1988）则提出另一观点，他们认为，人们只有在可以应用足够认知能力解决当下的问题时才会使用规范系统的处理原则。当认为需要耗费的认知能力过高时，人们轻易采用启发式策略将问题处理过程进行简化。认为需耗费的认知努力有时与任务的难度相关，但工作量等其他因素也可以极大地影响人们对需付出认知努力的感知。柴肯（1989）在启发式效应理论模型的研究中则提出，当人们被迫在相对短的时间内迅速完成一项评估或决策时，会依赖于启发式策略作为简易处理路径。因此尽管人们是完成较简单的任务，由于时间限制，也会因难以充分施展系统的、分析的处理方法而做出无偏误的决策（Rothstein，1986）。人们在处理数量信息时实际也是双认知途径（复杂或简体途径）的处理，两者可能同时存在于任务处理过程中，而任务复杂程度、任务所需付出的认知努力以及时限的长短均会影响何种处理方式的应用，最终影响决策的准确性。

个人特征则主要体现为个人的思维方式（Monga 和 Bagchi，2012）、专业知识、单位换算熟悉程度（Pandelaere et al.，2011）、情绪特征（Pacini et al.，1998）、精明程度（Ofira et al.，2008）等。蒙加和巴吉（2012）提出，虽然在数量形式的组成中数目和单位（量纲）都是同样平等呈现的，但对于不同思维方式的信息获取主体，数目或单位（量纲）在认知中的突显（Salience）程度并不一样。对每一类信息而言，相比于浅层次（Low - level）特征，高层次（High - level）的特征往往传递着更宏观、全局的信息，他们蕴藏着更核心的、实质的含义。浅层次（Low - level）的特征往往伴随微观的变化，而高层次信息则伴随着大的变化（Medin，1989）。对于数量信息而言，它包含两个主要特征：数目和单位（量纲）。数目代表着浅层次或微观的视角，它们提供单纯的数字，但自身并不能传递出完整信息，单独的数目的变化也并不能带来数量信息质的变化，只是在某一层次上数目的差异（如 3 天和 7 天仍局限在天数的差异上）。单位（量纲）则代表着高层次或者宏观的视角，它们意味着数量的本质，在不知道具体数目的情况下，仍能传递出一定信息（如几天、若干年），而且单位的差异会带给数量信息质的变化（如几天与几年的差别）。

蒙加和巴吉也在其文中以问卷形式证实了该观点，他们在问卷中首先告诉被试一个数量形式的信息（如 10 英里）是以数字 10 和单位英里两部分组成，然后需要被试回答“哪部分特征更能传递实质的信息”“哪部分特征更能传递宏观、全局的信息”等问题，并在 7 分量表中圈选一个数字（1 代表数字，7 代表单位），被试选择的均值为 5.32，显著中点 4 分。根据解释水平理论（Construal Level Theory）的研究（Trope 和 Liberman，2003），具象思维的心理情景下的认知主体会更加关注浅层次的特征，而抽象思维下高层次特征会突显。例如锁门的动作，当在具象思维中主体会主要思考具体动作怎么完成，从浅层次角度（例如转动钥匙）思考锁门行为；当在抽象思维下主体会主要考虑为什么要完成该动作，因此从高层次角度（例如保护财产安全）思考锁门行为（Freitas et al.，2004）。因此，蒙加和巴吉（2012）认为，当行为主体整体表现出具象思维心理情景时，其认知过程中会突显数目的作用，因此促使数目启发式效应的产生。

潘德莱尔等（Pandelaere et al.，2011）则认为，部分行为主体之所以受数目启发式效应影响的程度更高，原因在于他们并不能熟悉地完成不同数量单位或量纲下数目的转换，所以对小单位（例如厘米）下数目差距的感知强于大单位（例如分米）下数目差距的感知。甚至有时人们熟悉某一单位下与数目组成的数量形式（例如 100 元人民币），却不知道还可以用另一单位表达该数量形式（379.27 元捷克克朗），或者不清楚两单位间的转换比例（1∶379.27）。其研究提出当行为主体熟悉单位（或量纲）的转换比例时，数目启发式效应会得到遏制。潘德莱尔等在构建的实验中，当被试多次受过不同单位转换培训或接收到单位转换比例的信息时，被试对在不同单位下数目差异并无显著不同的感知。

帕奇尼等（1998）的研究则发现，情绪上易压抑或处在抑郁状态的行为主体更容易依据经验习惯或是直觉做出决策，在很多情况下（特别在琐碎、平常的任务中），他们的信息处理和决策过程并不受理性的控制或控制不充分，更难以依据严谨规范的逻辑推理和分析解决问题。在其实验中，处于情绪低落状态下的被试做出了偏误更大的决策。奥菲拉等（2008）在研究消费者对超市定价水平的感知时发现，数目启发式效应会使被试在越多回忆起低价商品时（虽然降价的幅度很小）认为该超市定价越低，消费者将可回忆的低价商品数目作为判断超市降价力度的主要依据，却忽略了降价幅度的信息。但他们的研究同时发现，数目启发式效应导致的降价感知只对更加精明、视野更广的被试影响较大，对于不够精明的被试而言，他们更加依据低价商品是否易回忆（降价幅度更大的商品更容易留下较深的印象）作为判断超市降价力度的依据，所以单个商品降价力度越大，这部分被试越容易感知到超市定价水平更低，数目启发式则对这部分被试影响较小。

3.4　数目启发式与管理会计信息使用

以上研究探讨了数目启发式的存在性及成因，并开始将这一心理学效应引入消费者行为分析，揭示其在人类经济活动领域的作用。但对于将数量视为“语言”的会计学科而言，现有文献却并未探讨数目启发式效应对会计信息使用者思维及行为的影响，特别是对于报告形式、单位都不统一的管理会计信息。数目启发效应是否存在于管理会计信息使用、处理的过程中？由于管理会计任务的多样性和繁杂性以及管理会计信息使用者个人特征的差异，管理会计任务的复杂程度、完成任务时间紧迫程度、完成任务的认知耗费等是否可影响数目启发式效应在管理会计任务中的作用？而管理会计主体个人特征，如思维方式、工作年限、管理层次、数学水平等对管理会计任务中数目启发式效应又有何影响？那么在数目启发式外，管理会计信息使用主体在处理信息过程中的其他非理性行为是否存在，并与数目启发式效应共同作用于信息使用、处理过程？其他非理性行为是对数目启发式效应本身又有何影响？采用何种措施可以抑制数目启发式效应在管理会计任务中的影响呢？这些问题对探知决策主体究竟如何理解、运用管理会计信息，以及如何进一步提升管理会计信息的有用性和决策价值都至关重要。

现有众多关于会计信息有用性以及管理会计信息有用性的研究似乎仍限定于理性经济人假设的框架之下，即无论我们提供何种经济活动或管理活动的信息，会计信息系统确认、记录、计量和披露的信息都会被信息使用者按照标准无误的理性流程获取、存储并使用，并据此做出合理、无偏的经济决策或管理决策。然而，我们会计的基本假设中从未有“完全理性人”这一条假设。人们对会计信息的使用同样需经历信息获取、信息解码、信息存储和使用等一系列信息加工的认知过程，在该过程中人类的大脑并非是全知全能并且不知疲惫的。由于自身认知能力的局限或任务情景的限制，会计信息使用者同样可能在处理会计信息过程中偏离标准理性的系统式信息处理方法，采取简便快捷的启发式策略。会计信息的一个重要特征即以数量信息为主要载体，而这更可能引发与数量信息处理相关的非理性认知策略，但这在现有会计信息有用性的探讨中并未被提及。

数量在会计信息系统中的重要性毋庸置疑，几乎是会计信息系统赖以存在的基础，无论我们表达各类收益或损失、各项资产或负债、现金流量的流入和流出，都离不开数量形式。其实我们可以形象地将会计信息系统描述为将现实中各类经济活动按既定的规则（会计准则等）、框架（概念框架、报表框架等）、标准（会计信息质量标准）等要求下抽象为简单的、有层次的数字信息的信息生成系统。在经历确认、记录、计量、披露等一系列流程后，我们“投入”的是经济现象，“产出”的是数量信息以及基于数量信息的文字解释。数字就像会计学者和实务工作者特殊的“语言”一样，时刻出现于会计信息生成的每一个环节和步骤中。没有数字的存在，会计信息系统也就失去了生存的基础和表达的手段，从会计诞生之日起，数量信息就已完全融入并体现在会计信息系统的方方面面，是会计学科形影不离的符号。会计信息使用者对会计信息的理解、加工和处理，也主要是针对数量信息或以数量信息为基础的。大多数时候，我们对披露的会计信息的理解，就是对各类报告中数量信息的解读，例如固定资产有多少万，负债比率有多高，工程工期有多长，产品单位成本有多少等。因为在会计信息系统的处理过程中，客观存在的经济规模和经济活动（例如购买多少原材料、出售多少商品、招募多少员工）早已被浓缩和固化在各类数量信息中。而人们对会计信息的处理，则是信息使用者在大脑中加工和处理这部分数量信息，在大脑中还原这部分被转化和浓缩的经济活动应有的规模和具体的活动。如果说对会计信息组织框架，结构体系，涵盖内容，报告时间、主体，质量标准等各个方面的探索是分析和研究如何更精确地将客观具体的经济活动抽象和转化为数量信息，而对会计信息使用者信息处理过程的探索则正是分析如何将已转化的数量信息重新在大脑中还原成具体经济活动和规模感知的过程，两者对于提升会计信息的有用性缺一不可。

基于前文理论基础的分析，人们在处理数量信息的过程中，有可能偏离标准理性的信息处理原则，只依据数目作为推断数量的主要线索，最终做出有偏误的决策，即数目启发式效应。而本书研究的一个重要问题即数目启发式效应在管理会计信息系统中是否存在。之所以将管理会计信息系统作为数目启发式效应在会计信息系统中作用的研究切入点，主要原因在于，管理会计作为一个服务于企业内部管理和经营决策的信息系统，暂时没有统一的信息披露框架和报告系统，而其信息量和任务工作量又远远大于每年按时披露信息的财务会计信息系统。具体来讲，管理会计信息系统基本包括企业经营管理中的战略规划、预算、投资决策、业绩评价、项目管理、成本管理甚至内部控制和财务分析等环节。针对每一个环节，管理会计人员都需要编制一张或一系列报告，而这些独立环节中也包含多项报告，例如预算模块有全面预算报告、财务预算报告、各子项目部的预算报告等。业绩评价模块有平衡计分卡、EVA 等各种业绩评价指标体系和方法，又各自对应不同的报告种类，仅就平衡计分卡而言，不同的指标选取就可形成内容各异的报告。对于项目管理、成本管理等模块而言，其提供的报告更是林林总总，仅不同的成本计算方法和成本核算对象就对应着种类繁多的报告，此外还有战略地图、项目进度报告等众多涉及企业经营管理的内部报告。这些报告均无统一的报告编制格式，也没有标准的报告组成框架。因此相比于以资产负债表、利润表和现金流量表为主体具有统一框架和内容标准的财务会计报告体系，管理会计报告框架和内容纷繁复杂，且每一种报告均以数量形式作为信息的实质载体，因此其数量信息量大且内容庞杂。同时，管理会计报告披露和呈现的时间也并不统一，不同于财务会计报告分年报、半年报、季报按时披露，在企业的经营管理中随时都可能编制和提交不同种类的管理会计报告。这无疑增加了管理会计控制任务的难度和工作。

更重要的是，在管理会计报告中，数量形式的呈现并没有统一的规范和标准要求，这点与财务会计报告截然不同。在财务会计报告中，数量形式几乎都以某种统一的单位呈现，如金额一般以人民币元为单位呈现，即使有外币使用的情况，财务会计准则也要求按一定的处理方式和汇率将这部分外币折算为人民币再列示于财务会计报告中。因此在财务会计报告中，数量形式一般都是以统一或经过换算后的单位和量纲呈现。然而对于管理会计报告而言，其单位和量纲并无标准的要求和规范，同一指标一般可以通过形式各异的数量信息予以表达。例如平衡计分卡中，涉及金额的财务指标（如经营净现金流、固定资产等）既可用元为单位表示，也可以百万为计数基础；对于客户忠诚度、市场认可度等打分评价指标，既可以 10 分为满分量纲，也可在 1000 分为满分的范围内进行评价。又例如内部流程指标中的平均无故障时间，既可用天作为计算单位，也可用周或月等作为时间的衡量尺度。而这种可转换的单位和量纲在各类管理会计报告中层出不穷，难以尽数。类似于十分熟悉报告结构和指标作用而在财务会计信息使用中出现“功能锁定”现象，基于前文中数目启发式作用条件及对消费者行为影响的研究文献，在此类频繁转换单位或量纲的情形下进行信息处理和判断时，数目启发式效应极易产生，并导致信息处理者有偏误的决策。特别对于数量形式繁多、报告形式和时间不统一的管理会计信息处理任务而言，管理会计信息使用者很有可能受数目启发式效应的影响。因此，管理会计信息使用的过程中是否存在数目启发式策略，这一问题的答案对探知决策主体究竟如何理解、运用管理会计信息，以及如何进一步提升管理会计信息的有用性和决策价值都至关重要。

基于前文梳理，在探讨数目启发式效应与管理会计信息使用时，本书首先理论刻画符合实际的管理会计信息使用过程中使用者信息认知的分析框架。在现有研究从指标、框架、体系设定着眼如何提高业绩评价决策有效性时，有研究者开始意识到：业绩评价本质上是手段而非目的，不断完善的目标在于通过评价信息获得准确判断，进而有效配置资源与激励（张朝宓等，2007）。从管理工具到目标的达成中有一个关键衔接环节：信息使用者对业绩评价信息的有效解读和判断，业绩评价者对信息的认知是影响业绩评价体系效率和效果的重要影响因素。人类认知组织实际是一类表列等级结构，大脑短时记忆容量有限，使思维过程表现为一种串行处理状态（同一时间内考虑问题有限），限制了注意广度及信息获得速度（Gilbert，1995）。格瑞林和威洛比（2002）基于脑电波变化对赌博中人类行为进行分析，大脑 MFN（额叶内侧负波）无意识的神经回路（不经过大脑逻辑加工处理）作用于决策过程中，也从脑神经活动规律表明，理性经济人假设下的信息使用状态是难以达到的。

基于人类大脑功能限制、信息的不完全性等角度，行为经济学最早提出"有限理性"描述现实经济活动中决策者信息获取和处理能力约束（Simon，1957；1978）。基于"有限理性"视角，行为研究发现现实中人类的经济决策实际夹杂着两类信息处理过程（Hastie，2001）：（1）凭借分析、逻辑计算的、服从规则制约、受控制的处理过程，该信息处理过程在一定程度上趋近于理性处理过程，动用大脑机能有意识地按既定规则处理信息并进行最优反应，至少符合过程理性的标准；（2）凭借直觉而进行内隐的、联想的、自动的处理过程，该过程则基本依赖于感官的直观感受和现有经验、习惯，"轻率而快捷"地完成信息加工决策。

本书将行为学两类信息处理过程嵌入业绩评价信息的具体使用过程，结合业绩评价具体特征，形成评价者信息决策的"双路径模式"，基于该框架展开书中后续研究和阐述。在设定上，

“双路径模式”同样基于“有限理性”假设，囊括了业绩评价者的两种信息处理策略：第一种是基于系统推理的信息处理路径（Systematic information processing），该路径是一个系统严谨的信息分析过程，信息主体需要全面理解和储存评价决策相关的信息，精心考虑后按标准逻辑规则（如打分权重等）做出推理或决策；第二种是启发式策略的信息处理路径（Heuristic information processing），该路径是一个有限的信息分析过程，使用较少认知能量，依据现有信息按照直觉或经验进行判断决策。两类路径中，系统路径需匹配相应认知能力与标准规则，启发式路径则需匹配相应启发式情景（Heuristic Cues）。上述两条件在管理会计中均极易具备：首先，不同管理会计信息使用体系配有相应标准逻辑策略，如 EVA 评价体系、平衡计分卡等，若评价者坚持使用标准逻辑策略，严格依据标准规则，则可达“有限理性”的过程理性标准；其次，管理会计实际任务信息庞杂、涉及面广、呈报频繁，评价者在认知局限下很可能选择便捷的启发式策略。本项目认为，决策者需在准确性和决策成本间进行有意或无意的权衡：耗费认知努力获取严谨推理的决策抑或节省认知努力得到符合经验的判断。该权衡可受任务复杂度、时间紧迫度等因素影响。“框架效应”等非理性心理因素虽不是信息处理路径，但也可能作用于信息处理过程影响最终决策，本书也将其纳入“双路径模式”框架中。

从内容上看，管理会计控制系统囊括内容众多，范围较广，涉及预算、投资决策、业绩评价、薪酬激励、流程管控等众多子模块。由于研究时间、精力、人力、财力等限制，在一本书中难以完成对管理会计控制系统所有模块信息使用时的数目启发式效应影响的探讨。因此在研究中，本书又主要聚焦于管理会计控制系统中常见的投资决策任务和业绩评价任务中的数目启发式效应进行探讨。首先，投资决策和业绩评价在管理会计控制系统中有着重要的作用。投资决策是组织管理控制和生产经营的重要过程，在不少管理学教科书中，投资决策常被视作组织所有决策中最为关键、重要的决策，一个重大的投资决策失误往往会使一个企业陷入经营困境甚至破产，而几乎每个企业、组织乃至每一个项目组、车间、个人都面临着这一任务。故投资决策既是最常见、基础的管理控制活动，也是经营过程中直接影响组织生存和发展的核心环节。业绩评价任务的重要性也不言而喻，合理反映企业中战略或经济目标的执行情况，以供内部信息使用者做出相应决策，这既是业绩评价的职责，也是企业经营管理不可或缺的关键环节。业绩评价业务连接着企业目标、组织结构、全面预算和激励机制等其他众多管理模块，因此它也一直是管理会计研究中的核心主题之一。

更重要的是，之所以聚焦于投资决策和业绩评价任务，也因为它们各自涉及的数量信息十分有代表性。投资决策任务由于其决策所需信息和决策过程的特殊性，不仅涉及众多种类和单位的数量信息，还涉及各类概率信息，是管理会计各项任务的决策过程中为数不多涉及概率信息的子模块。同时，投资决策任务还往往涉及标准的理性计算路径或理性逻辑规则，由此可以判断数目启发式效应影响人们决策时引致的决策偏差程度。在业绩评价任务中，由于当下主流的业绩评价体系为多维度指标体系，既包括财务指标，也涉及客户满意度、平均无故障生产周期等非财务指标，故其涉及的指标单位和数量形式同样十分广泛、富有多样性。此外，由于业绩评价任务的特征，业绩评价报告中的指标信息常涉及标准值和实际值这两个基本数量，而两者数量上差异在不同单位下又常呈现不同数目形式：例如，净利润以元为单位呈报目标值 1000000 元与实际值 1050000 元，则评价指标实际完成情况时在元单位下其数目差异为 50000；但以百万为单位呈报，目标值 1 百万和实际值 1.05 百万在百万单位下数目差异仅为 0.05，这种相同数量差异在不同单位下的数目差异现象，与查托帕迪亚（2002）和韦滕布罗赫等（2007）研究中“货币幻觉”的情况十分类似，具有典型的代表性。因此，在综合了重要性、任务特征以及数量信息形式多样性和代表性等因素后，本研究聚焦于管理会计中的投资决策任务和业绩评价任务。基于此，本书在以下实证分析中，以实验研究为主要研究方法，着重探讨数目启发式效应在管理会计具体任务中的存在性、数目启发式效应的作用条件及其与其他非理性认知是否存在交互影响，最后集中探讨数目启发式效应在管理会计实践中的适用性以及可行的应对措施。

第4章 投资决策任务中的数目启发式效应的研究

4.1 引言

正如先前文献回顾和理论分析所阐释的，经济管理活动中的行为主体并不是完全理性的，而会计作为一门以数字为信息载体记录会计主体经济活动的学科，核心宗旨即为决策主体提供决策有用的信息。大量研究是从信息提供者的角度阐述我们的问题。然而，在会计的基本假设中从未有“完全理性人”这一条假设。会计信息的使用本质上也是人们获取信息、加工信息并依据信息做出判断和决策的认知过程。从前文所述的众多基于行为学分析的理论和研究中可以发现，经济、管理活动中的行为个体首先是以一个有生命的人类的形式存在，与标准化、系统化的信息处理机器（完全按照既定规则，一般是理性规则精确无误地完成信息获取、解码、存储、提取以及运算的信息处理步骤）在本质上是不同的，他们有着可以自由选择的思路和行为路径，在进化的过程中也积累了众多经验和习惯，在经过规范、系统地培训后（例如会计知识学习、簿记规则、会计准则培训等）才能获得理性地、按标准规则处理信息的方法，而在决策过程中又可能会受到众多心理因素和情景因素的干扰，更重要的是，正常的人类的认知能力和认知寿命是有限的。对于会计信息的处理也正是如此，最终依据会计信息做出经济决策和管理决策的是人，而非信息处理机器。

因此，在广泛关注会计信息组织框架，结构体系，涵盖内容，报告时间、主体，质量标准等各个方面等问题的同时，我们似乎也应当关注会计信息的使用者究竟是如何理解和处理会计信息系统生成的信息并据此做出决策的。毕竟会计信息的处理同其他信息处理一样，都是人类在大脑中完成信息获取、解码等步骤的认知过程。在该过程中，由于人类生理和大脑的特殊构造，人们处理会计信息的认知能力在某时段内也一定是有限的，因此会计信息使用者不一定在所有信息处理的步骤中都按照完全理性、规范的信息处理方式完成信息加工。毕竟会计的实质就是将纷繁复杂的经济活动按标准准则转化为系统反映经济实质的可理解信息，又提供给信息使用者作为决策的有用依据，本质就是信息的生成和使用。由于使用者并不一定完全按照理性和标准的方式处理会计信息，只探讨信息的生成准则和框架结构等，而忽略会计信息被主体认知、处理的实际方式和过程，不是一个完整地探讨会计信息有用性的视角。

值得注意的是，在信息处理过程中由于偏离理性处理和计算方式产生的认知偏差并不是杂乱无章的，而往往表现出整体的、客观的规律，探索和分析这部分规律为我们进一步提升会计信息的有用性或规避会计信息使用中的偏误有着重要的作用。本书落脚于会计信息的主要载体形式——数量，探索人们在处理数量信息时是否存在认知偏差以及该偏差出现的规律，以此洞悉会计信息使用者实际处理会计信息的过程，进而为提升会计信息有用性提供研究视角。“数目启发式”则是一个与人类数量信息处理过程息息相关非理性认知。“数目启发式”的概念虽由帕勒姆等（1994）正式提出，但在20世纪70年代，Wilder（1977，1978）在研究人们受他人行为的影响时发现，若将他人分为若干个小单位代替整个团队时，人们更容易受到他人行为的影响。佩蒂和卡乔波（1984）、佩尔曼和斯旺（1989）以及肖沃斯（1992）在关于论据说服性和自我价值（self - worth）的研究中也发现类似现象。佩勒姆等（1994）则分别从图形面积、数字计算、货币估计、概率选择、人物特征等角度用5个实验直接探索数目在人们日常数量判断中的作用。其研究发现：第一，在某刺激物总量不变的情况下，刺激物被分割得越小，所呈现的数目越多，被试越倾向于高估总量；第二，被试接受某信息的频次越多，越容易高估目标物的某种属性。因此佩勒姆等（1994）得出，人们倾向于依靠特定单位或形式下的数目来判断数量大小及可能性高低，而未充分考虑与数目相关的其他重要变量（如单位量纲大小等），并开创性地提出“数目启发式”效应的概念。此后，心理学和行为学研究者继续对数目启发式在人们生活、思维中的影响进行了大量研究，并发现数目启发式效应广泛存在于人们生活中（Yamagishi，1997；Raj et al.，1994；Yamagishi et al.，2006；Raghubir，2008）和经济活动中（Chattopadhyay，2002；Wertenbroch et al.，2007；Burson et al.，2009；Pandelaere et al.，2011；Bagchi 和 Li，2012；Zhang 和 Schwarz，2012）。以上研究探讨了数目启发式在人类生活中的存在性，并开始将这一心理学效应引入金融学和消费者行为的领域分析，揭示其在人类经济、管理领域的影响。但对于将数量视为“语言”的会计学科而言，现有文献却并未探讨数目启发式效应对会计信息使用者思维及行为的影响。特别是对于报告形式、单位都不统一的管理会计信息系统而言。因此，本章首先针对管理会计实践中十分普遍的投资决策任务，探讨决策过程中数目启发式效应的存在性及其对决策的影响。

4.2　研究背景

投资决策是指为实现预期的投资目标，投资主体运用一定的方法和手段，经过相应程序，将筹集或拥有的资金选择适当项目投放和运转，对投资的必要性、投资目标、投资规模、投资方向、投资结构、投资成本与收益等经济管理活动中的重大问题所进行的判断和方案选择①。投资决策是组织管理控制和生产经营的重要过程。不少管理学教科书中将投资决策视为组织所有决策中最为关键、重要的决策，一个重要的投资决策失误往往会使一个企业陷入经营困境甚至破产。虽然许多关于投资决策的研究仍在理性经济人假设框架下进行，但也有不少学者基于行为学理论基础分析了投资决策中人们的信息处理过程及认知效应。例如，饶育蕾和蒋波（2010）提出，在众多项目投资收益评估方法中，相比于需要理性的计算和规范的分析推理的 NPV 法则，回收期法是一种更偏向基于经验和直观推断

① 本书中所阐释和分析的投资决策任务主要指管理控制流程中企业面向内部的实体投资方式，如固定资产投资、新技术投资等，与资本市场投资者面向金融产品的投资有一定区别。

的启发式策略的决策法则。它可以规避复杂的计算过程而快速进行决策，但也由于其对现金流和风险容易高估或低估，最终很可能影响实际的投资收益。张和帕丁顿（2008）在对356家澳大利亚公司的调查研究发现，由于在实际使用中回收期法不需依据时间价值计算收益率，不用计算初始期的资本成本，更不用考虑回收期后复杂的现金净流量，因此回收期法比NPV法在投资决策中的应用更加频繁。该研究还发现超过30%的CFO会使用回收期法，相比于大公司，小公司更倾向偏好回收期法而非NPV法，任期时间更长和年龄更大的经理人也会更加倾向选择回收期法。过度自信①这一心理因素也会影响公司经理人的投资决策，形成对收益波动水平和项目风险的低估，使决策者倾向于积极投资，快速开展多元化经营和扩张组织规模（Gervais et al.，2012）。吕夫布（Flyvbjerg，2002）的研究则发现过度乐观很容易导致投资决策项目在实施过程中的“成本超支”（Cost Overrun）或“预算超支”（Budget Overrun）。证实偏差②这一非理性认知会使投资决策主体在系列决策中有意或无意识地排斥与自己意见相左的信息搜集方向和相应观点，缺乏否定机制，造成可能存在的有偏判断并继续实行项目，陷入“自我卷入式的信念坚持”。后悔厌恶③倾向可能导致决策主体在

① “过度自信”（Overconfidence）是指，人们倾向高估自己能力，认为自身知识和经验的准确性比事实中程度更高的一种信念。

② “证实偏差”（Confirmatory bias）主要是指人们一旦存在某种信念和设想，在认知和决策过程中会有意或无意地寻找和关注支持该信念的信息，甚至花费更多时间和认知成本添加与决策不相关的附加证据，而忽视或较少关注信念和设想不一致的信息，非客观地搜集和处理信息，最终导致有偏误的认知和决策。

③ 人们在决策中往往因为错误的决策和行为而感到后悔，因后悔带来的痛苦和难过可能大于由于错误本身引发的损失，为避免后悔，人们会做出一些非理性行为，此类现象即“后悔厌恶”（Regret Aversion）。

依据当前信息进行判断时仍眷顾沉没成本，根据规范的 NPV 等投资决策项目遴选法则，沉没成本是过去发生的与未来投资收益、净现金流入完全无关的耗费，在投资决策中理应被忽略。例如，奚凯元（2008）通过以 EMBA 为被试的实验发现，在第一种实验情景下，假设被试作为医药公司管理层，需要决定是否继续一项才启动不久的医药研发项目，如果耗资 50 万继续研发，公司有 90% 的几率损失 500 万，只有 10% 的几率收益 2500 万。实验结果发现在该情景下，大多数人选择放弃继续研发。而在另一种实验情景下，被试同样作为医药公司管理层决定是否继续开发一项药物研发项目，公司仍是 90% 的几率损失 500 万元，10% 的几率盈利 2500 万元，另外一家公司已研发出了类似药物，但该项目公司已投入了 600 万元，若继续研发仍需要耗资 50 万，实验结果发现在这一情景中，尽管对手公司研发出了类似药物，市场竞争比拼已然滞后，但由于对 600 万沉没成本的考虑，大多数被试选择了继续研发。从该实验可以发现，尽管理性的决策方式是基于期望收益计算（-500×90% +2500×10% -50）并因负的净现金流入而放弃继续研发该项目，但在决策中后悔厌恶心理效应使决策者对沉没成本继续眷顾，因而最终做出有偏误的决策。后悔厌恶心理效应还会导致在系列决策中的决策主体于投资失误发生时进行“承诺升级”（Escalation of Commitment），当对某一投资项目耗费时间、资金等众多资源后，明知失败可能性很高的情况下，仍坚持投入大量资源而忽视客观情形，该现象也称作“恶性增资”。在康龙和帕克斯（Conlon 和 Parks，1987）针对投资决策任务的调查研究中，有 75% 的被调查者在面临沉没成本和不成功项目时，仍选择“恶性增资”以继续项目；在周齐武等（2000）针对中国市场经理人的调查研究中，绝大多数（93%）被调查者认为自身企业存在恶性增资现象，56% 的被调查者认为该现象在市场中普遍存在。此外，可得性启发式效应会使投资决策主体过度依赖于过去类似的成功或失败的投资案例进行当期的决策，在遇见与以往案例相似的新任务时，经理人倾向停止信息的搜寻以及理性分析过程，仅依赖于过往经验做出投资决策。

基于上述文献可以发现，研究者们通过构建各类实验或问卷的方式，探析了各种心理认知效应作用的发挥。行为主体在投资决策时并不完全按照理性严密的决策方式和标准规范的决策流程进行投资决策（郑雨明，2007），决策信息的稍微变动（例如出现与决策无关的沉没成本）即可造成完全相反的决策结果，决策的依据也不全是当下相应的或全部的决策信息（例如“自我卷入式的信念坚持”或恶性增资）。此类现象也再次印证了投资决策行为中的非理性解决问题方法的存在，人们容易受到心理认知因素的影响而做出有偏的决策。但当前研究仍忽略的一点是投资决策信息的呈现方式，由于净现金流、内涵报酬率、收益金额或损失金额等均以数量形式呈现，人们在投资决策中会面临大量的数量形式的信息。因数目启发式策略的存在以及其快捷和节省认知的优点，行为主体也很可能在决策过程中不依据标准或规范的信息处理方法进行分析判断，而依据数目启发式策略做出决策。本章接下来即关注并构建实验情景，实证检验数目启发式效应在投资决策任务中是否确实存在。

4.3 研究假设的提出

信息的价值体现在能够为决策所用（Kinney，2001），而决策即信息使用者在备选信息中做出抉择并生成行为结果的认知过程（Libby，1981）。作为人类思维中最为复杂的形式和结构之一，决策者实际扮演着连接认知和最终行动间的桥梁，在信息转化为行为的过程中有着至关重要的作用。在完全理性经济人假设下，决策主体主要由经济利益动机驱动，并且做出的决策也是完全理性的：决策所需信息是完备的，决策者会自发并详尽地搜寻所有与决策相关的信息，判别不同的状态；对每个状态下投资方案收益有充分的计算能力，并且能在标准和规范的理性规则下准确无误地计算不同方案的期望值；决策主体也不会受到情感及外部情景因素的影响，其对经济利益的偏好始终保持稳定。因此在现有许多有关投资决策的理论中，影响决策的主要为投资期间、初始成本、投资收益等任务内容，但这些基于理性经济人假设的理论阐释完全回避了实际决策过程这个环节。而众多偏离理性决策的现象和心理学研究成果表明，决策者真实的投资行为与新古典经济学假设的理性经济人有较大差异，人们在这一过程中并非完全理性：人们处理信息的过程往往会受到思维及认知中固有缺陷的影响。

投资决策是管理会计控制系统的重要组成部分之一。会计信息根据其功能及使用者的差异，主要分为财务会计信息与管理会计信息两类。与财务会计信息主要为外部利益相关者提供会计主体经济活动信息不同，管理会计信息则更多立足于帮助组织内部管理者或员工了解组织运营情况，为其合理、有效做出相关决策提供科学的依据和方法，保证企业各项资源得到最优化合理的配置，以达到最佳经济效益与社会效益（孟焰，2006）。因此，以服务组织内部为宗旨的管理会计报告在内容与形式上和财务会计报告存在巨大差异。由于组织运营过程中众多管理控制任务的需求，其信息量、信息报告频率、信息种类和报告格式类型都远超过财务会计报告。然而，人们存储处理与决策相关信息的认知能力是有限的（Miller，1956），当面对大量任务及复杂任务时，人们需通过各种方式减少处理信息时的认知努力以减轻工作记忆[①]中的认知负担（Speier，2006）。此时，人们容易依赖潜意识中的习惯性策略（Heuristic）甚至是本能来替代理性算法（Agorithm），以减少认知耗费。而数目启发式作为人们处理繁杂信息时的习惯性策略之一，在投资决策的认知过程中很可能产生。更重要的是，以支持企业内部管理控制为目标的管理会计信息常呈现多元化、灵活性高的特点，既无标准的披露形式、信息内容，也不拘泥于统一单位，其中各类数目与不同量纲的组合更容易激发人们以单纯的数目来代替数量信息的倾向，从而在处理管理会计信息和形成决策过程中产生数目启发式效应。

自一个经济体诞生开始，每笔资金从投入到最后形成产出均是一次次投资决策的结果，几乎每个企业、组织乃至每一个项目组、车间、个人都面临着这一任务。投资决策既是最常见、最基础的管理控制活动，也是经营过程中直接影响组织生存和发展的核心环节。在企业投资决策任务中，决策者需依据各类相关信息衡量、比较备选项目的投资可行性，最终做出抉择并确定投资规模、投资结构。无论何种投资决策任务，决策者决定投资与否的依据不外乎以下两类：备选项目的预期收益和获得该收益可能性（一般以概率形式呈现）。决策者需耗费认知努力对这些信息进行分析，并比较备择项目，而此两类信息均以数量或数字为核心载体。因此，数目启发式策略作为人类在处理数量信息中的一种“思维捷径”，极有可能对这一决策过程产生影响。由于投资决策活动中决策者主要以收益金额和获得收益的概率两类信息作为判

① 工作记忆是指大脑对信息进行加工和存储的有限记忆系统，是思维过程的基础支撑结构（Baddeley，2003）。

断依据，本书将从数量和概率两个角度分别考察数目启发式效应对决策的影响。结合前文分析，本书提出如下待检验的研究假说：

H1：在投资决策任务中，数目启发式效应会导致决策者在处理数量信息时出现决策偏差。

H2：在投资决策任务中，数目启发式效应会导致决策者在处理概率信息时出现决策偏差。

此外，基于现有研究，数目启发式作用的发挥也会受一定条件的约束。在特定情景下，人们的决策过程可能更易受到数目启发式效应的影响影响。其中重要的两项情景因素即任务的复杂程度（Payne et al.，1992）、完成任务的认知耗费（Gilbert et al.，1988）。数目启发式策略作为一种简洁、直接的信息处理方式，其重要功能和本质目的即简化信息处理过程，以节省认知努力的耗费。因此，启发式策略本来即针对任务难度高、认知努力耗费大的任务情景而生，所以也更易在任务复杂度高、认知努力耗费大的任务情景中被人们应用于信息处理的过程。对于数目启发式而言也是如此，当人们遇到任务难度高、需较高认知努力处理的数量信息时，其更易发挥作用，影响人们的决策。高任务难度与高认知努力耗费在一定程度上是相互联系的两个情景特征，但两者仍存在一定区别。首先复杂度和认知努力耗费都是人们对任务的感知，任务复杂度高一般会造成高的认知努力耗费。但与此同时，工作种类繁杂、信息获取量高、工作内容多的任务也会大量消耗人们的认知能量，即使这些任务本身并不复杂。高难度的任务会迫使人们依赖直觉而不采用分析推理的处理策略（Payne et al.，1992），同时当人们认为需要耗费的认知能力过高时，也会采用启发式策略将问题处理过程进行简化，而并不使用规范系统的处理原则（Gilbert et al.，1988）。

管理会计信息使用过程中，任务复杂度以及认知努力耗费程度也是管理会计任务时常伴随的情景特征。虽然完成任务的时间约束也是现有心理学文献探讨数目启发式效应作用发挥的一般性研究变量之一，但在探讨经济活动中数目启发式效应的文献并未经常探讨时间这一因素。因为对于大多数经济决策或消费决策而言，决策主体一般会对时间主动掌控，较少被动地受到时间约束。对于具体的管理会计任务而言，在实践中大多数管理会计任务并不存在一个明显的、紧迫的时间约束，管理会计信息使用者一般有足够时间完成获取信息、理解信息，进而做出决策的处理过程，并有主动延长工作时间以完成任务的主动权。因此相比于时间因素，任务复杂程度和纷繁复杂的信息量带来的认知耗费往往出现在管理会计实践中。许多管理会计任务需要信息使用主体经过一定的规则计算（数量信息是此类计算的主要依据）后做出最终的判断。例如投资决策任务中，理性处理方法常常涉及复杂的计算公式、过程和比较，如内含报酬率的计算、净现值的计算甚至一些资产定价模型和风险评估模型的应用，均需要经历比较复杂的计算，导致任务难度的提升。此外，管理会计任务也常常呈现出呈报信息繁杂、种类多样、工作量大的情景特征，这也在一定程度上加大了决策者认知努力的耗费。

对于投资决策任务同样如此，理性的决策过程常需搜寻各类与决策相关的信息以达到信息的尽量完备，这本身即增加了信息使用者大脑的工作负担。当备选方案多时，即使任务本身难度不高，但不断叠加并重复标准的信息处理策略仍会加剧决策者的认知耗费。更何况投资决策任务中信息内容、任务标准、种类的多种多样，决策者需要不断调整处理策略和计算法则，在不同的金额与概率间变换，这更加大了信息处理的认知耗费，促使数目启发式策略的采用。特别是对于决策过程中大量的数量信息以及林林总总的单位和量纲换算，在任务难度大或耗费大量认知努力进行判断时，决策者更容易以简洁的数目启发式策略代替标准的数量计算策略以减轻决策者的认知努力的耗费。正如前文所述，数目启发式既可能是人们在耗费认知成本时迫不得已的“下策”，也可能正是人类分析类似决策问题时为减少认知努力而在潜意识中的“上策”。但在数目启发式这一非标准信息处理策略影响下做出的判断常常是偏离标准或理性处理方式的，会带来一定的认知偏差。此外，任务的复杂程度和认知努力耗费程度是较难客观、标准地进行衡量的情景特征，毕竟两者在一定程度上均是决策主体自身对任务的主观感知。同样的一项决策任务或计算过程，对于部分决策主体来说可能觉得难度不大，而对另一部分决策主体则可能会显得比较复杂。从数目启发式的机制来看，其作用的发挥更多应是从决策主体感知出发的，也就是人们明显或潜意识中感觉到任务复杂、需耗费大量努力时，才更倾向于有意或无意地使用数目启发式策略完成数量信息处理过程。因此，基于上述分析，本书提出假设如下：

H3：在投资决策任务中，当决策者认为任务复杂度高时，数目启发式效应会导致决策者在处理数量和概率信息时出现决策偏差。

H4：在投资决策任务中，当决策者认为需耗费的认知努力程度高时，数目启发式效应会导致决策者在处理数量和概率信息时出现决策偏差。

4.4　预实验研究

4.4.1　预实验研究设计

为检验上述假设，并构建合理的实验情景，本书首先针对管理会计中的投资决策任务中数目启发式效应的存在性设计并实施了预实验，构造两个不同的模拟投资情景以分别考查数目启发式效应在决策者处理数量信息和概率信息过程中的影响。预实验是科学、严谨的实验研究中一个必备的研究环节，其目的为进一步的正式实验探索条件，同时检验实验设计的科学性和可行性，以免由于设计不周、盲目开展实验而造成人力、物力、财力的浪费。在本研究中，由于数目启发式在管理会计信息使用时的存在性是整个研究的关键，也是其他研究部分的前提，因此本章在研究投资决策任务中数目启发式效应时，首先针对数目启发式效应的存在性构建预实验进行测试分析。

在预实验情景中，被试的实验角色为一家实施多元化经营的股份制集团型企业（ABC 公司）的高层管理人员。在真正依据数量形式进行决策的投资决策任务开始前，被试首先需要完成一项关于信息系统产品销售策略的简单决策任务。该决策任务和数目启发式效应的存在和影响无关，亦不涉及任何数量或概率信息，目的主要是引导被试更好地适应模拟公司经营的环境并进入管理者的角色。该情景设计具体为，ABC 集团公司下 A 商贸信息系统有限责任公司是一家高新科技企业，主要从事超市、商场运营管理信息系统的研发和销售，其产品以软件形式向客户出售。当下公司高层对其产品的定价策略展开了讨论，其议题主要集中于以下 4 种定价策略：（1）快速撇脂策略，又称为双高策略，即通过高价格、高额促销投入来推出新产品的营销策略。实行高价格是为了在每一单位销售额中获取最大的利润，高促销费用是为了引起目标市场的注意，加快市场渗透率，在短期之内建立公司的品牌，尽快地占领市场。但这一策略要在一定条件下才能实行，如：产品需求潜力大；顾客愿意支付高价。（2）缓慢撇脂策略，又称为高低策略，指企业采用高价格、低促销的方式推出新产品。该策略有利于降低成本，维持利润，建立长期的高端消费形象，形成行业影响力。但需要让潜在的消费者通过其他各种信息渠道了解新产品，而且只有在产品的需求弹性较小时才具备制定高价格的前提条件。（3）快速渗透策略，又称为低高策略，是指以低价格、高促销费用来推出新产品。目的在于先发制人，利用低价格的优势，并运用大量费用促销，一举成为当前消费的领军，从而给企业带来很快的市场渗透和很高的市场占有率。但对公司近期利润水平可能造成较大影响，需要谨慎定价。（4）缓慢渗透策略，又称为双低策略，即用低价格、低促销费用来推出新产品的营销策略。如果产品的市场容量大，在短期之内不会饱和，且市场对产品有一定认知，那么该策略可以节省销售费用，有利于公司获得长期最大限度的市场占有率，并从低价中获取最大利润。但如果产品的需求弹性较大，今后即使稍微提价也可能引起销售量的大幅下降。被试需要选择对于研发的新产品较适当的定价策略，并简短说明理由。该任务并无标准答案，主要目的是引导被试尽快进入决策者的情景和思维中。在完成该任务后，被试即进入依据数量信息作为判断基础的投资决策任务中。

预实验中检验数目启发式效应存在的投资决策任务实际包含两个模拟投资情景，以分别检验研究假设 H1（投资情景一）与 H2（投资情景二）。在投资情景一中，被试需根据实验材料提供的相关信息确定集团中 B 子公司物流路线开发方案。B 子公司是一家商贸运输有限责任公司，主要从事货物配送、商品物流等运输业务。情景中 B 子公司将进行新物流路线开发，有甲、乙两套运输线路方案可供选择，甲方案共由 4 条路线组成，总投资金额为 30 万元，4 条路线每年各自产生的收益为 8.62 万元、9.33 万元、9.27 万元、8.86 万元；乙方案总共由 8 条路线组成，总投资金额也为 30 万元，8 条路线每年各自产生的收益为 4.18 万元、5.13 万元、4.12 万元、5.07 万元、5.19 万元、4.12 万元、4.11 万元、4.08 万元，被试需通过打分[①]对甲乙两种方案做出选择。在投资情景一中，被试需对甲、乙两种路线的收益（数量信息）做出判断以选择物流路线。甲方案总收益为 36.08 万元[②]，乙方案收益为 36 万元[③]，若被试依据理性的计算方法，稍微进行计算即可得出甲方案优于乙方案，然而在数目启发式影响下，某刺激总量不变，刺激被分割得越小，所呈现的数目越多，被试越倾向对刺激总量做出高估。所以在此情景中，被试会认为获得收益的频次越多，收益总量越大，最终认为乙方案更优。

在投资情景二中，被试需对另一子公司 C 商贸有限责任公司的商场管理信息技术软件的研发做出决策，有两种软件可供决策者选择：一种软件研发历时 1 年，共有 10 个相互独立的研发阶段，每一研究阶段在上一研究阶段成功后方可进行，每一阶段都有 10% 几率形成阶段性成果，且每一项阶段性成果都可在当年为企业带来 10 万元净收益，不要求完成所有研发阶段。另一项软件研发也历时 1 年，共有 5 个相互独立的研发阶段，每一研究阶段在上一研究阶段成功后方可进行，每一阶段都有 10% 几率形成阶段性成果，且每一项阶段性成果都可在当年为企业带来 10.1 万元净收益，也不要求完成所有研发阶段。被试通过

① 此处打分采用 12 分制的量表，分数越低表示赞同甲方案的程度越高；分数越高表示赞同乙方案的程度越高。

② 其计算方式为将 4 条线路收益加总，即 8.62 + 9.33 + 9.27 + 8.86 = 36.08（万元）。

③ 其计算方式为将 8 条线路收益加总，即 4.18 + 5.13 + 4.12 + 5.07 + 5.19 + 4.12 + 4.11 + 4.08 = 36（万元）。

打分①对这两种信息技术软件做出选择。

在该投资情景中，被试需考虑两种技术获得收益的可能性（概率信息），并结合阶段性固定收益以确定研发方案。此时被试的理性算法是依据期望效用理论计算各可能性下的期望收益，两种技术中前者的期望收益是 1.111 万元②，后者的期望收益则是 1.122 万元③，因此在理性思维下应当选择研发第二种信息技术。但如果在决策过程中受到数目启发式影响，则会出现另一种情况：在阶段性收益相差不大的情况下，若被试主要依据频率对可能性做出判断，会认为获得收益机会越多越好，即在成功率同样是 10% 的情况下，被试会认为 10 个 10% 获得收益的可能性高于 5 个 10% 获得收益的可能性，高估收益总量，因此偏好于选择第一种信息技术。在每完成一个决策任务方案选择时，被试还需要在两个 7 分量表中分别对该任务的复杂程度和所耗费的努力程度进行打分④，以反映其对任务复杂程度和所耗费认知努力程度的感知，以上所有任务的完成过程并没有时间限制。

4.4.2　预实验被试招募和研究过程

投资决策任务中数目启发式效应存在性的预实验研究于 2013 年 7 月 26 日在西南财经大学进行。对于预实验被试的招

---

① 此处打分采用 12 分制的量表，分数越低表示赞同第一种信息技术的程度越高；分数越高表示赞同第二种信息技术的程度越高。

② 其计算方式为 10 个阶段期望收益加总：$10 \times 0.1 + 10 \times 0.1^2 + 10 \times 0.1^3 + \cdots\cdots + 10 \times 0.1^{10} \approx 1.111$（万元）。

③ 其计算方式为 5 个阶段期望收益加总：$10.1 \times 0.1 + 10.1 \times 0.1^2 + \cdots\cdots + 10.1 \times 0.1^5 \approx 1.122$（万元）。

④ 在复杂程度 7 分量表中，1 分表示非常简单，7 分表示非常复杂，4 分代表复杂度一般；而在所耗费的努力程度打分中，1 分表示所耗费努力程度非常小，7 分表示努力程度非常大，4 分表示一般。

募，本研究采用公开随机招募的方法，在校园教学区、生活区及校园论坛上面向全校学生发布广告征集被试，最终共征集到183名学生（其中45名男生、138名女生，本科生112人、研究生71人，平均年龄21.7岁）参与研究。被试来自金融、会计、工商管理、经济学、统计学、保险、法律等13个专业，与会计专业相关的被试共有31人。每位被试在整个预实验结束后即可当场在实验室外获得30元人民币的现金作为参与实验的报酬。

预实验采用纸笔实验形式。实验开始前，报名参加实验的被试会被随机分在4个实验室中，也以完全随机的座次入座。被试进入实验室后，首先阅读实验说明，在实验员读完实验导语并确保被试明白实验流程后，统一发放实验材料。在此预实验中，所有被试的实验材料均相同，即包括了上述的两个模拟投资情景。在完成实验任务后，实验员会收走实验材料并发放实验后问卷。问卷除征集被试的性别、年龄、专业、在读学历等个人基本信息外，还通过一系列数字推理题对被试的数学水平及逻辑能力进行测量。在问卷完成之后，被试离开实验室并在实验室旁当场领取现金报酬。在整个研究过程中，被试不能相互交谈、讨论，但不限制使用计算器、手机计算软件等计算工具。实验以匿名的方式进行，被试在进入教室前，会领取一个实验代码，这是被试在实验中唯一的识别方式。在完成实验材料和问卷时，被试需将代码填在封面上，使实验材料和问卷相对应，并在实验结束后凭借实验代码领取实验奖励。

4.4.3 预实验数据结果及分析

该预实验共收集样本183个，剔除投资情景打分缺失的样本2个，实验后问卷选项缺失的样本1个，最终共有180个有效样本。被试的性别、年龄、专业、在读学历等个人因素对数据分析的结果没有显著影响。根据表 4－1，关于投资情景一物流路线开发决策打分的单样本总体均值检验发现，被试对甲、乙两种路线进行选择的打分均值显著大于 6。这说明，面对由 4 个收益部分组成的甲方案和由 8 个收益部分组成的乙方案时，尽管采用两次加法计算即可判断出甲方案收益大于乙方案，被试总体上却没有采取理性算法选择收益频次少但总额多的甲方案。相反，如数目启发式所预测，被试更倾向选取收益频次多但总额少的乙方案。表 4－2 对被试决策情况①的卡方检验也显示类似的结果：如数目启发式所预测，近一半被试显著偏离了理性轨道，选择了收益组成部分更多的乙方案，这种偏离是系统性的，并非随机现象。

表 4－1　　物流路线决策打分单样本均值检验结果

变量名	样本量	均值	标准差	p 值（>6）
情景一决策打分	180	6.420	4.111	0.043 **

其中，***，** 和 * 分别代表在 1%，5% 和 10% 的显著性水平下显著；p 值为 one－tail 检验值。

表 4－2　　物流路线决策卡方检验结果

选择类型	选择人数		
	甲方案（理性运算方法）		乙方案（数目启发式）
实际选择人数	91		89
理论选择人数	180		0
χ^2 卡方值	118.223	p 值	<0.001 ***

其中，***，** 和 * 分别代表在 1%，5% 和 10% 的显著性水平下显著。

此外，为检验被试在决策过程中的认知偏差是否单纯因数学

① 1—6 的打分为倾向选择甲方案；7—12 的打分为倾向选择乙方案。

能力或逻辑思维能力差异造成，本书以实验后问卷中被试数学和逻辑能力测试得分的中位数为依据划分高、低数学能力组及高、低逻辑能力组对各组间决策打分进行均值检验，结果如表 4 – 3 和表 4 – 4 所示。统计结果发现，高数学水平组与低数学水平组决策打分无显著差异（t = 1. 271，p = 0. 205），高逻辑能力组与低逻辑能力组决策打分也无显著差异（t = 0. 557，p = 0. 578）。说明实验任务中决策打分未显著受被试数学水平及逻辑能力的影响，故不支持被试因数学水平或逻辑水平差异出现不同决策选择的可能解释。

表 4 – 3　物流决策路线打分高低数学水平组间均值检验

分组依据	数学水平	
	高数学水平组	低数学水平组
样本	90	90
物流决策路线打分均值	6. 03	6. 81
p	0. 205	

其中，***，** 和 * 分别代表在 1%，5% 和 10% 的显著性水平下显著。

表 4 – 4　物流决策路线打分高低逻辑能力组间均值检验

分组依据	逻辑能力	
	高逻辑能力组	低逻辑能力组
样本	134	46
物流决策路线打分均值	6. 52	6. 13
p	0. 578	

其中，***，** 和 * 分别代表在 1%，5% 和 10% 的显著性水平下显著。

表 4 – 5 给出投资情景二信息技术软件研发决策打分的总体均值检验结果。被试对两种信息技术软件选择的打分均值显著小于 7，说明被试总体上并未做出正确理性的决策，而是倾向选择从数目上看来获得收益可能性更多的第一种信息技术。表 4 – 6

对被试方案选择情况①的卡方检验发现，超过一半被试选择 10 个研发阶段但期望收益低的第一种信息技术，只有约 47% 的被试的选择与理性算法相吻合，即选择含 5 个研发阶段而期望收益更高的第二种信息技术。

表 4 – 5　　信息技术软件研发决策打分单样本均值检验结果

变量名	样本量	均值	标准差	p 值（<7）
情景二决策打分	180	6. 1556	4. 305	0. 002 ***

其中，***，** 和 * 分别代表在 1%，5% 和 10% 的显著性水平下显著。p 值为 one – tail 检验值。

表 4 – 6　　信息技术软件研发决策卡方检验结果

选择类型	选择人数		
	信息技术 1（数目启发式）		信息技术 2（理性运算）
实际选择人数	95		85
理论选择人数	180		0
χ^2 卡方值	129. 057	p 值	< 0. 001 ***

其中，***，** 和 * 分别代表在 1%，5% 和 10% 的显著性水平下显著。

此外，通过使用如前所述的方法对被试的数学水平和逻辑能力进行分析显示（见表 4 – 7 和表 4 – 8），高数学水平组与低数学水平组决策打分无显著差异（$t = 0.796$，$p = 0.427$），高逻辑能力组与低逻辑能力组决策打分也并无显著差异（$t = 0.707$，$p = 0.480$），这同样不支持被试因数学水平和逻辑水平差异而得出不同决策选择的可能解释。

① 1—6 的打分为倾向选择第一种信息技术；7—12 的打分为倾向选择第二种信息技术。

表 4-7　信息技术软件研发决策打分高低数学水平组间均值检验

分组依据	数学水平	
	高数学水平组	低数学水平组
样本	90	90
信息技术研发决策打分	6.41	5.9
p	0.427	

其中，***，** 和 * 分别代表在 1%，5% 和 10% 的显著性水平下显著。

表 4-8　信息技术软件研发决策打分高低逻辑能力组间均值检验

分组依据	逻辑能力	
	高逻辑能力组	低逻辑能力组
样本	134	46
信息技术研发决策打分	6.02	6.54
p	0.48	

其中，***，** 和 * 分别代表在 1%，5% 和 10% 的显著性水平下显著。

从预实验数据的统计分析中可以发现，虽然在投资决策任务中，被试可以通过理性的计算方法和规范的推理过程依据数量信息计算出正确的结果。然而，在数目启发式影响下，某刺激总量不变，刺激被分割得越小，所呈现的数目越多，被试越倾向对刺激总量做出高估。因此在物流路线选择的投资决策情景中，由于乙方案的收益被分割得更细，所呈现获得收益的子路线更多，在数目启发式效应下越能给被试收益更高的印象，使被试倾向于选择子路线更多的乙项目。但如果被试仔细采用理性计算方法，完整规范地将所有两种方案的路线收益加总，就可明确地比较出两种方案究竟哪种方案收益更高。最终的实验结果显示，被试总体上偏向于刺激物（子项目路线收益）数目更多的乙项目，而放弃实际总体收益更高的甲项目。从被试选择两方案的人数而言，这种选择倾向并不是由于使用理性计算方法时运算错误引致，而是根本未曾使用这一理性计算方法，仅以刺激物被分割的数目作为判断最终收益的依据。这一预实验情景的结果揭示了数目启发式效应在以数量信息为依据的投资决策任务中的存在性。类似地，在信息技术研发决策任务中，概率信息也以数字等形式呈现。对于两种研发技术而言，均由于下一阶段研发成功与否并不影响以前研发步骤，似乎每多研发一步，情景中的企业就可以获得更多的收益环节，而从可获更多的总体收益。对于该情景的第一种研发技术，其研发阶段共有10个，有5次获得收益的机会，而第二种研发技术只有5个研发阶段，也就只有5次获得收益的机会，而两种研发技术每阶段可获得的收益之间的差距并不大。因此，在数目启发式效应下，被试会认为获得收益的频次越多，则获得收益的可能性越高，最终的实验结果显示，被试在总体上偏向于研发阶段更多的第一种研发技术，而放弃总体期望收益更高的第二种研发技术。如果被试仔细根据理性运算法则计算期望收益，可以发现第二种研发技术的期望收益明显高于第一种研发技术。从被试选择两种方案的人数来看，偏好第一种研发技术的选择倾向也不是在理性计算过程中的计算错误所致，应更多是基于数目多少判断概率的策略得出。这一预实验情景的结果揭示了数目启发式效应在以概率信息为依据的投资决策任务中的存在性。

因此，基于上述预实验结果，基本说明在投资决策中数目启发式效应应当是存在于管理会计信息使用过程中的，且最终可影响被试判断而导致有偏决策。在获得上述预实验结果后，本研究以预实验任务情景为基础，进一步调整并提高参与实验被试的要求，在正式实验中探索数目启发式效应在投资决策中的存在性。

4.5 正式实验研究

4.5.1 正式实验研究设计

在预实验结果的基础上，为正式检验前文的研究假设，本研究在预实验情景的基础上，进一步增加实验情景，更加全面地检验在投资决策任务中，数目启发式效应是否会导致决策者在处理数量信息或概率信息时出现决策偏差。在正式实验情景中，本研究首先保留了预实验中不涉及任何数量或概率信息的信息系统产品销售策略的简单决策任务，即被试作为 ABC 集团公司的管理层，需要针对 A 商贸信息系统有限责任公司的软件产品选择定价策略，即在快速撇脂策略、缓慢撇脂策略、快速渗透策略、缓慢渗透策略中做出选择，具体实验情景与预实验一致。正式实验中也保留了预实验中的物流路线决策任务以及信息系统研发决策任务，仍分别作为投资决策情景一和投资决策情景二。但为了研究方便，预实验物流路线方案中甲乙方案的内容在正式实验中进行了互换，甲方案共由 8 条路线组成，总投资金额为 30 万元，8 条路线每年各自产生的收益为 4.18 万元、5.13 万元、4.12 万元、5.07 万元、5.19 万元、4.12 万元、4.11 万元、4.08 万元；乙方案共由 4 条路线组成，总投资金额也为 30 万元，4 条路线每年各自产生的收益为 8.62 万元、9.33 万元、9.27 万元、8.86 万元，被试需通过打分[①]对甲乙两种方案做出选择。信息系统研

① 此处打分采用 12 分制的量表，分数越低表示赞同甲方案的程度越高；分数越高表示赞同乙方案的程度越高。

发决策任务也需被试通过打分[①]对这两种信息技术软件做出选择。在此基础上，本研究在正式实验中还增加了一项投资决策任务，作为投资情景三。具体任务如下，ABC 集团中 A 商贸信息系统有限责任公司近年来发展迅速，目前 A 公司面临着两项超市管理信息技术的研发，但因公司人力、资金限制，只可在两种技术中选择一项。第一种技术为无线射频识别系统（简称 RFID），该技术的研发历时一年，需要经过 5 个相互独立的研发阶段，且每阶段都有 20% 的几率出现技术问题而导致整个研发任务失败。若研发成功，RFID 技术预期在该年末可为公司带来 500 万元的净收益。第二种技术为协同过滤技术（简称 CIFS），该技术的研发亦历时一年，需要经过 10 个相互独立的研发阶段，且每阶段都有 10% 的几率出现技术问题而导致整个研发任务失败。若研发成功，CIFS 技术预期在年末也可为公司带来 500 万元净收益。被试通过打分[②]对这两种管理信息技术做出选择。

在投资情景三中，被试需考虑两种管理信息技术哪种更容易最终获得 500 万收益，这需要结合各阶段失败的可能性做出判断。此时被试的理性算法是依据每阶段失败概率计算最终研发成功的概率。由于该情景下，两种管理信息技术都必须经历在所有研究阶段成功的基础上才能获得收益。其风险情形类似于面对一片雷区，最终顺利穿越雷区到达安全地点才算成功。只是在第一片雷区中，一共只有 5 个地雷，要穿越雷区必须踩着这些地雷通过，每个地雷爆炸的概率为 20%；而在另一片雷区中，一共有 10 个地雷，要穿越雷区也必须踩着这些地雷过去，但每个地雷爆炸的概率为 10%。如果使用理性计算方法，在两种技术中前

①② 此处打分采用 12 分制的量表，分数越低表示赞同第一种信息技术软件的程度越高；分数越高表示赞同第二种信息技术软件的程度越高。

者最终成功获取500万收益的概率为33%①，后者最终成功获取500万收益的概率为35%②，因此在理性思维下应当选择研发第二种管理信息技术。但如果在决策过程中受到数目启发式影响，则会出现另一种情况：在最终收益相同的情况下，若被试主要依据频率对可能性做出判断，会认为中断研究的机会越少越好，即在同样面临一个阶段研发失败就导致整个技术研发失败并错失500万机会的情况下，被试会认为只有5个研发阶段的研发失败可能性少于10个研发阶段的研发失败可能性，从而偏好于选择第一种管理信息技术。

本研究在正式实验中之所以引入投资情景三，是因为该任务在决策过程中，影响最终决策结果的只是各阶段的概率信息，最终500万收益的金额并不是比较和选择两种管理信息技术的重要依据（因为两种技术的最终受益均为500万）。在此情况下，决策主体主要需考虑和比较的只是不同技术各阶段研发失败的概率。这与投资情景二有一定的区别，在投资情景二中，选择两种信息技术软件的主要依据既有每一阶段的获得成功的概率，也有每阶段可获得的收益，因此其决策的理性处理方式是计算和比较两信息技术软件的期望收益。对于投资情景三而言，选择两种管理信息技术的理性处理方式只涉及概率计算和比较，是更加纯粹地依据概率信息进行投资决策的任务情景。此外，这两种投资情景也模拟和代表着现实中经常出现的两种投资研发决策，一种是每一次研发阶段都可以获得收益的项目，类似于现实中机械研发、电子软件产品研发等，它们可以在每一阶段技术或产品研发成功后即将阶段性成功投入市场中，并可以在后续更新（例如

① 其计算方式为 $(1-0.2)^5=0.33$

② 其计算方式为 $(1-0.1)^{10}=0.35$

计算机应用软件都会不断持续更新或换代）、升级产品或继续推出系列新产品；而另一种则为必须保证所有研发阶段均成功才能最终投入市场使用的产品，例如医药产品等和高新技术研发等，必须在若有阶段研发阶段完毕并确认可以安全使用时再投入市场。因此在预实验情景基础上，正式实验引入投资情景三以更全面地探讨数目启发式效应在投资决策中的影响。此外，与预实验相同，在每完成一个决策任务方案选择时，被试还需要在两个 7 分量表中分别对该任务的复杂程度和所耗费的努力程度进行打分①，以反映其对任务复杂程度和所耗费认知努力程度的感知，以上所有任务的完成过程没有时间限制。

4.5.2　正式实验被试招募和研究流程

投资决策中数目启发式效应存在性的正式实验于 2015 年 7 月 22 日在西南财经大学进行。相比于预实验，正式实验提高了对被试专业性的要求，在被试招募过程中，本研究限定必须是会计学院学生或者管理学相关专业学生，同时需要学过财务管理、管理学、财务会计、管理会计课程②。对于正式被试的招募，本研究仍采用公开招募的方法，在校园教学区、生活区及校园论坛上面向全校学生发布广告征集被试（但在广告中有对专业的限制），最终共征集到 93 名学生（其中 41 名男生、52 名女生，平均年龄 21.3 岁）参与研究。被试中会计学院学生共 76 人。每位被试在研究结束后会获得一定的礼品报酬（笔记本和笔）作为参与实验的奖励。

① 在复杂程度 7 分量表中，1 分表示非常简单，7 分表示非常复杂，4 分代表复杂度一般；在所耗费的努力程度打分中，1 分表示所耗费努力程度非常小，7 分表示努力程度非常大，4 分表示一般。

② 在被试确认报名时即会询问其是否属于相关专业或学习过相关课程，不符合要求者不能参加实验。

正式实验采用纸笔实验的形式，实验室的黑板写着实验需要注意的规则："1. 参加实验的同学须在实验前领取实验代码；2. 将手机调为静音；3. 在实验开始前勿打开实验材料；4. 在实验过程中勿相互交谈、讨论，独立完成实验。"在实验开始前，报名参加实验的被试会被随机分在2个实验室中，也以完全随机的座次入座。在进入实验室时，被试会在实验室门口随机领取编号在1—100范围内的实验代码，并以此作为实验中被试唯一的识别方式。被试进入实验室后，座位上依次摆放着实验流程说明、演算用白纸和笔。被试以每隔一个座位坐一人的方式就座，以免被试间相互商议、交谈。被试首先阅读实验说明，在实验员读完实验导语并确保被试明白实验流程后，统一发放实验材料。在正式实验中，所有被试的实验材料均相同，即包括了上述的一个定价策略选择情景和三个模拟投资情景。在完成实验任务后，实验员会收走实验材料[①]并发放实验后问卷。问卷除征集被试的性别、年龄、在读学历等个人基本信息外，还通过一系列数字推理题对被试的数学水平进行测量。在问卷完成之后，被试离开实验室并在实验室旁领取报酬。在整个研究过程中，被试不能相互交谈、讨论，但不限制使用计算器、手机计算软件等计算工具。实验以匿名的方式进行，其领取的实验代码是被试在实验中唯一的识别方式。在完成实验材料和问卷时，被试需将代码填在封面上，使实验材料和问卷相对应，并在实验结束后凭借实验代码领取实验奖励。

4.5.3 正式实验数据结果及分析

此次正式实验共收集93份样本，与预实验不同的是，由于

① 为确保被试完整完成实验材料，实验员收取实验材料时会进行相应检查，若有打分缺失，则督促被试完成实验材料。

正式实验中实验员均会在收取材料和问卷时检查被试是否完成了实验中的所有任务，故完整获得 93 份样本。被试的性别、年龄、专业、在读学历等个人因素对数据分析的结果没有显著影响。从表 4 –9 可以看出，正式实验里关于投资情景一物流路线开发决策打分的单样本总体均值检验中，被试对甲、乙两种路线进行选择的打分均值显著小于 7。这说明，面对由 8 个收益部分（子路线）组成的甲方案和由 4 个收益部分（子路线）组成的乙方案时，虽然经过计算会得出乙方案总收益大于甲方案，但被试总体上没有采取理性算法选择收益频次少总额却多的乙方案。相反，如数目启发式所预测，被试更倾向选取收益频次多但总额少的甲方案。表 4 – 10 对被试决策情况[①]的卡方检验也显示类似的结果：如数目启发式所预测，大多数被试的选择显著偏离了理性轨道，选择了收益组成部分更多的甲方案。

表 4 –9 物流路线决策打分单样本均值检验结果

变量名	样本量	均值	标准差	p 值（ <7）
情景一决策打分	93	6. 376	3. 994	0. 034 **

其中，***，** 和 * 分别代表在 1%，5% 和 10% 的显著性水平下显著；p 值为 one – tail 检验值。

表 4 –10 物流路线决策卡方检验结果

选择类型	选择人数		
	甲方案（数目启发式）		乙方案（理性运算方法）
实际选择人数	51		42
理论选择人数	0		93
χ^2 卡方值	97. 169	p 值	< 0. 001 ***

其中，***，** 和 * 分别代表在 1%，5% 和 10% 的显著性水平下显著。

① 1—6 的打分为倾向选择甲方案；7—12 的打分为倾向选择乙方案。

此外，由于物流路线选择任务若使用理性决策方法，就涉及一定程度的数学计算，为检验被试在决策过程中的选择路线时决策偏差是否单纯因数学能力差异造成，正式实验也以实验后问卷中被试数学计算水平测试得分的中位数为依据划分高、低数学能力组，对各组间决策打分进行均值检验。统计结果发现（见表4－11），高数学水平组与低数学水平组决策打分仍无显著差异（t＝0.032，p＝0.864），这说明实验任务中决策打分未显著受被试数学水平的影响，故不支持被试因数学水平差异出现不同决策选择的可能解释。

表4－11 物流决策路线打分高低数学水平组间均值检验

分组依据	数学水平	
	高数学水平组	低数学水平组
样本	34	59
物流决策路线打分均值	6.471	6.320
p	0.864	

其中，***，**和*分别代表在1%，5%和10%的显著性水平下显著。

表4－12给出了正式实验中投资情景二信息技术软件研发决策打分的总体均值检验结果。与预实验结果相似，正式实验中被试对两种信息技术软件选择的打分均值显著小于7，说明被试总体上并未做出正确理性的决策，而是倾向选择从数目上（即研发阶段数）看来获得收益可能性更高的第一种信息技术软件。表4－13对被试方案选择情况①的卡方检验发现，超过一半的被试选择10个研发阶段更多、但期望收益低的第一种

① 1—6的打分为倾向选择第一种信息技术；7—12的打分为倾向选择第二种信息技术。

信息技术，在 93 名被试中只有 41 名被试的选择与理性算法相吻合，选择只包含 5 个研发阶段而期望收益更高的第二种信息技术。

表 4－12　信息技术软件研发决策打分单样本均值检验结果

变量名	样本量	均值	标准差	p 值（<7）
情景二决策打分	93	5.892	4.148	0.003***

其中，***，** 和 * 分别代表在 1%，5% 和 10% 的显著性水平下显著。p 值为 one－tail 检验值。

表 4－13　信息技术软件研发决策卡方检验结果

选择类型	选择人数		
	信息技术 1（数目启发式）		信息技术 2（理性运算）
实际选择人数	52		41
理论选择人数	93		0
χ^2 卡方值	98.281	p 值	< 0.001***

其中，***，** 和 * 分别代表在 1%，5% 和 10% 的显著性水平下显著。

此外，对于依据概率和收益的估计，被试既需要考虑每研发阶段成功的几率，又要考虑每一阶段的收益，这涉及一定的数学计算过程。为检验被试在决策过程中的选择信息技术软件时的决策偏差是否单纯因数学能力差异而造成，正式实验也以实验后问卷中被试数学计算水平测试得分的中位数为依据划分出高、低数学能力组，并对组间决策打分进行均值检验（见表 4－14）。分析显示，高数学水平组与低数学水平组决策打分无显著差异（t＝0.499，p＝0.619），这同样不支持被试因数学水平不同而得出不同决策选择的可能解释。

表 4-14　信息技术软件研发决策打分高低数学水平组间均值检验

分组依据	数学水平	
	高数学水平组	低数学水平组
样本	34	59
信息技术研发决策打分	6.176	5.729
p	0.619	

其中，***，** 和 * 分别代表在 1%，5% 和 10% 的显著性水平下显著。

表 4-15 给出了正式实验中投资情景三管理信息技术研发决策打分的总体均值检验结果。在实验中，被试对两种管理信息技术选择的打分均值显著小于 7，面对有 10 个可能导致最终失败的研发阶段的第二种管理信息技术，被试在总体上倾向选择数目上（即可能导致研发失败阶段数）更少的第一种管理信息技术。表 4-16 对被试方案选择情况①的卡方检验发现，超过一半的被试选择只有 5 个研发阶段但最终研发成功率更低的第一种信息技术，在 93 名被试中只有 40 名被试的选择与理性算法相吻合，即选择含 10 个研发阶段而最终研发成功率更高的第二种信息技术。

表 4-15　管理信息技术研发决策打分单样本均值检验结果

变量名	样本量	均值	标准差	p 值（<7）
情景三决策打分	93	6.230	3.871	0.038**

其中，***，** 和 * 分别代表在 1%，5% 和 10% 的显著性水平下显著。p 值为 one-tail 检验值。

① 1—6 的打分为倾向选择第一种管理信息技术；7—12 的打分为倾向选择第二种管理信息技术。

表4-16　　管理信息技术研发决策卡方检验结果

选择类型	选择人数		
	信息技术1（数目启发式）		信息技术2（理性运算）
实际选择人数	53		40
理论选择人数	93		0
χ^2 卡方值	99.723	p值	$< 0.001^{***}$

其中，***，** 和 * 分别代表在1%，5%和10%的显著性水平下显著。

在投资决策情景三中，被试需要依据每阶段研发失败的概率判断最终研发成功获得500万收益的可能性，这也涉及一定程度的数学计算。为检验被试在决策过程中的选择管理信息技术时的决策偏差是否单纯因数学能力差异造成，统计分析时也以实验后问卷中被试数学计算水平测试得分的中位数为依据划分高、低数学能力组，对各组间决策打分进行均值检验（见表4-17）。分析显示，高数学水平组与低数学水平组决策打分无显著差异（$t = 0.113$，$p = 0.254$），这同样不支持投资决策情景三中被试因数学水平不同而得出不同决策选择的可能解释。

表4-17　管理信息技术研发决策打分高低数学水平组间均值检验

分组依据	数学水平	
	高数学水平组	低数学水平组
样本	34	59
管理信息技术研发决策打分	6.81	5.94
p	0.254	

其中，***，** 和 * 分别代表在1%，5%和10%的显著性水平下显著。

在正式实验印证数目启发式效应在投资决策任务中存在性的同时，本研究也分析数目启发式效应作用的发挥是否可受任务情景特征的影响。在预实验和正式实验的情景设计中已经提到，在完成每一个投资决策任务后，被试需要在每完成一个决策任务方案选择时，分别对该任务的复杂程度和所耗费的努力程度进行打分，以反映其对任务复杂程度和所耗费认知努力程度的感知。在搜集预实验及正式实验共有的物流路线决策打分以及信息技术软件研发决策打分后（共得到273个样本），本研究分别加总各个任务复杂度及认知努力耗费程度的打分①，按照中位数将其分为高任务复杂度感知组、低任务复杂度感知组以及高认知努力耗费感知组、低认知努力耗费感知组，分别对物流路线决策打分以及信息技术软件研发决策打分进行组间均值检验。基于前文，在实验情景设计中，物流路线决策任务与信息技术软件研发任务的决策均是分值越低表示被试越倾向以数目启发式策略作为主要数量和概率判断依据的选择，打分越高表示被试越倾向依据理性标准计算规则的决策。表4-18的统计结果表明，在物流决策路线决策任务中，低复杂程度组和低认知努力耗费组的打分在趋势上高于高复杂程度组和高认知努力耗费组，但未达到显著的统计水平。这从趋势上说明被试感知到任务越简单、认知努力耗费越低时，越倾向采用规则的数量、概率信息处理方式，而当被试感知到任务越复杂、认知努力耗费越高时，越偏向数目启发式策略为依据的选择，但该趋势暂未获得统计上的支持。对于信息技术软件研发决策打分的统计结果而言也是如此（见表4-19），低复杂程度组和低认知努力耗费组的打分在趋势上高于高复杂程度组和高认知努力耗费组，但未达到显著的统计水平。由于上述两任务打分越低均代表越偏向数目启发式策略为依据的选择，那么将两个打分加总后也应符合同样趋势，打分越低越代表更易受数目启发式效应的影响。故本书此部分研究中又将预实验及正式实验

① 预算验中物流路线决策甲乙方案与正式实验甲乙路线方案相反，加总时本书将预算验物流路线打分调整为正式实验甲乙路线的打分顺序。

中被试的物流路线决策任务和信息技术软件研发任务的打分加总进行分析。从表 4－20 的统计结果可以看出，两任务打分加总后，低复杂程度组打分显著高于高复杂程度组，低认知努力耗费组打分也显著高于高认知努力耗费组。该结果从统计支持了数目启发式作用的发挥会受到任务情景特征的影响，当被试感知到任务越简单、认知努力耗费越低时，越倾向采用标准规则的数量、概率信息处理方式；当被试感知到任务越复杂、认知努力耗费越高时，越倾向以数目启发式策略为依据做出判断和选择。

表 4－18　物流路线决策打分任务复杂度、认知努力耗费高低组间均值检验

分组依据	任务复杂度感知		认知努力耗费感知	
	高复杂度组	低复杂度组	高耗费组	低耗费组
样本	135	138	166	107
物流路线决策打分	6.289	6.733	6.283	6.859
p	0.183		0.127	

其中，***，** 和 * 分别代表在 1%，5% 和 10% 的显著性水平下显著。p 值为 one－tail 检验值。

表 4－19　信息技术软件研发决策打分任务复杂度、认知努力耗费高低组间均值检验

分组依据	任务复杂度感知		认知努力耗费感知	
	高复杂度组	低复杂度组	高耗费组	低耗费组
样本	135	138	166	107
信息技术软件研发决策打分	5.659	6.215	5.336	6.857
p	0.141		0.182	

其中，***，** 和 * 分别代表在 1%，5% 和 10% 的显著性水平下显著。p 值为 one－tail 检验值。

表 4-20　信息技术打分加总任务复杂度、认知努力耗费高低组间均值检验

分组依据	任务复杂度感知		认知努力耗费感知	
	高复杂度组	低复杂度组	高耗费组	低耗费组
样本	135	138	166	107
信息决策打分加总	11.948	12.948	11.619	13.716
p	0.069*		0.063*	

其中，***，** 和 * 分别代表在 1%，5% 和 10% 的显著性水平下显著。p 值为 one-tail 检验值。

4.6　本章小结

从正式实验的统计数据中可以看出，实验的数据分析及统计结果首先支持假设 H1 和 H2，表明在投资决策任务中面临通过数量、概率信息做出判断时，被试倾向以数目启发式代替理性算法来推断数量大小和可能性高低，并最终做出有偏误的决策。这些结果和本书的理论相符合，即在决策任务中，数目启发式策略相比于理性算法是一种更直接、更快捷又节省认知努力耗费的解决问题的途径，但会造成决策的偏差。实验结果还表明，被试并非是因计算能力和思维能力差异而导致非理性的决策结果，这说明数目启发式策略独立于人类数学水平和逻辑能力而存在，也在一定程度上印证了盖尔曼和巴耶容（1983）的观点，即人类同时存在两套计数系统，后天学习和培养的理性计数能力与本能的计数系统相独立。当采用本能计数系统时，理性计数能力的高低并不能影响人类依据前者做出的判断。此外，实验结果还发现，数目启发式效应作用的发挥确实会受任务情景条件的影响，让被

试感到复杂程度更高、耗费认知努力更多的任务会促使其更倾向于选择数目启发式策略作为完成决策任务的依据和方法，故本章中的假设 H3 和 H4 也得到印证。这从投资决策任务角度说明，在管理会计控制系统中，管理会计任务的情景特征同样会影响数目启发式作用的发挥。

第5章 数目启发式效应与其他非理性行为在投资决策中的交互作用

5.1 研究背景

在前文的理论分析中提到，人类实际处理信息的认知过程是由信息获取、信息解码、信息储存和信息提取等阶段构成的，每一阶段均可能涉及不同的心理活动，因此人们在完成信息处理的过程中往往会受到不止一种心理认知效应的影响。不同的心理效应可能共同出现于人们的投资决策过程中并相互影响，最终共同导致有偏差的决策。投资决策任务中信息处理过程也会历经各个认知阶段，故在处理数量信息的非理性认知外，人们也可能同时受其他非理性认知因素影响而导致认知偏差和决策偏误。因此，在前部分确认数目启发式效应存在后，本部分则开始探讨投资决策任务中的其他考虑因素是否可与数量形式触发的数目启发式效应共同作用于人们的投资决策过程中。

在投资任务中，风险是决策必须面临和考虑的重要变量。风险即未来结果的不确定性，而投资决策本就是针对未来的经济利益和投资资源之间的权衡，因此风险是任何投资项目都需要考虑的因素。若在完全理性经济人的假设下，人们在处理风险和不确定性问题时理性和规范的处理策略是计算期望收益，即根据不同情形和可能性下的收益或损失计算其数学期望，以此作为判断不确定下经济利益并进行选择的依据。根据期望效用理论（Expected Utility Theory），决策者进行决策时是根据不同可能性下期望效用值的大小做出判断。效用是决策的基本分析工具和主要衡量基础，在具体的应用中，效用一般被等同于经济利益，即经济获利越高，该项目带来的效用就越高。效用描述了不同方案带给决策者的满足程度，决策者在备选方案中进行抉择时会根据完全理性人追逐效用最大化的原则，根据完备的决策信息精准计算出每个分案的效用，再选取效用最大化的方案作为最优及最终的决策结果。然而，大量研究发现，在基于不确定和风险信息进行决策的现实过程中，运用期望效用理论进行理性计算并根据效用大小进行预测和判断的标准决策方式常与现实中人们实际的决策行为存在很大差异，决策者在决策过程中会受到心理因素的影响而产生认知偏差。结合心理学、行为学以及博弈论的方法，卡尼曼和特维斯基对于不确定情况下决策者的判断和决策行为中的非理性行为及非理性心理因素进行了大量观察和分析，并以众多实验研究证实了不确定条件下基于期望效用理论进行的预测和判断与人们实际的决策行为存在着系统性的偏差。因此，卡尼曼和特维斯基（1979）提出了前景理论（Prospect Theory），以此较系统地阐述人们在处理风险信息的过程中存在的认知偏误。根据前景理论，决策者在进行风险决策时并非完全理性，其决策会考虑理想计算方式与实际决策的差距，以主观视角或自己设定的参考标准决定对待风险的态度并最终进行决策。故决策者设定的决策参照点在决策中有着至关重要的作用，其存在使得决策者在预期和主观感受中有不同的收益、损失感知。故人们的风险感知和偏好会随着偏离相对参照水平程度的变化而发生，而并非期望效用理论所述的取决于某一效用绝对值。此外，基于参照水平的收益带来的快乐与损失导致的痛苦相比，人们对"损失"的敏感程度要远远大于对同等量"收益"的敏感程度。所以前景理论中提出，收益情景下，大多数决策者倾向于风险规避（Risk - aversion）；而在损失情景下，大多数决策者则倾向于寻求风险（Risk - seeking），对于同等量的收益和损失，决策者对损失的敏感性要高于对收益的敏感性。

总体来说，前景理论主要描述了人们在风险决策时表现出的非完全理性特征：第一，收益与损失的感知是基于参照点而言的，并非绝对概念，决策者的风险偏好会随着参照点改变而改变，不同参照点下对待风险的态度不同，离参照点越近，人们对变化越敏感。第二，盈利曲线为凹曲线，亏损曲线为凸曲线，即面临收益时决策者呈现出风险规避，面临损失时决策者则呈现风险追逐。第三，亏损曲线的斜率大于盈利曲线的斜率，决策者对损失的厌恶大于收益带来的快乐，例如丢失 100 元的引发痛苦感知会强于捡到 100 元的快乐感知。许多研究也印证了前景理论能有力地解释经济活动中的风险决策行为。前景理论首先与人类的心理参照点有关，人在决策时会在心里预设一个参照点，然后衡量每个结果是高于还是低于这个参照点，高于参照点就是获利，低于参照点就是损失。参照点不一样，"获利"和"损失"就不一样，其感受就不一样，选择和决策也不一样。改变人们心中的参照点，就会改变其感受，进而改变其选择和决策。这里的“参照点”是心中的期望值、预期、设想，或者是奋斗目标，或者是关注重点，或者是比较对象。有一家公司面临两个投资决策，投资方案 A 肯定盈利 200 万，投资方案 B 有 50% 的可能性盈利 300 万，50% 的可能盈利 100 万。这时候，如果公司的盈利目标定得比较低，比如 100 万，也就是说参照点是 100 万。那么 A 方案的结果是多获利 100 万，B 方案的结果是可能多盈利 200 万，也可能不盈利。A 方案是确定多盈利的，而 B 方案是有风险的，所以多数倾向于选择方案 A。反之，如果公司的目标定得比较高，比如 300 万，也就是说参照点是 300 万。那么选择方案 A 就像是少赚了 100 万，选择 B 方案要么刚好达到目标，要么少赚 200 万，这时候两个方案都是损失，所以员工反而会抱着冒冒风险说不定可以达到目标的心理，选择有风险的 B 方案。这就是参照点不一样，选择和决策就不一样。此外，伯纳茨和泰勒（Bernartzi 和 Thaler，1993）依据前景理论中的损失厌恶的概念，结合投资者的短视评估期特征，从投资者的短视损失厌恶（Myopia Loss Aversion）角度探讨和解释了资本市场的“股权溢价之谜”。巴尔贝里斯和黄（Barberis 和 Huang，2001，2008）、李格韦斯特和威廉（Ljgqvist 和 Wilhelm，2005）则以前景理论分析了 IPO 抑价现象的存在及影响机制。贾罗和赵（Jarrow 和 Zhao，2006）也发现前景理论契合并可解释许多企业的风险管理行为。温（Wen，2010）则以台湾的上市公司作为研究对象分析其投资决策行为，研究发现台湾的上市公司投资行为符合前景理论所描述的函数特征，符合程度会受到融资限制及公司治理结构的影响。勒文施泰因和普瑞雷克（Loewenstein 和 Prelec，1989）则发现，在消费者行为中，若消费者以过去消费水平作为参考点，其未来所需要的消费增数会越来越多，主要是因为损失规避的心理会促使个人对延迟的消费要求更多补偿。在奥梅特谢亚等（Ormaetxea et al.，2011）的公共品实验中，奥梅特谢亚等也发现被试行为特征符合展望理论的预期。依据前景理论，在心理上人们厌恶损失，喜欢获得，但是人们对损失比对获得更敏感。损失引起的痛苦情绪要比等量的收益引起的快乐情绪更为强烈。白捡的100元带来的快乐，难以抵消丢失100元带来的痛苦。分别经历两次获得所带来的高兴程度之和要大于把两个获得加起来一次所经历的高兴程度。而两个损失结合起来所带来的痛苦要小于分别经历这两次损失所带来的痛苦程度之和。类似的研究还有许多，此处就不再赘述。本章研究中关注的是，在数目启发式效应影响投资决策任务的过程中，前景理论描述的人们对于风险在不同参照点的不同态度（即面临信息时呈现风险规避，面临损失信息时则呈现风险追逐）是否会与数目启发式效应同时出现于投资决策信息处理过程中，并产生交互作用，最终共同导致有偏决策的产生。对此问题的关注是比较有实践意义的，毕竟投资决策均是面向未来不确定经济利益的选择，几乎每一个投资决策任务都涉及风险，而每一投资决策方案的风险与收益又都必须通过数量形式呈现。因此人们在投资决策中处理数量信息时的认知偏差和面对风险信息时的非理性思维，对投资决策这一依据数量和风险相关信息以做出判断的认知过程的重要性不言而喻。因此，本章接下来采用实验研究方法，实证性地探讨数目启发式效应和人们对待不同参照点下的风险信息呈现不同态度的非理性思维是否可同时出现于投资决策任务中，并分析两种非理性思维间是否存在交互作用，共同影响投资决策主体的信息处理和判断。

5.2 假设的提出

风险是投资决策过程中的一个重要考虑变量。这是因为投资决策主要依据备择项目未来经济利益预期做出判断，而未来本身就意味着不确定性的存在。因此，在不确定性基础上做出判断是投资决策任务区别于其他管理控制任务的重要特征。大量心理学及行为学研究表明，人们对风险（不确定性）的处理和判断并无一套标准的运算法则（Algorithm），在不同情景下人们对待风险呈现出不一致的态度和偏好，导致决策偏差（Tversky 和 Kahneman，1973；1974）。例如，前景理论认为，在确定性收益方案和不确定性收益方案（假设二者期望收益值相等）之间进行选择时，人们倾向选择确定性收益方案，即呈现风险规避（Risk - averse）行为；而在确定性损失方案和不确定性损失方案（假定二者期望损失值相等）之间，人们则倾向选择不确定性损失方案而拒绝确定性损失方案，即呈现风险追逐（Risk - seeking）行为（Kahneman 和 Tversky，1979）。这种在面临收益和损失时所表现出来的对待风险不同的态度与传统经济学中基于理性人假设的期望效用理论截然不同。而人们面对风险时的非理性行为可能与数目启发式效应同时出现于投资决策过程中。具体来看，在面临确定性收益和不确定性收益时，前景理论认为决策者将呈现风险规避（即倾向选择确定性收益），但并没有预测风险规避的程度会因该确定性收益用不同的数目来表述而有所不同。换言之，根据前景理论，只要面对同样的确定性收益，无论用大数目（即小计量单位）还是小数目（即大计量单位）来表述，人们选择它的可能性都相同。但数目启发式效应则认为，当确定性收益用大数目表述时，人们会比用小数目表述时更有可能选择它。同理，在面临确定性损失和不确定性损失时，根据前景理论，对同样的确定性损失，无论用何种数目表述，人们拒绝它的可能性都相同。但数目启发式效应则认为，当确定性损失用大数目表述时，人们会比用小数目表述时更有可能拒绝它。因此，如果数目启发式效应与人们对待风险的非理性行为交互作用于投资决策过程中，在面对收益信息时，决策者会追逐确定性收益，但同样选择确定性收益时，又更加追逐以大数目形式呈现的确定性收益；而在面对损失信息时，决策者会追逐不确定性损失，但同样面对不确定性损失时，又会更加追逐以小数目形式呈现的不确定性损失，因为在小数目形式下会给予决策者损失更小的心理感知，而对大数目形式呈现的信息会有更强烈的损失感知。因此，本章提出如下待检验的假设：

H1：在对确定性收益项目和不确定性收益项目进行选择的投资决策任务中，当确定性收益项目用大数目（即小计量单位）表述时，决策者比同样的项目用小数目（即大计量单位）表述时更偏好选择该项目。

H2：在对确定性损失项目和不确定性损失项目进行选择的投资决策任务中，当确定性损失项目用大数目（即小计量单位）表述时，决策者比同样的项目用小数目（即大计量单位）表述时更偏好拒绝该项目。

5.3 预实验研究

5.3.1 预实验研究设计

为更加严谨地检验上述研究假设，本研究首先针对该问题设计了进行数目启发式效应与人们对待风险时不同态度交互作用的预测试。预实验采取的是 2×2 被试间实验的形式，分为（大数目 Vs. 小数目）和（收益 Vs. 损失）四组。实验任务如下：“Healthy Unit”是 ABC 集团公司旗下 D 电器生产公司的一个独立生产消毒柜、洗碗机等卫生消毒电器的家电业务部，主要负责研发及生产小型、实用、高效的家庭用消毒电器。被试作为ABC集团企业高层管理者，需要决定是否用另一种消毒技术来取代该业务部原有的消毒技术。实验材料中包括了对“Healthy Unit”生产业务部的有关背景的简介和基本决策任务的描述。这些内容在四个实验组中均相同。各组之间不同的是关于原技术和备选技术的经济效益的信息：(1) 在其中两组中，原技术和备选技术都会带来收益（原技术带来确定性收益，备选技术带来不确定性收益）；而在另两组中，原技术和备选技术都会带来损失（原技术带来确定性损失，备选技术带来不确定性损失）。(2) 在其中两组中，原技术所带来的收益或损失用大数目（小计量单位：元）表述；而在另两组中，原技术所带来的收益或损失用小数目（大计量单位：千元）表述。以上信息在不同的实验分组中的情况见表5-1：

表5-1　预实验组中原技术和备选技术的经济效益信息

	大数目	小数目
收益	原技术：6000000元 Vs. 备选技术：10720千元（55%几率） 210千元（45%几率）	原技术：6000千元 Vs. 备选技术：10720千元（55%几率） 210千元（45%几率）
损失	原技术：-6000000元 Vs. 备选技术：-10720千元（55%几率） -210千元（45%几率）	原技术：-6000千元 Vs. 备选技术：-10720千元（55%几率） -210千元（45%几率）

被试阅读完实验材料后，以量表打分的形式做出判断①。若被试在该任务决策过程中完全理性，则无论以何种货币单位（元或千

① 此处使用12分制的量表，分数越低表示赞同原技术的程度越高，分数越高表示赞同备选技术的程度越高。

元）表述收益和损失均不会导致决策的显著差异。但若受到数目启发式影响，被试将认为以元为单位时的大数目（6000000 和 -6000000）形式所代表的收益或损失大于以千元为单位的小数目（6000 和 -6000）所代表的收益或损失，从而导致不一致的决策打分。

如前所述，根据前景理论，人们面临收益时呈现风险规避而偏好确定性收益；面临损失时呈现风险追逐偏好不确定性损失并拒绝确定性损失。在本情景中，被试在面临收益信息时会偏好确定性收益（即原技术）。但前景理论认为大、小数目（6000000 或 6000）对被试选择原技术的可能性没有影响。如果数目启发式效应不与人们对待风险的非理性行为共同作用于投资决策过程中，则被试最终做出的决策只有对待风险态度不同的偏差（即面对收益时倾向确定性收益），不会产生因数量形式不同而做出不同的决策。但如果数目启发式效应与不同情形下对待风险不同态度的非理性行为共同存在于决策过程中，则依据数目启发式效应，在面对收益时，被试在确定性收益为大数目（6000000）时比确定性收益为小数目（6000）时更倾向选择原技术。同理，若数目启发式效应不存在于依据损失信息进行决策的过程中，前景理论认为被试在面临损失信息时会偏好不确定性损失（即备选技术）而拒绝确定性损失（即原技术），但大、小数目（-6000000 或 -6000）对被试拒绝原技术的可能性没有影响。而如果数目启发式效应会与该理性行为同时出现于面临损失信息的决策中，数目启发式则认为，被试在确定性损失为大数目（-6000000）时比确定性损失为小数目（-6000）时更倾向拒绝原技术。[①] 在完成上述实验任

① 从理性分析的角度来看，在收益情景中原技术和被选技术的收益期望值以及在损失情景中这两种技术的损失期望值基本相等。重要的是，与前景理论相似，理性分析亦认为同一个项目用大数目还是小数目表述对被试的选择应该没有影响。

务后，被试需填写一份实验后问卷。问卷除征集被试的性别、年龄、专业、在读学历等个人基本信息外，还通过一系列数字推理题对被试的数学水平及逻辑能力进行测量。

5.3.2　预实验被试招募和研究过程

该预实验于 2013 年 8 月 30 日在西南财经大学进行。此次预实验研究也采用公开随机招募的方法，在校园教学区、生活区、图书馆门前及校园论坛上发布广告面向全校学生征集被试，最终共 112 名学生（31 名男生、81 名女生，本科生 77 人、研究生 35 人，平均年龄 21.2 岁）参与了该预实验。被试来自金融、会计、工商管理、经济学、统计学、保险等专业，会计相关专业为 15 人。每位被试在研究结束后可立即获得 30 元人民币的现金报酬作为参与实验的奖励。

预实验研究同样采用纸笔实验形式。由于此次实验采用的是 2×2 的被试间实验的形式，本研究在实验材料准备时，共准备了 4 种不同决策信息类型的实验材料，分别是大数目数量形式与收益信息组、小数目信息形式与收益信息组、大数目信息形式与损失信息组、小数目信息形式与损失信息组。与此同时，本研究将被试随机引入两个独立的实验室中，在一个实验室中被试收到的都是收益信息材料，而在另一个实验室中被试收到的则均是损失信息材料。在每一实验室中，被试又会随机收到大数目数量形式材料和小数目数量形式材料。由于被试完全以随机形式进入两个实验室，最终有 50 名被试进入收益组的实验室，有 62 名被试进入损失组实验室。被试在进入实验室前，会随机获得一个实验代码，并以此作为实验中唯一的识别方式和领取报酬的依据。进入实验室后，被试首先阅读实验说明，在实验员读完实验导语并确保被试明白实验流程后，统一发放实验材料。由于前面所述的分组方式，被试会被随机分到四个实验组之一（即每个被试收到这四个组其中一组的材料）。在完成实验任务后，由实验员收走实验材料并发放实验后问卷。被试需要将被试代码填写在实验材料和问卷的封面。问卷完成之后，被试离开实验室并领取现金报酬。在整个研究过程中，被试不能相互交谈、讨论，不限制使用计算器、手机计算软件等计算工具。

5.3.3 预实验数据结果及分析

此次预实验共收集到112个有效样本。被试的性别、年龄、专业、在读学历等个人因素对数据分析的结果没有显著影响。表5-2和图5-1为此次预实验情景中消毒技术打分2×2被试间实验的四个实验组决策打分均值[①]。

表5-2 消毒技术决策打分均值

分组	收益组×大数目	收益组×小数目	损失组×小数目	损失组×大数目
经济效益信息	6000000元 Vs. 10720千元 （55%） 210千元 （45%）	6000千元 Vs. 10720千元 （55%） 210千元 （45%）	-6000千元 Vs. -10720千元 （55%） -210千元 （45%）	-6000000元 Vs. -10720千元 （55%） -210千元 （45%）
决策打分均值	4.321	6.409	6.688	7.5

表5-3和图5-2是对打分均值的双因素单变量方差分析的结果。表5-3表明，损益情况（收益Vs. 损失）的主效应显著（p值为0.017），不同数目形式（大数目Vs. 小数目）的主效应

① 在所有实验组中，1—6的打分表示倾向选择确定性（收益或损失）项目；7—12的打分表示倾向选择不确定性（收益或损失）项目。

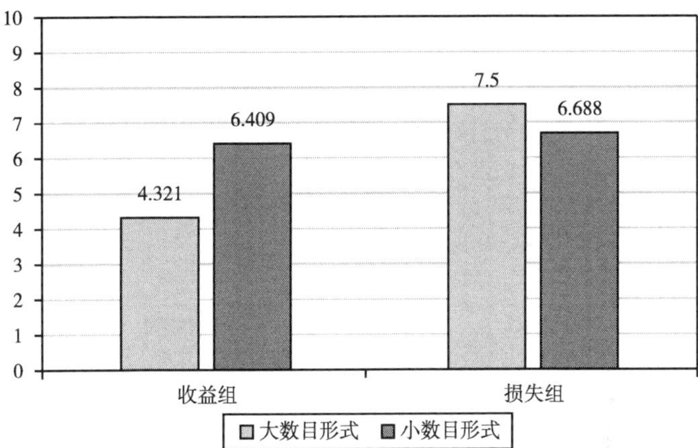

图 5-1 消毒技术决策打分均值

不显著（p 值为 0.374），交互作用显著（p 值为 0.045）。该结果首先说明被试面临收益和损失两种情形时决策打分显著不同，这与预期相符，因为被试在收益组中倾向选择确定性收益项目，而在损失组中倾向选择不确定性损失项目并拒绝确定性损失项目。总体实验数据交互作用显著，这说明在控制损益情况后数目形式差异对决策打分有显著影响，即在面临收益或损失时，不同数目形式的确定性收益或确定性损失信息导致决策者做出显著不同的决策。

表 5-3 消毒技术决策打分方差分析

因变量	决策打分		调整的 R^2	0.0694	
方差来源	离差平方和（PSS）	自由度（DF）	均方差（MS）	F 统计量	Sig.
损益情况	81.993	1	81.993	5.87	0.017
数目形式	11.156	1	11.156	0.80	0.374
损益情况 × 数目形式	57.707	1	57.707	4.13	0.045

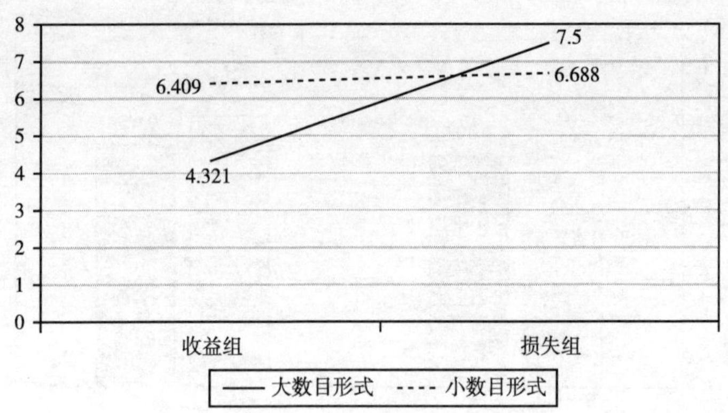

图 5－2　消毒技术决策打分方差分析

为进一步检验研究假设，下面以消毒技术决策打分为因变量，分收益和损失两种情形更细致地探讨不同数目形式对决策的影响。表 5－4 给出了在消毒技术选择的投资决策任务中面临收益信息时大数目 Vs. 小数目两组被试的打分选择。依据前景理论，被试会总体倾向于选择确定性收益，但大、小数目形式对被

表 5－4　消毒技术决策打分收益组间决策打分单样本均值检验

	概率	收益分组	
		收益组 × 大数目	收益组 × 小数目
样本		28	22
技术收益信息	100%	6000000 元	6000 千元
		Vs.	Vs.
	55%	10720 千元	10720 千元
	45%	210 千元	210 千元
均值		4. 321	6. 409
p		0. 03 **	

其中，***，** 和 * 分别代表在 1%，5% 和 10% 的显著性水平下显著。p 值为 one－tail 检验值。

试选确定性收益的可能性应该没有影响。然而若被试受数目启发式影响，将认为大数目形式（6000000）下的收益比小数目形式（6000）下的收益更好，进而更倾向于选择原技术。表5-4的结果显示，虽然被试在面临收益时都呈现风险规避，但确定性收益的不同数目形式（6000000 Vs. 6000）导致决策者决策出现显著差异：相比于小数目（6000），以大数目（6000000）表述确定性收益使更多决策者更倾向选择原技术，这与数目启发式效应的预期相吻合。

表5-5给出了在投资决策任务中面对损失信息时大数目Vs. 小数目两组被试的打分选择。依据前景理论，被试会总体倾向于选择不确定性损失而拒绝确定性损失，但大、小数目形式对被试拒绝确定性损失的可能性应该没有影响。然而如果被试受数目启发式影响，将认为大数目形式（-6000000）下的损失比小数目形式（-6000）下的损失更加严重，进而更倾向于拒绝原技术而选择备选技术。在表5-5的结果中，从均值来看，大数

表5-5　　消毒技术决策打分单样本均值检验

	概率	损失分组	
		损失组×大数目	损失组×小数目
样本		30	32
技术收益信息	100%	-6000000元	-6000千元
		Vs.	Vs.
	55%	-10720千元	-10720千元
	45%	-210千元	-210千元
均值		7.5	6.688
p		0.192	

其中，***，**和*分别代表在1%，5%和10%的显著性水平下显著。p值为one-tail检验值。

目组下打分均值为 7.5，小数目组打分均值 6.688，符合数目启发式预测的趋势，但均值检验结果没有达到显著水平。出现该问题的原因除样本量略偏小外，也可能是由于损失组情景信息中，确定性损失与不确定性损失信息的损失数量在设计时有非完全等同的情况，而人们对损失信息更加敏感，使风险规避成为决策的主要动因，最终减弱了数目启发式效应在决策过程中的影响。此问题有待在后续正式实验中进一步深入考查。

从该消毒技术选择的决策任务过程中，可以明显地发现，数目启发式效应与人们在面临收益和损失时对待风险态度有差异的非理性心理效应共同存在于投资决策过程中，并交互作用于信息处理过程，最终导致有偏差的投资决策。该偏差不仅是因数量形式差异做出不同决策，也依据对待风险的态度参与而做出不同的决策。预实验的结果再次说明人们在投资决策过程中的非理性行为的存在，也进一步说明了数目启发式效应与其他非理性行为的交互作用和共同导致有偏决策的作用机制。在预实验的基础上，本研究继续改进实验材料，构建正式实验情景以进一步检验研究假设。

5.4 正式实验研究

5.4.1 正式实验研究设计

在预实验研究基础上，本研究针对数目启发式效应与人们对待风险时不同态度的交互作用进行了正式实验测试。与预实验采取的 2×2 被试间实验相同，正式实验也采用了 2×2 的被试间设计，将被试组分为（大数目 Vs. 小数目）和（收益 Vs. 损失）

四组。正式实验任务如下："Healthy Unit"是 ABC 集团公司旗下 D 电器生产公司的一个独立生产消毒柜、洗碗机等卫生消毒电器的家电业务部，主要负责研发及生产小型、实用、高效的家庭用消毒电器。被试作为 ABC 集团企业高层管理者，需要决定是否用其他同类企业使用的另一种消毒技术，即臭氧与高温消毒技术来取代该业务部原有的远红外线消毒技术。实验材料中包括了对"Healthy Unit"生产业务部有关背景的简介和基本决策任务的描述。这些内容在四个实验组中均相同。各组之间所不同的是关于原技术和备选技术的经济效益的信息：（1）在其中两组中，原技术和备选技术都会带来收益（原技术带来确定性收益，备选技术带来不确定性收益）；而在另两组中，原技术和备选技术都会带来损失（原技术带来确定性损失，备选技术带来不确定性损失）。（2）在其中两组中，原技术所带来的收益或损失用大数目（小计量单位：元）表述；而在另两组中，原技术所带来的收益或损失用小数目（大计量单位：千元）表述。以上信息在不同的实验分组中的情况见表 5－6。与预实验研究设计不同的是，在正式实验中，无论是收益组还是损失组，原技术的确

表 5－6　　正式实验组中原技术和备选技术的经济效益信息

	大数目	小数目
收益	原技术：6000000 元 Vs. 备选技术：10725 千元（55% 几率） 225 千元（45% 几率）	原技术：6000 千元 Vs. 备选技术：10725 千元（55% 几率） 225 千元（45% 几率）
损失	原技术：－6000000 元 Vs. 备选技术：－10725 千元（55% 几率） －225 千元（45% 几率）	原技术：－6000 千元 Vs. 备选技术：－10725 千元（55% 几率） －225 千元（45% 几率）

定性的收益和损失的金额完全等于备选技术不确定性情形下损失或收益组的数学期望。在这样的设计下，实验可以完全避免因数学计算差异导致的打分差异，特别对于感知敏感性更高的损失信息而言更是如此。故与预实验设计不同的是，正式实验中，无论是收益组或损失组，原技术与备选技术的期望收益均完全等同。

在阅读完实验材料后，被试仍以量表打分的形式做出判断。[①]若被试在该任务决策过程中完全理性，则无论实验材料中以何种货币单位（元或千元）表述收益和损失均不会导致决策的显著差异。但若受到数目启发式影响，被试将认为以元为单位时的大数目（6000000 和 -6000000）形式所代表的收益或损失大于以千元为单位的小数目（6000 和 -6000）所代表的收益或损失，从而导致不一致的决策打分。但依据预算的结果，在此类决策过程中决策者并非只受到一种心理认知因素的影响。根据前文前景理论所介绍的，收益情景下，大多数决策者倾向于风险规避（Risk - aversion）；而在损失情景下，大多数决策者则倾向于寻求风险（Risk - seeking），对于同等量的收益和损失，决策者对于损失的敏感性要高于对收益的敏感性。人们面临收益时呈现风险规避而偏好确定性收益；面临损失时呈现风险追逐而偏好不确定性损失并拒绝确定性损失。因此在本情景中，如果被试按照理性的计算方法，则应在决策过程中通过计算两种技术的期望收益或损失决定选用何种技术，不会因数量形式差异而出现显著差异的打分，也不会因收益或损失的形式出现显著差异的打分，表现出对确定性收益（或损失）或不确定性收益（或损失）的偏好。如果人们对待风险时呈现不同态度的非理性思维出现于决策

① 此处同样使用 12 分制的量表，分数越低表示赞同原技术的程度越高，分数越高表示赞同备选技术的程度越高。

过程中，则被试在面临收益信息时会偏好确定性收益（即原技术）。如果被试只受对待风险不同态度的非理性思维影响，则根据前景理论，大、小数目形式（6000000 或 6000）的收益对被试选择原技术的可能性没有影响。然而，如果数目启发式效应与不同情形下对待风险不同态度的非理性行为共同存在于决策过程中，则依据数目启发式效应，在面对收益时，被试在确定性收益为大数目（6000000）时比确定性收益为小数目（6000）时更容易选择原技术。同理，若数目启发式效应不存在于依据损失信息进行决策的过程中，前景理论认为被试在面临损失信息时会偏好不确定性损失（即备选技术）而拒绝确定性损失（即原技术），但大、小数目（-6000000 或 -6000）对被试拒绝原技术的可能性没有影响。但如果数目启发式效应与该理性行为同时出现于面临损失信息的决策中，数目启发式则认为，被试在确定性损失为大数目（-6000000）时比确定性损失为小数目（-6000）时更容易拒绝原技术。在完成上述实验任务后，被试需填写一份实验后问卷，问卷主要征集被试的性别、年龄、专业、在读学历等个人基本信息。此外，与预实验不同的是，正式实验的实验后问卷还会包括一系列数学计算题目以测试被试的数学水平，并在统计分析时判断被试的打分差异是否由数学计算能力的差异而导致。

5.4.2　正式实验被试招募和研究过程

该预实验于 2014 年 11 月 4 日在西南财经大学进行。正式实验虽然采用公开招募被试的方法，但被试限定于会计学院学生。除在校园教学区、生活区、图书馆门前及校园论坛上发布广告征集被试的同时，也与会计学院老师取得联系，在班级中直接招募被试。最终共 175 名学生（41 名男生、134 名女生，本科生 84

人、研究生 91 人，平均年龄 22.73 岁）参与了正式实验。每位被试在实验结束后会获得一个笔记本作为参与实验的奖励。

正式实验也采用纸笔实验形式，在实验室的黑板上写着实验需要注意的规则：“1. 参加实验的同学在实验前领取实验代码；2. 将手机调为静音；3. 在实验开始前勿打开实验材料；4. 在实验过程中勿相互交谈、讨论，请独立完成实验。”实验开始后，被试不能随意进出教室。由于此次实验采用的是 2×2 的被试间实验形式，本研究在实验材料准备时，同时准备了四种不同决策信息类型的实验材料，分别是大数目数量形式与收益信息组、小数目信息形式与收益信息组、大数目信息形式与损失信息组、小数目信息形式与损失信息组。被试随机进入两个独立的实验室中，在一个实验室中被试收到的都是收益信息材料，而在另一个实验室中被试收到的则均是损失信息材料。在每一实验室中，被试会随机收到大数目数量形式材料和小数目数量形式材料。在进入实验室时，被试会在实验室门口随机领取编号 1—200 的实验代码，并以此作为实验中被试唯一的识别方式，所有信息严格匿名，实验员并不知道每份材料由哪位被试做出。被试进入实验室后，座位上依次摆放着实验流程说明，演算用的白纸和笔。被试以每隔一个座位坐一人的方式就座，以免被试间相互商议和交谈。进入实验室后，被试首先阅读实验说明，在实验员读完实验导语并确保被试明白实验流程后，统一发放实验材料。由于前面所述的分组方式，被试会被随机分到四个实验情形之一（即每个被试收到这四个组其中一组的材料）。在完成实验任务后，由实验员收走实验材料并发放实验后问卷，被试需要将实验代码填写在实验材料和问卷的封面。每位实验员在收取实验材料时会首先确认被试是否完成了该决策任务（即是否有决策打分），确认无误后再发放相应实验材料对应的问卷。问卷除征集被试的性别、年龄、在读学历等个人基本信息外，还通过一系列数字推理题对被试的数学水平进行测量。在问卷完成之后，被试离开实验室并在实验室旁领取报酬。在整个研究过程中，被试不能相互交谈、讨论，不限制使用计算器、手机计算软件等计算工具。被试领取的实验代码是被试在实验中唯一的识别方式。在完成实验材料和问卷时，被试需将代码填在封面上，使实验材料和问卷相对应，并在实验结束后凭借实验代码领取实验奖励。

5.4.3　正式实验数据结果及分析

此次正式实验共收集到 175 个有效样本。被试的性别、年龄、专业、在读学历等个人因素对数据分析的结果没有显著影响。表 5 - 7 及图 5 - 3 呈现了此次正式实验消毒技术选择 2 × 2 被试间实验的四个实验组决策打分均值①。从正式实验中消毒技术的决策打分均值可以看出，在趋势上，面对收益信息时，虽然两种消毒技术的期望收益是相等的，但被试仍明显倾向于选择可以获得确定性收益的第一种技术，收益组被试的打分均值显著小于 6 分（如表 5 - 8 所示）。这说明人们在面对收益信息时，明显呈现出风险规避（Risk - averse）行为，更愿意获得确定性的收益。而当被试面对损失信息时，虽然两种消毒技术带来损失的数学期望是相等的，但被试仍明显倾向于带来不确定性损失的第二种技术，损失组被试的打分均值显著高于 7 分（如表 5 - 9 所示）。这说明人们在面对损失信息时，明显呈现出风险追逐（Risk - seeking）行为，更愿意有一定几率取得较小的损失，虽

① 在所有实验组中，1—6 的打分表示倾向选择确定性（收益或损失）项目（即原消毒技术）；7—12 的打分表示倾向选择不确定性（收益或损失）项目（即新消毒技术）。

然这样选择会有承受很大损失（10725 千元）的风险。该打分结果正如前景理论所预测的，人们在面对收益时更倾向确定性收益，在面对损失时则愿意承担不确定的损失。

表 5－7　　消毒技术决策打分均值

分组	收益组×大数目	收益组×小数目	损失组×小数目	损失组×大数目
经济效益信息	6000000 元 Vs. 10725 千元 （55%） 225 千元 （45%）	6000 千元 Vs. 10725 千元 （55%） 225 千元 （45%）	－6000 千元 Vs. －10725 千元 （55%） －225 千元 （45%）	－6000000 元 Vs. －10725 千元 （55%） －225 千元 （45%）
决策打分均值	4.205	5	7.333	8.370

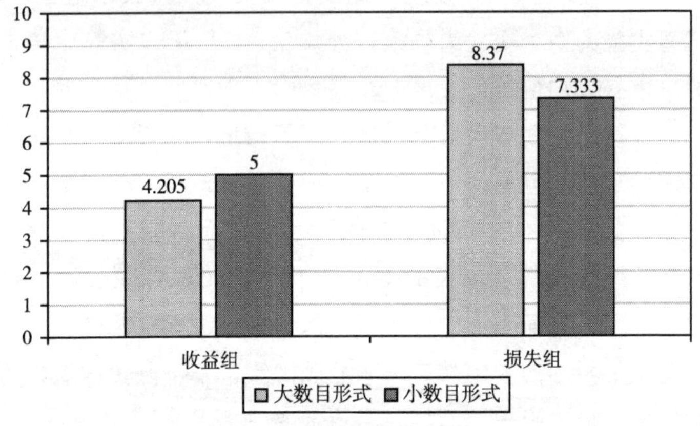

图 5－3　消毒技术决策打分均值

表 5－8　　消毒技术收益组打分单样本均值检验结果

变量名	样本量	均值	标准差	p 值（<6）
收益组决策打分	84	4.631	2.529	0.000***

其中，***，** 和 * 分别代表在 1%，5% 和 10% 的显著性水平下显著。p 值为 one－tail 检验值。

表 5－9　　消毒技术损失组打分单样本均值检验结果

变量名	样本量	均值	标准差	p 值（>7）
损失组决策打分	91	7.857	2.984	0.002 ***

其中，***，** 和 * 分别代表在 1%，5% 和 10% 的显著性水平下显著。p 值为 one－tail 检验值。

表 5－10 和图 5－4 是对该均值的双因素单变量方差分析的结果。表 5－10 表明，损益情况（收益 Vs. 损失）的主效应显著（p 值为 0.000），不同数目形式（大数目 Vs. 小数目）的主效应不显著（p 值为 0.772），交互作用显著（p 值为 0.029）。该结果首先说明被试面临收益和损失两种情形时决策打分显著不同，这与预期相符，因为被试在收益组中倾向选择确定性收益项目，而在损失组中倾向选择不确定性损失项目并拒绝确定性损失项目。总体实验数据交互作用显著，这说明在控制损益情况后数目形式差异对决策打分有显著影响，即在面临收益或损失时，不同数目形式的确定性收益或确定性损失信息导致决策者做出显著不同的决策。

表 5－10　　消毒技术决策打分方差分析

因变量	决策打分		调整的 R^2	0.0758	
方差来源	离差平方和（PSS）	自由度（DF）	均方差（MS）	F 统计量	Sig.
损益情况	459.801	1	459.801	60.81	0.000
数目形式	0.634	1	0.634	0.08	0.772
损益情况 × 数目形式	36.515	1	36.515	4.83	0.029

为进一步检验研究假设，下面以消毒技术决策打分为因变量，分收益和损失两种情形更细致地探讨不同数目形式对决策的影响。表 5－11 给出了在消毒技术选择的投资决策任务中面临收

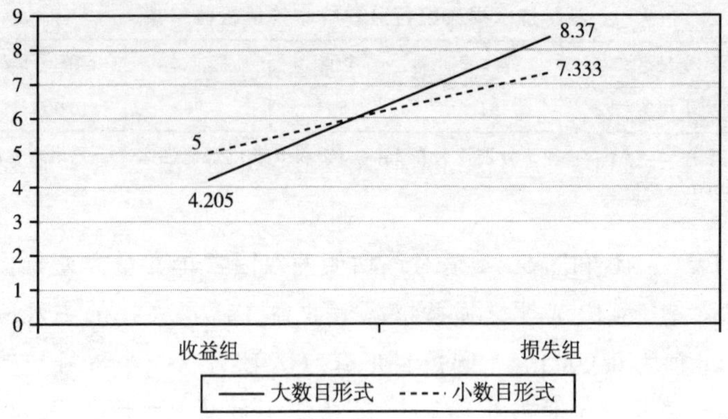

图 5-4　消毒技术决策打分方差分析

益信息时大数目 Vs. 小数目两组被试的打分选择。依据前景理论，被试会总体倾向于选择确定性收益，但大、小数目形式对被试选确定性收益的可能性应该没有影响。如果被试在决策过程中只存在着在不同情形下对待风险态度不一致的非理性行为，那么被试在两种数量形式（即大数目形式和小数目形式）下的打分并不会存在显著差异。但如果被试在处理数量信息过程中还存在数目启发式策略，那么被试会受数目启发式影响，认为大数目形式（6000000）下的收益比小数目形式（6000）下的收益更好，进而更倾向于选择第一种技术。实验结果证实了数目启发式效应与在不同情形下对待风险态度不一致的非理性思维同时存在于决策过程中。根据表 5-11 的统计结果，虽然被试在面临收益时都呈现风险规避，但确定性收益的不同数目形式（6000000 Vs. 6000）导致决策者决策出现显著差异：相比于小数目（6000），以大数目（6000000）表述确定性收益使决策者更倾向选择原技术，这与数目启发式效应的预期相吻合。基于该结果，假设 H1 得到支持。

表 5－11　消毒技术收益组间决策打分单样本均值检验

	概率	收益分组	
		收益组 × 大数目	收益组 × 小数目
样本		39	45
技术收益信息	100%	6000000 元	6000 千元
		Vs.	Vs.
	55%	10725 千元	10725 千元
	45%	225 千元	225 千元
均值		4.205	5
p		0.07*	

其中，***，** 和 * 分别代表在 1%，5% 和 10% 的显著性水平下显著。p 值为 one－tail 检验值。

表 5－12 给出了在投资决策任务中面对损失信息时大数目 Vs. 小数目两组被试的打分选择。依据前景理论，被试会总体倾向于选择不确定性损失而拒绝确定性损失，但大、小数目形式对被试拒绝确定性损失的可能性应该没有影响。但如果被试在此决策过程中同时受数目启发式效应的影响，数量形式的差异也将对被试选择不确定损失项目的打分产生影响。具体来讲，若被试受数目启发式影响，将认为大数目形式（－6000000）下的损失比小数目形式（－6000）下的损失更加严重，进而更倾向于拒绝原技术而选择备选技术，其打分会更偏离原技术（第一种技术）而接受备选技术（第二种技术）。从正式实验结果中被试的打分均值来看，与预实验不同，在表 5－12 中大数目组下打分均值为 8.370，而小数目组打分均值为 7.333，符合数目启发式预测的趋势，且该差异在统计上是显著的。该结果说明，即使人们在面对损失信息时对风险的追逐促使被试更倾向选择不确定性的损失，但数目启发式效应的存在又使被试对在大数目形式呈现下的

原技术（确定性损失）有更高程度的风险感知，进而使被试相比于小数目形式下呈现原技术损失的情形更倾向于选择备选技术（不确定性损失）。

表 5-12　消毒技术损失组间决策打分单样本均值检验

	概率	损失分组	
		损失组×大数目	损失组×小数目
样本		45	46
技术收益信息	100%	-6000000 元	-6000 千元
		Vs.	Vs.
	55%	-10725 千元	-10725 千元
	45%	-225 千元	-225 千元
均值		8.370	7.333
p		0.025**	

其中，***，** 和 * 分别代表在 1%，5% 和 10% 的显著性水平下显著。p 值为 one-tail 检验值。

虽然正式实验也是以消毒技术选择这一投资决策任务设计为实验情景，但相比于预实验，正式实验首先扩充了被试样本量，且对消毒技术收益和损失组中的数量进行了调整，确保了收益和损失组中两种技术的期望收益完全相等。正式实验的统计结果更稳健地支持了假设 H1 和假设 H2。首先，消毒技术决策的实验再次验证并支持了数目启发式效应的存在，无论在预实验还是在正式实验中，以不同单位（元和千元）为量纲的同等数量呈现出了不同的数目形式（6000000 与 6000），而该数目形式的差异，分别造成了收益组和损失组决策打分的差异。这与上一章中的物流路线决策任务、信息技术软件决策任务、管理信息技术决策任务中被试的打分差异明显有着相同的趋势，被试均倾向以数目作为判断数量大小的主要依据或代替，认为数目越多就代表数量越大，在投资决策中表现出明显受数目启发式影响的决策，共同印证了数目启发式策略在投资决策任务中的存在。但此次实验与前一章实验不同的是，此次实验展示出了人们在投资决策中同时存在的两种非理性行为。首先面对风险信息进行决策时，被试并不如完全理性经济人的假设般以标准的不确定信息处理策略，即计算期望收益的方法做出决策也并未保持一致的风险偏好，而是在心理感知的影响下，在面对收益时更倾向于确定性收益，呈现风险厌恶，在面对损失时更倾向于不确定性损失，呈现风险追逐。其次，处理数量信息时的非理性行为，即数目启发式效应。面对同样的确定性收益，被试更倾向以大数目形式表现的确定性收益数量金额，而面对同样的确定性损失，被试更厌恶以大数目形式呈现的确定性损失而偏向不确定性损失。本章实证性地验证了数目启发式效应与人们在面临收益和损失时对待风险态度有差异的非理性心理效应共同存在于投资决策过程，并交互作用于决策主体信息处理过程，最终导致明显有偏差的投资决策。该偏差不仅是跟随数量形式不同做出不同决策，也依据对待风险的态度不同出现不同的决策。

5.5　本章小结

本章采取行为研究方法对管理会计投资决策任务中的数目启发式效应与其他非理性行为的交互影响进行了探析。研究发现，数目启发式效应也存在于决策者依据不同损益情况下的风险信息做出投资决策的过程中，与人们在不同情形下对待风险态度和偏好不一致的非理性行为共同影响决策者的判断。本章主要以实验的方式考查了数目启发式与人们对待风险态度的非理性行为共同对管理会计中投资决策环节的影响。根据实验结果，被试在对确定性收益项目和不确定性收益项目进行比较抉择的投资决策任务中，当一个确定性收益项目用大数目（即小计量单位）表述时，决策者比同样的项目用小数目（即大计量单位）表述时更倾向选择该项目。而当一个确定性损失项目用大数目（即小计量单位）表述时，决策者比同样的项目用小数目（即大计量单位）表述时更倾向拒绝该项目而选择对应的不确定性损失项目。

第6章 数目启发式效应在业绩评价任务中的影响

6.1 引言

作为主要服务于组织自身管理的会计信息系统，为内部管理决策提供相关经济活动的信息，是管理会计与生俱来的责任和使命。为确保组织资源有效利用以实现战略目标的管理控制方式，管理会计不可或缺的任务之一即合理反映企业中战略或经济目标的执行情况，以供内部信息使用者做出相应决策，即业绩评价任务。业绩评价任务总体上侧重对内部管理控制结果的评价，以衡量各级管理者的战略实施控制活动的效果和效率为宗旨，连接着企业目标、组织结构、全面预算和激励机制等其他众多管理环节，因此它也一直是管理会计研究中的核心主题之一。近年来，相比于仅从单一财务指标出发的评价方法，可更好地对战略实施情况进行评价的多维度业绩体系（Multidimensional Performance）已成为业绩评价实践中的主流（Cadez 和 Guilding，2008）。作为多维度业绩评价体系的代表，特别是由 Kaplan 和 Norton（1996；2000）提出的平衡计分卡（即从组织学习和增长能力、内部流程、客户、财务业绩四个方面建立评价指标体系）因可系统地对战略的具体执行情况进行较全面的评价，并对加强了管理控制的实际操作性而在较短时间内迅速得到了学术界及实务领域的广泛关注。

管理会计作为一个服务于企业内部管理控制的信息系统，生成信息的价值体现在能够为决策所用（Kinney，2001）。伴随管理会计技术的不断改进与管理信息系统的日趋成熟，众多管理会计思想开始直接影响企业经营管理模式（Granlund 和 Malmi，2002），管理会计也逐渐超越最初记账算账、管理工具的技术范畴而融入组织的管理目标、战略及运营之中（王斌等，2008）。为达到确保组织资源有效利用以实现企业战略的目的，管理会计师需要结合当下众多管理会计技术和管理信息系统等，合理、及时反映并准确呈报企业中战略或经济目标的执行情况，以供内部信息使用者对相应战略和众多任务的实施情况进行判断和评价。对于一个组织而言，无论是战略的制定、管控的实施、实际的运营，均离不开业绩评价系统，与其他管理会计模块不同的是，业绩评价任务总体上侧重于对管理控制结果的评价，以衡量各级管理者战略实施控制活动的效果和效率为目标，并起着连接其他众多管理环节的作用（王化成，2004）。因此，如何全面准确地反映企业经营管控的现状，并使管理会计信息使用者有效地做出判断、评价，切合实际地给予相应的纠偏、改进和奖励措施，是广大管理会计学者一直关注和持续研究的问题。

管理会计信息最初诞生即与管理决策需求相关（Longmuir，1902；Church，1910），作为管理会计重要模块，业绩评价任务总体上侧重对内部管理控制结果考核，连接着企业战略目标、运营决策和激励机制等众多管理环节（潘飞等，2010）。在约翰逊和卡普兰（Johnson 和 Kaplan，1987）对管理会计信息决策有效性消失的批评引起共鸣后，众多研究者开始竭力探索如何提升信息决策效果。此背景下，平衡计分卡、EVA、KPI 多维度业绩体系等评价方法被各辟蹊径地开发出来（Cadez and Guilding，2008；Kaplan and Norton，1996；2000）。各类技术方法应用其实均离不开评价者信息理解并转化为决策的过程，此过程得到的关注并不多。

当前国内外对业绩评价决策效果的研究多关注理论功能与框架体系。在信息理论功能方面，主要探讨业绩评价决策理论功效。霍姆斯特姆（Holmstrom，1979）、费尔赞和谢（Feltham 和 Xie，1994）等提出评价决策在于对代理人努力结果的准确反馈和激励，达塔尔等（Datar et al.，2001）、贝克（Baker，2000）、布旺和蒋（Bouwens 和 Jiang，2016）等基于业绩评价的反馈激励作用设置薪酬考评体系。卡普兰和诺顿（Kaplan 和 Norton，1996）、阿特金森等（Atkinson et al.，1997）、达塔尔等（2001）、班克等（2001）等在对单一与多维财务维度评价体系的比较论述中，介绍并引入平衡计分卡等方法以期更全面提升业绩评价的决策效果。麦克奈尔等（1990）从战略纵向多维角度提出业绩金字塔模型，于战略管理角度构建指标体系间的关系。卡普兰和诺顿（2004）则引入战略地图以图形形式描述企业战略与评价指标的联系，使业绩衡量指标更具功能性。在信息框架体系方面，研究者对多维度业绩评价、相对业绩评价、EVA 等体系的构建要素、指标内容、权重分配、质量标准、主观业绩指标引入等方面展开研究（Canice and Robert，1993；Baker et al.，1994；Bol，2008；Woods，2008；Gibbs，2008；Rajan and Reichelstein，2009；潘飞等，2010；Luft，et al.，2016；Dai et al.，2016 等）。如客观指标比例设定机制的探讨（Gibbs et al，2004；Woods，2008），情景噪音与评价多维程度抉择（Bol，2008；Rajan and Reichelstein，2009），主观裁量权使用与薪酬波动风险设定（Gibbs，2004；Woods，2008；Bol et al.，2015）等。上述研究集中关注业绩评价的应有效果、如何构建、所需特征等，着重于信息供给端。同时也需考虑：在既定的评价体系下评价者是否能达到有效使用信息这一目标。行为经济学研究发现，决策者信息处理过程实际呈现有限理性，并非能一直无误处理信息并进行准确决策。严谨的逻辑系统推理与便捷的启发式策略均可出现于信息处理过程（Newell and Simon，1972；Kahneman and Tversky，1973；1979；饶育蕾和蒋波，2010；Gigerenzer and Gaissmaier，2011），易引致各类认知偏差：代表性启发式偏差（Representative Heuristic Bias）、可得性启发式偏差（Availability heuristic Bias）、锚定与调整启发式偏差（Anchoring Bias）、框架效应（Framing effects）等（Tversky and Kahneman，1974，1981；Hirshleifer，2001；Lovallo and Kahneman，2003；奚凯元，2008；卢佐冬，2014）。

部分认知偏差及衍生偏差近年来引入业绩评价领域。部分会计行为实验发现，业绩评价者存在可影响信息决策的认知偏差，这些研究仍属少数：贝利等（Bailey et al.，2011）、托里等（Towry et al.，2011）、博尔和里尔（Bol 和 Lill，2015）实验验证了锚定与调整启发式偏差在业绩评价任务中的存在，评价者易锚定于往期业绩绩效并据此调整打分；克莱默和马斯（Kramer and Maas，2016）的 Eye - tracking（眼动）实验结果发现往期印象的确会影响当期主观业绩评价打分；利佩和索尔特里奥（Lipe 和 Salterio，2000）、卢夫特和希尔兹（Luft 和 Shields，2001）、法雷尔等（Farrell et al.，2005）、刘俊勇等（2010）、班克等（2014）研究了业绩评价中的“功能锁定”（Fixation），实验发现人类大脑存在习惯性信息区域锁定，导致遗漏和忽视其他区域会计信息；陈等（chen et al.，2016）也使用 Eye - tracking 实验再次验证了人们在平衡计分卡使用时对财务信息的“锁定”；黎春和李子扬（2017）探讨了战略地图与相对业绩评价的交互引入对缓解“功能锁定”与决策偏差的影响；博尔和史密斯（Bol 和 Smith，2011）、费伦巴赫等（Fehrenbacher et al.，2015）实验发现进行业绩评价时评价者会掺杂不相关评价任务的信息，即溢出效应（Spillover Effect）；博尔等（2011；2016）、马斯等（2012）、埃塞特（2016）实验发现“仁慈偏差”（Leniency bias）和“折中偏差”（Centrality bias）在业绩评价任务中可引致非理性决策，主观业绩评价中评价者信息认知存在不完全性，难以严格按照所呈评价信息和规则给出适当评分，会压缩评分以趋折中。

然而需注意的是，要准确洞悉组织的实际运营情况，有效做出符合企业战略目标的管理、改进措施，不仅依赖于业绩评价及其他管理会计任务高效整合和高质量特征的信息呈报，同时也取决于信息使用者对管理会计信息的精准理解与合理决策。行为研究发现，决策本质上是信息使用者在备选信息中做出抉择并生成行为结果的认知过程（Libby 和 Lewis，1981），而信息的使用者——人类在这一过程中却并非完全理性：人们处理信息的过程往往受到思维及认知中固有缺陷的影响。20 世纪 70 年代，就有学者开始意识到，尽管人们力图设计“理想的”“精确的”评定模式，但只有一个结论是清楚的：无论什么评定模式都会有评定错误（Malcolm，2008）。因此，在大量研究从业绩评价指标、框架、体系，着眼研究如何提高业绩评价系统有效性的同时，本书关注另一个值得思考的问题：假若业绩评价指标体系已可以完全包涵企业内部管理运营信息，信息使用者是否能如同“理性经济人”假设一样，在业绩评价过程中准确无误地使用管理会计系统提供的会计信息并做出判断呢？

特别对于管理会计业绩评价方法中常用的平衡计分卡而言，已有不少实证研究发现，在平衡计分卡实际运用中的效果并未达到它本身设计时的效果，评价者并未理性完整地获取和处理其提供的信息，仍然忽视或低估非财务指标的重要性，而更偏好或“锁定”普通常用、非战略性的财务业绩指标（Lipe 和 Salterio，2000；Ittner et al.，1998；Luft 和 Shields，2001；Farrell et al.，2005）。对这种业绩评价者“功能锁定”现象的解释主要集中于人类的认知缺陷（cognitive limitations）等行为因素（Baddeley，1994；Shanteau，1988；Ittner et al.，2003；Ghosh，2005），人类并非如“经济人”理性假设一样能完全理解和吸收业绩评价指标体系所呈现的信息，信息处理过程中的认知偏差导致人类在业绩评价的判断也出现偏差。因此不少研究者开始探讨如何减轻这种更关注财务业绩指标的“锁定”（Fixation）效应。如班克等（2004）实验研究发现，没有详细战略信息的信息使用者主要依据不同业务单元共性指标做出判断；而拥有更多详细战略信息时，信息使用者会更多关注与特定战略有关的专用评价指标。且班克等（2004）提出战略地图以图形形式阐释战略目标与评价指标间的联系以减少“锁定”现象。作为管理会计信息系统的重要组成部分，业绩评价任务实际也是信息使用者从管理会计报告中获取决策相关信息并最终做出评价的信息处理过程，涉及信息输入、信息处理、信息输出三个完整的认知阶段。在认知过程中，人类大脑难以如计算机程序般机械完美地对信息进行处理，三阶段中任何纰漏都可能形成认知偏误并最终导致决策和判断的失效。由于人类大脑信息处理能力有限且并非如公式一样准确，正如出现“功能锁定”的作用机理一样，人们在信息处理过程中常会受到偏差和启发式算法（Biases and Heuristic）的作用而影响决策的效率和效果（Kahneman 和 Tversky，1971，1973）。

数目启发式（Numerosity Heuristic）正是众多启发式算法和偏误的形式之一，而它又与管理会计信息特征及业绩评价任务特征有着紧密联系。基于前文的阐述，数目启发式是指人们在对数量或概率做出估计、判断时单纯以表面的数目作为其依据，而忽略其他重要信息（如计量单位）（Pelham et al.，1994）的认知策略。不少行为学实证研究从数量、概率、货币等众多角度支持了数目启发式效应的存在，人们在生活、工作中似乎难逃其影响。然而，对于一个几乎将数字作为“语言”，以数目和计量单位作为信息载体和呈报依据的业绩评价任务而言，数目启发式效应却还并未得到人们的重视。与依据财务会计报告中的信息进行评价和投资选择不同，管理会计信息的呈报形式、单位（量纲）、时间等并无统一的规定，特别对于多指标的业绩评价体系而言，不仅绝大部分决策信息均以数字的形式或以数字为载体呈现给会计信息使用者，其不同指标种类的呈报单位、反映内容等并无标准一致的格式和规范，例如产品供货周期既可用天数为计数标准，也可用月、年衡量；营运资本即可以元为单位，也可以百万元为单位，这种以不同单位、量纲对相同的经济变量进行呈报是否会引起管理会计报告使用者特别是业绩评价主体的判断和决策出现偏差呢？故本书聚焦于管理会计系统中的业绩评价任务，采用实验研究方法分析数目启发式效应在业绩评价任务中的作用及其对信息处理过程的影响，并结合决策者个人特征对业绩评价过程中数目启发式效应与评价主体思维方式的交互作用影响进行探析。

6.2 研究背景

管理会计中关于业绩评价的研究与探讨由来已久，早在19世纪时，工业革命后步入繁荣的纺织业、铁路业和钢铁业等企业管理者即开始建立与各自行业相关的评价指标以判断企业内生产经营效率。由于这些企业最初产品、业务相对单一，其管理者一般只采用简单指标，如单位产出所耗费成本、计时人工成本等进行业绩评价。而成体系的内部评价指标则始于建立单位人工消耗等标准化、多元化的标准成本指标体系。随着企业的外部融资需求不断增长，信用评价也逐渐引起人们的重视，同时因多元化经营和分权化管理模式的应用日益广泛，原有偏重生产环节和整体经营的指标已不能适应业绩评价的需求。杜邦分析法正是在此背景下诞生，其以“投资报酬率”为主体指标评价公司业绩，将其发展为一个评价企业内部各个部门业绩的指标架构，使评价指标间相互勾稽成为整体体系，并有助于管理者实施相应预测、控制措施以协调各分部的经营活动。同时，仅仅对企业的生产效率进行评价也已无法满足企业管理的需要，因为日益复杂市场环境，要求企业的营销、研发、人力资源、财务、生产等职能都得到相应发展，单纯地以财务指标作为业绩评价指标受到越来越多的批评，非财务指标日益得到重视（Atkinson et al.，1997）。实务中，组织倾向于使用结合多元的业绩指标来达到业绩评价的全面性和激励的多样性，这些指标既有财务指标，也囊括非财务指标，多个业绩指标通过不同的权重进行平衡（Datar et al.，2001）。

例如，麦克奈尔等（Mcnair et al.，1990）提出业绩“金字塔”模型，从战略管理角度分析业绩指标体系之间的关系，反映了战略目标与业绩指标之间的互动性，但该方法未形成可操作性的业绩评价系统，在实际工作中较少采用。此后，卡普兰和诺顿（1992）提出了平衡计分卡概念，构建了基于财务、客户、内部流程、学习与成长四个层面的结构框架，并在后续研究中给出了可操作性的实施步骤，发展为一套逻辑严密的战略执行体系，使平衡计分卡成为战略管理的有效工具。由于平衡计分卡较好地将组织战略目标与评价体系结合起来，可对战略的具体执行情况进行较全面的评价，并加强了管理控制的实际操作性，引起了学术界及实务领域的广泛关注和迅速推广。因特尔和拉克特（Intter 和 Larcker，1998）提出平衡记分卡与企业战略相联系的模式正是业绩评价指标的发展方向。班克等（2001）也认为平衡计分卡精彩之处在于它阐明了业绩评价指标和战略目标间的关系，而一旦明晰了这种联系，战略目标就能进一步转化为可执行的评价指标进而提升管理效率，改善企业业绩。卡普兰和诺顿（2004）还提出以战略地图的图形形式描述企业战略，以解决企业战略无法准确描述的问题，使企业依托平衡计分卡框架寻找业绩衡量指标更具有目的性。

在业绩评价指标及体系得到学术领域和实务界重视和不断改进的同时，开始有研究者认识到，业绩评价本质上是管理手段而非目的，业绩评价系统不断完善的根本目标在于通过业绩评价信息获得准确的判断，进而有效配置企业资源并激励员工努力实现组织战略（张朝宓等，2007）。然而，从管理工具到目标的达成中间有一个关键衔接环节，即信息使用者对业绩评价信息的正确解读并做出正确的判断，因此业绩评价者对信息的认知实际上也是影响业绩评价体系效率和效果的重要影响因素。而现有研究对业绩评价系统中的评价主体（即业绩信息使用者）的重视并不充分，毕竟业绩评价不仅是一套管理方法和指标体系，更是汇总和传递管理控制信息的系统。正如霍普伍德（Hopwood，1973）指出，实际经济活动中的组织是由彼此交织的人类行为叠加的复合实体，其运作的首要因素即人的行为。早在帕蒂等（Patty et al.，1978）关于绩效评估处理中社会认知过程的行为研究即发现，组织和环境因素在认知过程中起着重要作用，并提出绩效评估精度受评价主体动机、能力及评价规范可获得性的共同影响。此后不少研究也发现，绩效判断的质量取决于评价者的信息处理能力及战略，评价者在处理和使用业绩评价指标体系信息时并非是完全理性的。特别在20世纪90年代以后，随着多重指标体系的业绩评价方法在企业评价实践中的应用，大量学者开始关注业绩评价指标的多样化对管理者和员工的行为影响，以及业绩指标体系信息的决策有用性。这些研究重点集中于信息使用者的行为学分析，表现为对“财务与非财务指标的不同认知”“激励心理效应机制”以及“启发式认知偏向”等更偏向评价主体视角的探讨和检验（Jacob，2000）。例如利佩和索尔特里奥（2000）基于实验研究方法，检验了在评价各项目单元工作绩效时“信息使用者偏好使用具有可比性的共同性指标，而不是更能反映各自战略特点的专用指标”的认知特征。其研究发现，高级管理者在评价业务单元业绩时，只关注不同业务单元的平衡计分卡都包含的共性指标而忽略个性指标，这种信息使用者的认知偏差使平衡计分卡不能有效地将战略与业绩评价指标相联系。此后在利佩和索尔特里奥（2002）的后续研究中，平衡计分卡评价指标在实验情景里被严格分类、调整信息结构，这项实验观察到，经分类的信息提高了实验者的认知能力，有助于克服多指标复杂系统下信息使用者的认知困难。班克等（2004）也基于实验研究方法，将平衡计分卡指标分类为战略和战略无关指标两类，探讨指标的战略信息（在实验中主要被具体化为战略地图形象）对使用者评价业务单元业绩的影响。其研究发现，没有详细战略信息的信息使用者主要依据共同性指标做出判断；而当评价者拥有更多详细战略信息时，会更多关注和考虑与特定战略有关的专用评价指标。刘俊勇等（2011）则基于实验研究方法，以战略地图描述业务单元战略，分析被试在评价业务单元业绩时的指标选择，其研究发现也有战略信息的实验参与者更加依赖个性指标，而无战略信息的实验参与者更加依赖共性指标。约翰逊等（2014）通过设计一个 2（Between - subjects）×2（Between - subjects）×2（Within - subjects）的实验情景，同时引入战略实施时间轴（Timeline）和对战略有效性的相信程度（Perceived Strategy Effectiveness）作为研究自变量，探讨了业绩评价中的战略实施规划以及人们对战略信息的认知和理解是否影响业绩评价者对非财务指标的重视程度。在实验中，战略实施时间轴变量实际为战略地图中实施战略的时间进程信息是否呈现在被试的评价过程中，而对战略有效性的相信程度变量则是被试在 11 分量表中，对认为实验中的战略能有效提升评价单位的业务量及营业利润的程度进行打分，1 分为战略的效力“很微弱”，11 分为战略的效力“很强效”，被试打分不大于 7 分时，为战略有效性的相信程度低组，其余为战略有效性的相信程度高组。来自美国一所高校的 111 名在校 MBA 学生参与了试验，其平均工作年限为 8.4 年。实验结果发现，当被试在评价过程中有实施战略的时间进程信息时，被试对平衡计分卡中财务业绩指标的“锁定”和依赖会减轻；对战略有效性相信、接受程度更高的被试更关注与战略相关的业绩信息，也会减轻对单纯财务业绩指标的“锁定”。此外，迪利亚和施泰因巴特（Dilla 和 Steinbart，2005）的研究发现，信息使用者个人特征也在评价过程中有重要影响，具有平衡设计经验和平衡计分卡结构知识的决策者，在业绩评价决策时会同时注意共性和独特性指标。张朝宓等（2007）的实验研究也发现，越是具备“评价经验”的认知者越是看重评价体系中的结果类指标，而拥有详细战略信息的被试却越轻视结果类指标，该研究结果也说明认知者个人特征是平衡计分卡信息使用过程的重要影响因素。

组织面对的最重要的挑战之一就是保证代理人的决策和努力与组织的利益保持一致，业绩评价正是达成这一目标的重要环节。委托人通过设定业绩目标来引导代理人的努力方向并激励其付出努力，通过衡量代理人的业绩来告知他们应当做出何种决策并给予何种程度的努力。同时，当代理人的行为与成绩符合组织的利益需求时，委托人则需要有效地对代理人的努力进行奖励和回报。组织一个常见的做法就是通过契约将结果性的衡量指标是否达成与代理人的薪酬紧密联系，对代理人达成的成绩做出相应的奖励。然而，客观性的结果指标的设定往往也存在着局限，其基本上只能针对最终或过程中的结果做出设定，而不是针对努力本身，但组织真正需要的是代理人的努力与组织的利益相一致，而代理人也期待组织可以有效对其努力给予回馈。同时，客观性的结果指标也易受到情景噪音的影响，如外部经营情形的变动、“运气”因素等，这同样会使得业绩指标并不能合理地引导和衡量代理人的努力，最终导致业绩评价任务并不能达到使代理人的努力跟随组织利益需求的目的。而主观业绩评价，即在业绩平时引入自由裁量权等主观性行为，似乎可以弥补客观业绩评价的不足，与客观业绩评价结合使用，合理引导代理人的努力与组织的利益相一致，并尽量消除在业绩评价中不能合理反映代理人努力的噪音因素。

从 20 世纪 90 年代初开始，就有不少学者开始探讨主观性在引入业绩评价或与客观业绩评价结合的效果。如卡尼斯和罗伯特（Canice 和 Robert，1993）针对实践中业绩评价存在的问题，结合现实中组织在业绩评价里使用主观性的情形和现象，从理论上分析了主观性在员工激励以及薪酬设定有效性方面的作用。类似地，贝克等（1994）针对业绩评价中客观性指标的不完美性，以及激励合约等越来越多包涵主观性因素的情形，进一步细致地分析了在显性合约或隐性合约中组合使用主观业绩评价和客观业绩评价的情形。在建模并进行理论推导后他们发现，对于努力激发，在显性契约中主观性的应用效果要高于隐性契约，且分析了不同主观指标和客观指标权重分配可能造成的影响。他们同时发现，在某些特定情形下，单一的显性契约或隐性契约中使用主观性产生的正向激励效果不如在显性与隐性契约结合的情形。因特尔等（2003）直接以基于真实公司情景的实地研究，探讨主观性在多维度业绩评价体系中的应用效果，具体地检验不同的业绩评价指标在引入主观性的赋权情形及相应影响。基于一家财务公司的 1995—1998 年的实地数据发现，主观性的引入也会影响到平衡计分卡的使用效果，使业绩评价者在评价时忽略与战略紧密相关的信息维度（财务维度和客户维度），并造成评价者较多考虑平衡计分卡四个维度之外的因素。同时，在平衡计分卡使用时引入较高程度的主观性使得分部经理抱怨奖金分配时出现“偏爱”现象并怀疑评价及奖励分配的合理标准。最终，该公司也在后期逐步放弃了主观性在多业绩评价体系的使用。在吉布斯（Gibbs，2008）评述中，作者针对实践中的主观性赋权及配合多维度业绩评价体系中非财务指标的应用提出了自己的见解。作者认为对于非财务指标而言，相应的主观赋权不能只当作客观指标的补充，相比于定量指标，定性指标有着自己的优势，不应只居于补充的地位。并提出即使存在着完美的客观指标体系，也应在业绩评价体系中匹配相应非财务指标和主观权重。同时，提出激励形式也应当匹配评价方式，除现金激励外，相应使用非现金激励，如晋升机制等。博尔（2008）对主观性在业绩评价中的使用进行了一次文献回顾，其对主观性的关注主要侧重于激励机制中员工努力程度有效衡量和相应的薪酬匹配，据此分析相比于客观指标，主观性在业绩评价中的作用。其以委托代理理论为基础，并补以行为学理论，基于现有文献探讨了主观业绩评价在理论范围内和实际使用中的优缺点，并提出了未来的研究方向。伍兹（Woods，2008）则探讨何种因素可影响上级使用自由裁量权对客观业绩指标进行补充并做出评价，使用了全世界范围内 12 个审计分部 111 个审计经理的调查问卷数据，在这些受访者中，公司均赋予其所在上级单位在客观业绩的基础上主观调整评价指标的权力。作者通过调查研究发现，当上级觉得客观业绩指标并不完善，不能得到有效验证，并且有太多干扰因素时，他们会选择使用主观业绩评价，此时主观性指标的引入有着积极的激励效果。但实践中主观性既存在一定的好处，也会引发一定的成本。其调查也发现，上级也会因为其自身的偏好、与分部经理的关系等运用相应的自由裁量权，这会造成一定的契约成本。拉詹和雷切尔斯坦（Rajan 和 Reichelstein，2009）则比较了衡量管理者业绩时主观与客观指标的作用，其理论模型首先假设管理者的激励可同时受到主观业绩与客观业绩两者的影响，并设定了一个通过评价限定自由裁量权作用的规则，规则囊括所有的激励方法。作者基于假设和分析模型分析了传统的委托代理设定中主观性指标使用失效的情形和原因，并进一步探讨了主观性信息在相对业绩评价和多人业绩评价中的可能的作用。隆等（Long et al.，2015）着重关注主观业绩评价在多维度业绩评价体系中的具体应用情形。作者构造了一个 2 × 2 的被试间实验设计，119 名 MBA 学生作为被试参与到实验情景当中，每名被试需要依据一个四个维度的业绩评价体系进行打分，而且在评价打分的过程中，被试还会被告知影响被评价业绩的情景信息，例如市场环境等。在该情景中，作者主要关注两个研究变量，一个是评价者是否被提供一个常见的权重权数集作为参考（例如告诉被试在过去的评价中，评价者会平均分配在四个维度的权重，每个维度赋权 25%），另一个研究变量则是最终的业绩是否显著高于或低于业绩目标。实验结果发现，当提供一个参考权数集时，评价者会较少将管理者不能控制的因素纳入评价范围，而评价者评价业绩打分的正负程度也与管理者是否考虑不可控因素呈负相关。卢夫特等（2016）进一步认为，虽然完全依据客观的会计业绩指标进行评价欠缺一定的准确性，但引入主观性后，不仅评价者在进行主观评价时可能引发一定的成本，主观性的成本也来源于下属的判断，特别当下属对上级如何使用主观性信息不确定时。基于经济学中协调失败概念的相应分析，作者发现使用客观业绩评价虽有缺陷，但其优势也可以弥补其不足：使下属在上级评价和给予激励时考虑更少的协调失败因素，同时在协调失败时减少了负面感知。

为合理引导代理人的决策和努力与组织的利益相契合，业绩评价体系实际构建和使用中常见的做法是将薪酬契约与业绩评价结果挂钩，根据代理人的业绩目标完成情况确定薪酬，经由业绩评价对代理人达成的成绩给出相应的回报（Datar et al.，2001；Baker，2000；Bouwens 和 Jiang，2016）。基于评价过程中是否涉及自由裁量权的引入，对代理人行为和成绩的考量又分为主观业绩评价和客观业绩评价，尽管在实务中不少组织会有意识或无意识地将两者结合使用（Ittner 和 Larcker，1998；Ittner et al.，

2003；Luft，2009），但其在理念上仍存在着本质的差异。

客观指标在业绩评价中应用时可以在契约中明确标的，但应用客观指标的考评也存在着努力并不能被客观指标完全捕捉（Canice 和 Robert，1993；Baker et al.，1994；Gibbs，2008；Luft，et al.，2016）、侧重于结果性指标而忽略努力的过程（Gibbs et al.，2004；Bol，2008）、客观指标易被锁定并故意操纵完成（Gibbs et al，2004；Woods，2008）、易受噪音的影响（Bol，2008；Rajan 和 Reichelstein，2009）等缺陷，引致业绩评价任务有效性的减弱，还可能会造成评价双方机会主义动机的出现：评价者担心员工未认真付出努力，而员工则担心评价者不能对其努力程度进行合理评价（Fisher et al.，2005）。客观业绩评价的缺陷主要源于客观业绩指标的设定基本上只能针对最终或过程中的结果进行设定，而不是努力本身，组织真正需要的又恰是各级员工的努力与组织目标和利益相符，被评价者也期待组织可以有效对其努力进行回馈。同时，客观性的结果指标也易受到运营情景的影响，如外部经营情形的变动、“运气”因素等，这同样会使得业绩指标并不能合理地引导和衡量代理人的努力，最终导致业绩评价任务并不能达到使代理人的努力跟随组织利益需求的目的。主观业绩评价，即在业绩平时引入自由裁量权等主观性行为，似乎可以弥补客观业绩评价的不足，与客观业绩评价结合使用，合理引导代理人的努力与组织的利益相一致，并尽量消除在业绩评价中不能合理反映代理人努力的噪音因素。

因此不少组织在评价中引入自由裁量权等主观性行为，以弥补客观业绩评价的不足，尽量消除不能合理反映员工努力的噪音，合理引导其努力与组织利益相一致。由于主观业绩评价可以容许组织将相关的非契约性信息用以更全面地评估员工的业绩，不少组织在实务中也广泛使用这一评价方法（Baker et al.，

1994；Feltham 和 Xie，1994；Ittner et al.，2003；Chow 和 Lin，2006）。但同时，自由裁量权的引入也可能在业绩评价过程中引致一些成本，如评价者信息处理过程中的评价偏误、偏爱行为、仁慈和压缩偏差等（Ittner et al.，2003；Woods，2008；Luft et al.，2016；Bol et al.，2016）。

当前许多研究从组织结构、薪酬设计、管理者行为等角度，比较了主观业绩评价与客观业绩评价在实际应用中的优劣和有效性。然而，这些文章大多基于传统委托代理（或契约）理论，关注焦点仍在于探讨研究业绩评价方式对评价者的影响，很少研究关注业绩评价方式对被评价者的影响。同时，仍限于古典经济学有限理性人的假设，着重于个人的单纯经济偏好和效用。但如前所述，行为经济学发现，个人除经济偏好和效用外还存在着社会偏好（Frey 2006，2007；Besley 和 Ghatak，2008；Ariely et al.，2009），源于社会偏好的心理感知同样会影响员工的努力程度。业绩评价方式不仅通过经济因素影响代理人行为，也可能通过非经济因素影响代理人努力。

在对比分析主观性在业绩评价中优劣的同时，许多文献侧重于主观性在薪酬机制设定的应用效果，从契约形成的角度探察主观性对奖金等薪酬分配的影响以及相应代理人的反应，讨论引入主观性后如何进行合理的薪酬设定以有效激发员工努力，进而最终提升相应组织业绩。毕竟，主观业绩评价的目的即在合理评价的同时寻求切实有效的激励方式使被评价者更积极地付出努力以契合公司的目标。因此，关于如何设定薪酬机制也正是主观业绩评价文献一个重要研究脉络。如拜曼等（Baiman et al.，1995）探讨了引入主观性信息能否提升奖金池（Bonus Pool）的使用效率，基于其模型假设和条件设定，作者发现当引入委托人的自由裁量权时，奖金池的使用将得到帕累托最优改善，公司的整体利益也得到提升，但这并不能对代理人的努力形成有效激励。麦克劳德（MacLeod，2003）基于数学分析模型探讨主观业绩评价在薪酬设计中的应用，其基础模型是源于传统经济学中的最优契约理论，将薪酬与可验证薪酬指标挂钩，同时主观性（区别对待）作为变量引入设定中。经过模型推导，作者发现若存在这种主观性，个人的薪酬与业绩均会降低。此外，其模型还发现使用正向的奖金激励会比解聘等威胁方式更有激励效果。吉布斯（2004）则基于公司运营的实际情形，使用250个汽车销售商的526个部门经理的调查样本数据，探讨在何种情景下公司在分配薪酬时会更多使用主观性（即自由裁量权），同时也关注这种主观性在分配机制中的应用对员工努力和公司的业绩影响。其研究发现，在公司业绩薪酬的设定中较难使用定量的评价指标时，以及在市场变动较难被把控时，公司在薪酬分配时确实会更多引入自由裁量权，主要目的在于帮助员工减少薪酬突降和波动的风险。进一步的，作者还发现自由裁量权的使用程度分别与公司长期无形资产规模、子部门的独立程度、奖励标的衡量难度以及持续性经营损失规模呈正相关关系，并发现评价者的任期越长时，主观性对员工努力和公司业绩影响的正向作用越明显。别布丘克和弗雷德（Bebchuk 和 Fried，2006）则分析了不同管理层权力以及影响力对薪酬机制设定可能的影响，提出通过契约将管理者能力与薪酬完全紧密结合的假设是不现实的，而管理层的权力和影响力大小正是薪酬机制的一个关键性因素。在探讨主观指标与客观指标配合管理层权力机制的同时，作者也提出了薪酬设计时的若干原则。在拉詹和雷切尔斯坦（2006）探讨主观业绩指标与自由裁量权现金池的关系时，作者提出能真正反映管理者水平的因素往往较难被量化并形成相应有标准的指标，故不能有效通过契约对其进行固化和衡量，此部分能力与信息本身很有主观性。因此作者认为委托人必须依据主观信息设计激励制度，一种好的办法和合理的机制就是设计可使用自由裁量权的奖金池。按此逻辑，作者通过数学建模和推导，发现在使用自由裁量权奖金池的情形中，当主观指标是比较精准的信息时，或者主动参与奖金池机制的代理人较多时，这种激励机制的代理成本将降低。同时，当主观性指标是比较精准的信息时，其主观信息在评价中的权数上升会降低额外成本，甚至低于单一只使用客观指标的情形。达维拉和佩纳尔瓦（Davila 和 Penalva，2006）关注公司治理结构与薪酬体系、业绩衡量权重的关系，其未直接探讨主观性，但在权重的设定方面引入了自由裁量权的使用。作者探讨了公司治理结构是否会影响公司的薪酬体系设定，特别是指标权重设定。其研究结果发现，当公司的管理层有较大权力影响治理结构时，他们会给出更多的权重在会计指标而非股价等可控性较弱的指标。当管理层权力未得到有效约束时，其薪酬结构也有着明显特点：较低的波动性、高比例的现金薪酬。其发现印证了当有更大权力时，管理层会影响契约设定并较多使用自由裁量权给出更多权重于自己可控性指标上，以减少自身薪酬的波动性。安和玄（Ahn 和 Hyun，2014）探讨了主观业绩评价时影响评价者主观性文字评价的因素，以及主观性文字评价的影响。作者发现，当评价者面对低的信息获取成本、高对抗（与下属）成本时，会有更强的内在动力提供文字评价。另外，作者发现当被评价者受到更多信息的文字评价时，会提升其努力程度，最终提升业绩。博尔等（2015）则关注在契约期间非可控的因素和新信息冲击当期会计指标，造成会计信息不能合理反映员工当期对公司业绩真正贡献的情形下，自由裁量权与薪酬体系的匹配机制。作者探讨了哪些因素可以影响管理者是否使用自由裁量权、管理者如何使用自由裁量权，以及较少非可控因素对薪酬的负面影响。他们分析未来非可控负面事件出现的可能性以及薪酬设计独立性这两种因素对管理者自由裁量权的影响。运用实验研究，作者发现薪酬设计中缺少奖励独立性时，被试更加倾向使用自由裁量权，这特别出现于在未来负面事件可能性较低的情形下。

虽然主观性在业绩评价中的使用以及自由裁量权的引入从理论的角度可以弥补客观业绩评价不能完全有效衡量员工努力的缺失，并允许就存在前景影响因素的情况下对被评价者的打分进行相应调整，以给予恰当的奖励，使被评价者充分感受到努力得到了回报，并引导代理人或员工的努力方向与组织利益有效契合，最终有效提升员工的努力程度和组织业绩。但主观性实际的使用效果可能并不能有效达到“初衷”，其应用过程中可能存在着各类问题使主观业绩评价的效果大打折扣，甚至事与愿违。毕竟无论是主观性指标或客观性指标的应用，组织业绩评价系统的目的即保证雇员的努力得到公平和精确的评估，这样组织可以准确合理地奖励较好完成组织利益的雇员。但假如主观业绩评价的引入使评价过程出现偏误或者不公平性，这就会对组织合理评价并奖励雇员的过程与结果带来不利的影响，引发主观业绩评价的使用成本。类似的问题和成本常出现于评价者不能合理准确地使用主观性进行评价的情况下，例如在使用主观性时的偏袒行为，“仁慈”偏差，“折中”偏差，因对待风险态度不一致的不合理调整，“锚定”于客观业绩、前期业绩以及无关业绩的评价偏差。若较深层次地分析这些偏差出现的缘由，其中最重要的因素即主观业绩评价的实施者——人类。大量行为学研究发现，与传统经济学假设的“理性人”不同，现实经济活动中的人类往往会表现出更加“人性”的一面。一方面，对于信息的处理过程，人类难以达到“理性”如机器般毫无遗漏地完全搜寻完备信息、加工处理信息，不受其他干扰信息的影响，并进行精确计算，推断未来风险及相应概率，及时有效地做出准确的信息决策（如评价决策）。另一方面，人们的偏好也并非完全如传统经济学假设般只关注经济利益，长期保持一致、有序的经济利益最大化效用函数。由于人类处于真实的社会经济环境中，人们在现实的经济活动中往往存在着对公平、正义、善良等偏向“人性”的社会偏好，同时也存在着情感启发等源于人际关系的情感偏好，而在业绩评价这一经济活动实践中，作为现实生活中的评价者也往往难以排除这些因素的干扰。与此同时，作为被评价者的员工有着类似的认知偏误和社会偏好，评价者与被评价者双方的互动往往会加剧主观性在业绩评价中造成的偏好和成本，最终影响评价和相应的激励效果，甚至组织的业绩。与此同时，组织行为因素，如组织架构的设计，上下级职权的分配等，也会作为情景动因涉及其中。

早在 21 世纪初，即开始有学者关注主观业绩评价中的行为动因（如社会偏好等）和认知（信息）因素的影响。汉南等（Hannan et al，2002）在探讨互惠效应时，即涉及主观性问题，提出员工的经验和知识差异会影响到员工的主观性认知，导致不同的行为表现。作者发现当公司提供更高的工资水平时，即使没有任何的奖励和惩罚手段，但员工仍会选择不同有差异的努力程度。菲舍尔等（Fisher，2005）则集中考察雇主和员工在工作和业绩评价时各自的机会主义行为动机，雇主担忧员工未付出全心全意的努力去工作，员工则担心其努力不会被雇主观察到并且得到合理的薪酬，这样的“猜疑”往往存在于工作环境中。作者将主观性（自由裁量权）纳入该研究中，以实验研究方法探析奖金池规模和分配的自由裁量权是如何影响雇主和员工的机会主义动机的。研究结果发现，当雇主拥有对奖金分配的自由裁量权而无奖金池规模的自由裁量权时，组织业绩和员工薪酬、员工边际利润贡献均得以提升。在一定程度上说明，雇主自由裁量权的合理应用可刺激员工努力的积极性，减少双方的机会主义行为。博尔和史密斯（2011）在主观业绩评价时溢出效应（Spillover Effect）是否存在及其影响，即不同的评价维度指标间是否会有相互作用并造成评价者的决策偏误。在其实验中，上级需评价下属的行政管理能力。但他们的实验结果发现，当给予自由裁量权后，上级在评价下属的行政管理能力时会掺杂对下属销售业务能力表现的评价，即使实验中会明确告诉评价者这是两种不同维度的能力和评价任务。同时该文中还引入了社会偏好因素“公平”，当评价者发现被评价者销售业绩差的原因并非是个人而是市场环境造成时，他们会安慰这种坏“运气”，从而给被试相对较高的评分，但当被评价者走“好运”时，即市场环境好时，他们并不会降低打分，即并不惩罚好运气。该文的发现再次支持了主观业绩评价中评价者认知的有偏性。贝利等（2011）则关注管理者主观业绩评价和自由裁量权现金池分配等信息处理过程中，锚定与调整启发式偏差的存在及其可能的影响。该过程中的锚定与启发式偏差，即管理者在分配奖金池时，会依据某些定量信息作为基础信息（锚定信息），然后在依据定性的信息进行调整，这样的调整往往又具有不完全性，导致信息使用不完全的调整幅度不充分。其通过实验研究发现，评价者在使用自由裁量权的过程中确实会使用锚定和启发式策略。但同时也发现，当管理者是部分使用自由裁量权（对比于完全使用自由裁量权的情形）时，他们会较少受锚定与调整启发式偏差的影响，会更大程度地使用非契约信息。马斯等（2012）则聚焦于团队情景下的主观业绩评价，并基于数理模型探讨团队情景下评价者的社会偏好对其信息处理过程和评价决策的影响。作者提出，当团队的整体表现实际是可以从会计信息系统中获取时，管理者往往有意愿获取额外有成本的信息进行补充，使管理者可更精准地考虑个人对团队整体业绩做出的贡献。同时，作者在管理者的效用函数中，增加了社会偏好的因素：公平和互惠。他们认为，当管理者更关注公平时，管理者会有更强的意愿获取额外的有成本的信息去评价个人对团队的贡献，减弱管理者使用团队总体信息的意愿，此时团队的总体业绩信息反而会成为一个噪音因素。类似地，当管理者存在互惠偏好时，管理者也会去探求额外的信息。费伦巴赫等（2015）同样关注主观业绩评价中的溢出效应，并结合分析了在此过程中评价者的信息处理路径，其按行为学理论将评价者的信息处理方式分为基于理性计算的分析式思维路径以及基于直觉和经验的启发式思维路径。通过实验，作者发现在对下属的业绩进行主观业绩评价时，评价者的打分会受到不相关事务的客观评价的影响（即溢出效应）。另外，作者使用眼动实验更加细致地分析了溢出效应中的认知过程。他们发现，评价者的信息处理路径会影响其在主观业绩评价中使用客观指标以及溢出效应的程度。具体而言，在使用理性分析的信息处理路径时，溢出效应出现的可能性和影响程度更低。其研究有助于更加细致地了解主管业绩评价和溢出效应中的认知过程。博尔和里尔（2015）关注目标设定时主观性的存在引致的委托人目标调整行为，委托人往往使用过去的业绩信息来修正和调整当年的业绩目标，但是这种信息的使用又并不完全。这种现象是一种针对目标设定的主观性，而且这种信息规则常常也会受到委托人和代理双方的支持，特别是在当委托人允许代理人以过去业绩为参照或借口而不上调目标时，此时代理人可以得到持续的经济寻租。该文应用大样本数据发现，当信息存在不对称时，这样的隐性契约会影响双方的信任度。布旺和蒋（2016）关注被评价者的经验是不是影响评价者主观业绩评价的一个重要因素，该文基于荷兰一家管理咨询公司

4 年的真实数据，研究发现组织会给经验更丰富的雇员多一些主观业绩薪酬，同时相比于经验少的雇员，对于经验丰富的雇员的薪酬预测准确性更低。其结果说明组织中资深的员工的业绩回报往往难以用公式去衡量，公司更加看重资深员工的“软实力”，这使得组织更愿意给予其更高的主观薪酬。克莱默和马斯（2016）则关注主观业绩评价会受到评价者之前经历的影响，结合平衡计分卡的评价场景，作者用眼动实验来探讨是否评价者在评价时按照之前的经验，过多关注平衡计分卡中不同的部分而造成评价偏差。其研究结果发现，业绩评价者之前的经验确实会影响其当期的主观业绩评价打分，但之前的经验并不会显著影响评价者对平衡计分卡信息使用模式，被试在平衡计分中的视觉搜索模式并未受到之前评价经验的影响。

在探讨主观业绩评价评价者认知偏误的文献中，有一部分文献特别关注评价者的“仁慈偏差”（Leniency bias）与“压缩偏差”（Centrality bias/Compression bias）这两类评价偏差，并在一定程度上形成了一派较成体系的研究脉络。仁慈偏差是指评价者在主观业绩评价中，对被评价者给出高于实际成果或高估的评分，而压缩偏差则是指评价者对被评价者的打分并没有明显有效地区分出被评价者不同层次的努力结果，表现出一种折中的评价行为。博尔（2011）基于荷兰一家财务服务公司 2 年的实地数据，实证性地分析压缩偏差（评价者压缩员工的业绩表现打分导致员工整体业绩差异化缩小）和仁慈偏差（评价者对于员工业绩给出高于实际的打分）的形成原因和相应后果。作者在变量构建中，衡量压缩偏差用的是主观业绩评价打分的方差与客观业绩评价打分方差的比值，而在衡量仁慈偏差时，作者使用的是主观业绩评价打分与客观业绩评价打分的差值。作者发现，当评价者与员工使用同一办公室且职能上有重叠，管理者与员工加入公司的时间相近，以及管理者与员工年龄、性别、学历差异小时，这种压缩偏差和仁慈偏差更易出现。同时，只有一致性偏差会对公司业绩产生负面作用，而仁慈偏差会对公司业绩产生正面作用。博尔等（2016）同样发现，管理者在使用自由裁量权时，并非如最初所期望般合理地考虑非指标信息使员工的努力获得合理的评价和相应薪酬，而是在实际使用时自发地提升对“弱员工”的评分。作者进一步指出，这种仁慈偏差与组织管理制度的设计也有着较大关系，在组织中，许多主观性的业绩评价被中层管理者执行，他们的利益并不紧密地与组织整体利益结合，这些评价者不需要完全严格地按照公司利益对下属进行考评，而且在进行评价时也往往有着个人成本等因素在其中，例如员工与被评价者的关系等。在该文中，作者运用实验探讨如何进行组织设计以减少管理者的仁慈偏差。实验结果发现，管理信息的准确性和结果的透明度在打分过程中起着重要作用，信息准确性确实可以减少管理者的“打分提升”行为，加强对好员工和差员工的区分，但这样的情形只出现于有较强业绩透明度的情形下。针对之前研究将仁慈偏差与压缩偏差分开考虑较多的情形，埃塞特（2016）在其数理模型中将仁慈偏差与压缩偏差同时纳入分析模型中，并考虑两者的交互作用，以及其影响员工努力和组织最终业绩时的情景变量，作者使用自由裁量现金池和不公平规避的社会偏好作为重要的调节变量。作者发现，仁慈偏差和压缩偏差均有着对组织业绩和员工努力的负面作用，但该作用大小受到奖金池自由裁量权大小和不公平规避程度的限制，甚至可能被完全消除。宫（2016）基于中国两家公司的实地数据，在分离的两个部门中（销售部门与研发部门）探讨影响仁慈偏差的因素，其着重关注于部门类型（销售 Vs. 技术研发）以及不同的业绩评价体系（比较打分 Vs. 自评分）这两个因素。运用实地数据，作者发现，在销售部门业绩评价中的仁慈偏差现象要低于技术研发部门，这是因为销售部门更易获得客观业绩指标信息。虽然前期业绩不会引致当期的仁慈偏差，但当采用比较打分的情形下，仁慈偏差更易出现，在自评分的情形中仁慈偏差会得到抑制。

随着主观裁量权的引入，业绩评价又分为主观业绩评价和客观业绩评价。在主观业绩评价概念提出的伊始，即有不少学者开始探讨主观业绩评价与客观业绩评价各自的优劣。主观业绩评价的使用主要表现为以下三类：直接使用主观性评价指标（或非定量指标），或采用定性指标与定量指标结合的方式；在依据客观性指标时允许客观性评价指标权重使用存在弹性，或在基于相应评价指标公式的基础上进行调整；允许事后依据其他因素使用自由裁量权调整，而非之前设定的评判标准（Gibbs et al.，2004）。针对客观业绩评价不能有效规避衡量员工努力过程中的噪音，形成激励扭曲等问题，人们逐渐关注主观业绩评价的修正作用，认为自由裁量权的引入可使组织在业绩评价时使用不能被客观指标捕捉的非契约信息以减少激励偏误，引导员工努力与组织利益相一致（Baiman 和 Rajan，1995；Budde，2007；Rajan 和 Reichelstein，2009）。对主观业绩评价有效性的关注又主要可以分为排除情景噪音影响、规避风险、提升和引导激励、减少机会主义动机等方面。

首先主观性的引入可以在一定程度上减少相应的薪酬波动风险，并缓解情景噪音对员工努力衡量时的影响。研究发现，当组织减少员工薪酬波动性的意愿越强（Gibbs et al.，2004），管理层的风险排除意愿更强时（Davila 和 Penalva，2006），主观业绩评价的应用程度越高。而当薪酬设计中奖励的独立性较低时，被评价者也更倾向引入自由裁量权，以排除负面风险因素的影响（Bol et al.，2015）。同时，评价指标的不可控因素（即噪音）

也是影响主观性使用的因素之一，Woods（2008）发现当上级认为客观业绩指标并不完善，难以得到有效验证并有大量干扰因素时，组织会积极使用主观业绩评价。当契约期间非可控因素较多时，主观业绩评价的使用可以减缓相应非可控因素对评价体系的影响（Bol et al.，2015），当存在一个设定的评价权数（即主观性下降）时，评价者较少考虑不可控因素，而当不存在评价权数时，评价者会更多考虑不可控因素的作用（Long et al.，2015）。由于客观性指标易受到噪音的影响，故在业绩评价时应注重主观业绩评价的使用，同时，主观业绩评价与客观业绩评价也应处于同等地位，而不将主观业绩评价仅限于从属的位置（Gibbs，2008）。

主观业绩评价可以弥补客观指标的缺陷，减少激励误导，减少组织与员工的目标差异，进一步提升员工的业绩表现。卡尼斯和罗伯特（1993）即总结回顾了现实中主观业绩评价的使用情形，从理论上分析了主观性的应用对员工努力激励的正向作用。班克等（1994）与拜曼（1995）分析了客观业绩指标的不完全性，并在理论模型的基础上论证了当主观性信息足够时，主观性和客观业绩指标相结合的业绩评价方式要优于单纯使用客观指标的业绩评价方式，并可以提升薪酬的有效性。主观性指标引入后，也会激发员工的长期努力（Gibbs et al.，2004），提升评价反馈的激励作用（Reichelstein，2009）。进一步的，研究者还发现主观性使用时的形式也影响其作用，更多的文字性评价信息会更易提升员工努力程度（Ahn 和 Hyun，2014）。

主观业绩评价引入还可以减少评价双方的机会主义动机，由于客观业绩评价的指标多是数字型定量指标，这使被评价者有动机仅仅迎合组织的指标设定，而不是真正付出努力；而其中的机会主义行为可能造成虽然提升了被评价者的个人薪酬，但却损害了组织的利益（Bol，2008）。主观业绩评价的存在可以通过事后的指标调整抑制该机会主义动机，甚至惩罚代理人的机会主义行为，吉布斯等（2004）也提出主观性指标的应用与客观性指标的易“迎合”程度呈正相关。伍兹（2008）同样认为主观性的使用程度应与客观指标的易操纵程度正相关，但他们并没有发现相应的经验证据。

与此同时，不少学者还分析了影响客观业绩评价和主观业绩评价使用的动因和契机，这部分研究多集中于组织结构设定、财务特征、管理层权力和情景因素等方面。不少研究发现在市场变动难以把控、难以设定定量指标时，自由裁量权的使用程度会上升以减少薪酬波动的风险（Gibbs，2004；Woods，2008；Bol et al.，2015），此时主观性指标的引入有着积极的激励效果与（Woods，2008）；同时，自由裁量权的使用程度还分别与公司长期无形资产规模子部门的独立程度、奖励标的衡量难度以及持续性经营损失规模呈正相关（Gibbs，2004）。管理层权力大小也与主观业绩评价的使用程度呈正相关关系（Bebchuk 和 Fried，2006），当管理层权力未得到有效约束时，其薪酬结构有着明显特点：较低的波动性、高比例的现金薪酬，管理层会影响契约设定并较多使用自由裁量权，给出更多权重于自己可控性指标上，以减少自身薪酬的波动性（Davila 和 Penalva，2006）；薪酬设计中缺少奖励独立性时，管理者也更加倾向使用自由裁量权（Bol et al.，2015）。同时，研究还发现，当组织评价体系中采用多维度业绩评价和相对业绩评价时，组织也更关注主观性的应用（Rajan 和 Reichelstein，2009；Long et al.，2015）。

理论上，在业绩评价中引入主观性，一定程度上可以弥补客观业绩评价不能完全有效衡量员工努力的缺陷，并考虑情境因素，对被评价者的打分进行相应调整，并引导代理人或员工的努力方向与组织利益有效契合，最终有效提升员工的努力程度和组织业绩。但主观性实际的使用效果可能并不能有效达到“初衷”，其应用过程中可能存在着一些问题，减弱主观业绩评价的效果，甚至事与愿违。因此，在主观业绩评价中应该注意这些问题。毕竟无论是主观性指标或客观性指标的应用，组织设立业绩评价系统的目的是准确公平地评估员工的努力。如果主观业绩评价使用得当，组织可以据此对员工进行有效的激励和奖励。但如果主管业绩评价中出现偏误或者不公平，就会对员工激励和奖励产生不利影响，引发主观业绩评价的使用成本。

这类成本首先可源于评价者在使用自由裁量权时的机会主义动机，由于组织最终层级的评价者多数是组织盈利的剩余索取者，代理人薪酬支付的减少即意味着委托人剩余利益的提升，而主观性的引入允许了评价者在评价时存在机会主义动机，有意压缩委托人的薪酬，从而提升自己的财富。引入事前奖金池能限制评价者此机会主义动机的措施为事前奖金池（Bol，2008）。拜曼和拉詹（1995）即应用理论模型发现，当引入奖金池时，评价者和被评价者都会得到帕累托最优改进；当奖金池涉及的薪酬相关人数更高时，每人的边际风险将会递减（Rajan 和 Reichelstein，2006）；现金池的引入不仅可以提升主观业绩评价的激励效果，也对客观业绩评价的应用有着正向作用（Rajan 和 Reichelstein，2009）。别布丘克和弗里德（2006）进一步结合管理层权力和影响力对薪酬机制设定可能的影响，提出了权力应与薪酬设计时的匹配规则和奖金池设定的若干原则。

同时，主观业绩评价使用时的成本还常出现于评价者不能合理准确地使用主观性进行评价，例如在使用主观性时的偏袒行为，“折中”偏差，因对待风险态度不一致的不合理调整，“锚定”于客观业绩、前期业绩以及无关业绩等评价偏误（Ittner et al.，2003；Woods，2008；Jiang，2016；Bol，2008；Kramer 和 Maas，2016）。若较深层次地分析这些偏差出现的缘由，其中最重要的因素即主观业绩评价的实施者——人类。大量行为学研究发现，与传统经济学假设的“理性人”不同，现实经济活动中的人类往往会表现出更加“人性”的一面。一方面这是有人类与生俱来信息的处理过程相关，人类难以达到“理性”如同机器般搜寻完备信息、加工处理信息，不受其他干扰信息的影响，并依据各类信息般精确无误地进行计算，推断风险和及时有效地做出准确地信息决策（如评价决策）。另一方面，人们的偏好也并非完全如传统经济学假设般只关注经济利益，保持一致、有序的经济利益最大化效用函数，由于人类处于真实的社会经济环境中，人们在现实的经济活动中也往往存在着对公平、正义、善良等的社会偏好。在业绩评价任务中，评价主体和作为被评价者的下级也难以避免类似的认知偏误和社会偏好，评价者与被评价者双方的互动往往会加剧主观性在业绩评价中的偏误，最终影响评价和相应的激励效果，甚至组织的业绩。与此同时，组织行为因素，如组织架构的设计，上下级职权的分配等，也会作为情景动因涉及其中。

早在 21 世纪初，即开始有学者关注主观业绩评价中的行为动因（如社会偏好等）和认知（信息）因素的影响。在因特尔等（2003）的实地研究中发现，主观性的引入会影响到平衡计分卡的使用效果，使评价者较多考虑平衡计分卡四个维度之外的因素，在评价时忽略与战略紧密相关的信息维度。同时，较高程度的主观性使得分部经理抱怨奖金分配时的出现“偏爱”现象和怀疑评价及奖励分配的合理标准，最终该公司也在后期逐步放弃了主观性在多业绩评价体系的使用。认知因素与社会偏好作用可以同时出现于主观业绩评价过程中，例如博尔和史密斯

（2011）的实验发现评价者会因认知原因（溢出效应）在评价时掺杂不同评价任务的信息，同时发现社会偏好因素“公平”会影响溢出效应的效果，安慰由市场原因而非个人能力造成的坏“运气”，给被试相对较高的评分，但当被评价者走“好运”时，即市场环境好时，他们并不会降低打分，即并不惩罚好运气。该文的发现支持了主观业绩评价中评价者认知的有偏性，也关注了社会偏好的影响。费伦巴赫等（2015）延续了溢出效应的研究，关注主观业绩评价中的溢出效应，结合评价主体在评价任务中的信息处理路径，发现在对下属的业绩进行主观业绩评价时，评价者的打分会受到不相关事务的客观评价打分的影响。贝利等（2011）也验证了评价者的认知偏差，探讨了管理者主观业绩评价和自由裁量权现金池分配等信息处理过程中，锚定与调整启发式偏差的存在及其可能的影响，发现管理者在分配奖金池时，会依据某些定量信息作为基础信息（锚定信息），然后在依据定性的信息进行调整，这样的调整往往又具有不完全性，导致信息使用的不完全的调整幅度的不充分。类似的，博尔和里尔（2015）也发现目标设定时主观性的存在引致的评价者使用过去的业绩信息来修正和调整当年的业绩目标，但是这种信息的使用并不完全，布旺和蒋（2016）的实地研究发现组织会给经验更丰富的雇员多一些主观业绩薪酬，说明组织中资深的员工的业绩回报往往难以用公式去衡量，组织更加看重资深员工过去的信息和呈现的“软实力”。克莱默和马斯（2016）“眼动”（Eye - tracking）实验结果也发现，业绩评价者之前的经验确实会影响其当期的主观业绩评价打分，但之前的经验并不会显著影响评价者对平衡计分卡信息使用模式，被试在平衡计分中的视觉搜索模式并未受到之前评价经验的影响。马斯等（2012）则聚焦于团情景下的主观业绩评价和评价者的社会偏好，他们发现，当管理者更关注公平时，管理者会有更强的意愿去获取额外的有成本的信息去评价个人对团队的贡献，从而会减弱管理者使用团队总体信息的意愿，此时团队的总体业绩信息反而会成为一个噪音因素。仁慈偏差（Leniency bias）和一致偏差（Centrality bias）也是评价偏误类型之一，仁慈偏差指当评价者在主观业绩评价中，对被评价者给出高于实际成果或高估的评分，而压缩偏差则是指评价者对被评价者的打分并没有明显有效地区分出被评价者不同层次的努力结果，表现出一种折中的评价行为（Bol et al.，2016）。当评价者与员工使用同一办公室且职能上有重叠时，管理者与员工加入公司的时间相近时，以及管理者与员工年龄、性别、学历差异小时，这种压缩偏差和仁慈偏差更易出现（Bol，2011），而这种压缩偏差和仁慈偏差对员工努力和组织业绩提升均有着负面作用（Essert，2016）。

从以上研究可以发现，在现今以平衡计分卡为主业绩评价指标体系不断改善并与企业战略、管控结合日益紧密的同时，已有学者开始注意业绩评价主体对信息的认知因素在业绩评价过程中因素。毕竟评价指标只是工具，而真正目的是评价者准确理解信息并据此有效做出相应决策，此时信息使用者的认知有着举足轻重的作用。而在繁杂的业绩评价体系中，人们往往也需要消耗大量的认知努力来处理业绩评价中各指标中的信息以完成业绩评价任务，但人们在此过程中难以完全以理性的方式充分获取并准确理解所有信息，并据此做出完全无偏的决策。由于人类大脑信息处理能力有限且并非如公式一样准确，人们在信息处理过程中常可能受偏差和启发式算法（Biases and Heuristic）的作用而影响决策效率和效果（Kahneman 和 Tversky，1971，1973）。数目启发式（Numerosity Heuristic）正是众多启发式算法和偏误的形式之一，而它又与管理会计信息特征及业绩评价任务特征有着紧密联系。基于前文的理论叙述，数目启发式是指人们在对数量或概率做出估计、判断时单纯以表面的数目作为其依据，而忽略其他重要信息（如计量单位）（Pelham et al.，1994）。不少行为学实证研究从数量、概率、货币等众多角度支持了数目启发式效应的存在（Yamagishi，1997；Raj et al.，1994；Yamagishi et al.，2006；Raghubir，2008），并探讨了数目启发式效应在人类经济活动中的影响（Chattopadhyay，2002；Wertenbroch et al.，2007；Burson et al.，2009；Pandelaere et al.，2011；Bagchi 和 Li，2012；Zhang 和 Schwarz，2012）。以上研究探讨了数目启发式的在人类生活中的广泛的适用性，并开始将这一心理学效应引入金融学和消费者行为的领域分析，揭示其在人类经济、管理领域的存在。而由于人类天性等原因，数目启发式效应在人类生活、工作中很难完全规避，大量研究也印证了其在人们经济活动领域的作用。但对于将数量视为“语言”的会计学科而言，现有文献却并未探讨数目启发式效应对会计信息使用者思维及行为的影响，特别是对于报告形式、单位都不统一的管理会计信息。在前文的研究中，本研究针对各类型的投资决策任务，设计了众多实验情景并谨慎稳健地以预实验和正式实验研究印证了数目启发式效应在管理会计投资决策任务中的作用，研究发现决策者在投资决策任务中使用数量及概率信息时受到数目启发式效应影响，并且导致决策偏差。且数目启发式策略可以与其他非理性行为同时出现并交互作用于管理会计信息使用者的决策过程中。作为管理会计控制系统中的另一个重要环节，以平衡计分卡为主流的多指标业绩评价体系自身也包含众多数量、概率信息，且其指标的构成、单位及呈报形式都十分灵活，并无统一格式，其数目与单位的各类结合形成数量信息的多样性，更容易增加信息主体的认知耗费。但现有文献却并未探讨数目启发式效应对管理会计信息使用者特别是业绩评价主体思维及行为的影响，这一问题的答案对探知评价者究竟如何理解、运用评价指标信息，以及如何进一步提升业绩评价信息乃至整个管理会计信息的有用性和决策价值都至关重要。

6.3 研究假设的提出

业绩评价作为现代企业管理控制的一个重要环节，侧重于对管理者的管理控制结果进行评价，根本目标是衡量各级管理者的战略实施控制活动的效果和效率（池国华，2005）。实现业绩评价的基础，则是在管理会计信息系统中生成并呈报的与业绩评价指标相关的管理会计信息。无论何种业绩评价体系，没有其指标对应的会计信息，就缺失了判断的依据，而会计信息又正是以数量信息作为主要的表述和衡量方式。一般而言，完成业绩评价任务必须同时依据两种信息——指标目标值和指标实际完成值，这两种信息都具有典型管理会计信息的呈报特点。与财务信息不同，管理会计信息主要立足于帮助组织内部管理者或员工了解组织运营情况，为其合理、有效做出相关决策提供科学的依据和方法。由于组织运营过程中众多管理控制任务的需求，管理会计信息呈报的信息量、信息报告频率、信息种类和报告格式类型都远超财务会计，业绩评价信息更是如此。自业绩评价指标诞生发展至今，实务应用中的业绩评价体系不仅框架多种多样，目标千差万别，构建的指标更是不胜枚举，仅平衡计分卡体系就包涵数以百计的评价指标，且指标的具体应用又因评价主体、评价对象等因素差异而各不相同。这造成业绩评价信息的种类、信息量、呈报时间的多样性都远超过定时、按统一格式、规定内容呈报财务会计信息。当面对大量任务及复杂任务时，人们需通过各种方式减少处理信息时的认知努力以减轻工作记忆中的认知负担（Speier，2006）。此时人们易依赖潜意识中的习惯性策略（Heuristic）甚至是本能来替代理性算法（Agorithm），以减少认知耗费，数目启发式正是这种习惯性策略之一。且业绩评价信息有着多元化、灵活性高的特点，既无标准的披露形式、信息内容，也不拘泥于统一单位，其中各类数目与不同量纲的组合更容易激发人们以单纯的数目来代替数量信息的倾向，从而在信息和形成决策过程中产生数目启发式效应。

更重要的是，业绩评价任务中相应评价指标常涉及两个基本数量——标准值（或目标值）和实际值，两者数量上的差异在不同单位下又常呈现不同数目形式：例如，净利润以元为单位呈报，目标值 10000000 元与实际值 1050000 元，则评价指标实际完成情况时在元单位下其数目差异为 50000；但以百万为单位呈报，目标值 1 百万和实际值 1.05 百万在百万单位下数目差异仅为 0.05，这种相同数量差异在不同单位下的数目差异现象与 Chattopadhyay（2002）和 Wertenbroch et al.（2007）研究中“货币幻觉”的情况十分类似，数目启发式效应很可能出现于人们此类信息处理过程中，以数目作为数量的主要关注点而高估大数目形式呈现的评价指标的完成情况，给予更高的评价。此外，由于业绩评价系统从单一指标发展为多重指标，从简单评价进化为复杂评价，以平衡计分卡为代表的多重指标评价体系已成为现今管理会计控制系统中业绩评价工具的主流形式，但这也给评价者的认知带来了更多挑战。信息使用者不得不耗费认知努力获取信息量庞大的评价指标信息，再对信息进行处理最终做出决策，且此类信息均以数量信息为载体，这更加容易使数目启发式这种以数目作为数量的代名词的认知效应出现在认知过程中，并影响评价者判断。因此，本书基于业绩评价中常用的平衡计分卡评价体系，探究数目启发式效应对业绩评价任务的影响。结合前文分析，本研究提出如下待检验的研究假说：

H1：在业绩评价任务中，数目启发式效应会导致决策者在处理数量信息时给予以大数目呈现的正指标数量信息更高的评价。

此外，除探讨业绩评价任务中数目启发式效应的存在性外，本章还将探讨数目启发式效应的作用是否会受信息使用者个人特征的影响。不少心理学及行为学研究发现，信息处理者的个人特征往往存在差异，而这也将影响思维及认知中固有缺陷在处理信息时的作用（Pandelaere et al.，2011；Zhang 和 Schwarz，2012）。在纷繁复杂的管理控制任务情景下，数量启发式可能出现于信息使用者处理数量形式信息的过程中，而其他认知特征也可能同时存在，并影响数目启发式效应的作用。不同的人常有着属于自己的认知特点（Cognitive Salience），其中一种认知特点与数目启发式效应有着天然的联系，这就是认知主体的思维形式（Mind – Set）。现有研究中数目启发式效应常见于不同数目与单位（量纲）组合的数量形式中，人们认知中的思维形式也正好与人类对数量信息两个构成部分——数目和单位的认知息息相关。在许多以数量信息为依据的决策情景中，被试需要对数目信息和单位信息的变动给予关注，由于人类认知能力有限，当需要节省认知努力时，人们常常倾向只针对一种信息敏感，即数目信息或者单位信息中的一种，此时认知主体更关注哪种信息与人们的思维形式有着密切关系（Peter 和 Olson，2008）。数目与微观层面（Small – picture view）信息相结合，它常常只代表着数字层面，而单位却展现着更为概括、全局的信息（Big – picture view），例如，一项工程工期需要 6 年，6 仅代表着数字，而时间单位年则传递出了工期的时间全景。根据解释水平理论（Construal level theory）（Trope and

Liberman 2003；Vallacher and Wegner 1987，1989），更关注微观层面信息的主体的认知中具象思维形式（Concrete mind－set）常占据思维主导，而关注全景信息的主体的认知中抽象思维形式（Abstract mind－sets）占据主导。也就是说，相比于抽象思维形式的认知主体，具象思维形式的认知主体更关注数目、数字等信息。

因此，当信息使用者更偏向具象思维形式时，数目信息更容易得到关注，其认知过程中对数目的大小及变动信息更加敏感，更容易受到数目启发式效应的影响；而当信息使用者偏向抽象思维形式时，其认知过程中对数目、数字信息并不如具象思维形式的信息使用者敏感，不易出现数目启发式效应。在管理会计任务环境中也是如此，由于业绩评价的信息使用者个人认知特征并不一致，故其在决策过程中可能受数目启发式的影响也有所差异。当业绩评价主体更倾向具象思维时，其很可能比抽象思维主体更容易在决策判断中受数目启发式效应的影响，而高估以大的数目呈现的数量信息；而当业绩评价主体更倾向抽象思维时，数目启发式效应在决策过程中影响并不突出，不会因大数目呈现的数量信息而给出比小数目呈现的数量信息的更高的评价和判断。因此，本研究提出如下待检验的研究假说：

H2：在业绩评价任务中，数目启发式效应会导致具象思维形式的决策者在处理数量信息时给予以大数目呈现的正指标数量信息更高的评价；而抽象思维形式的决策者则难以出现此现象。

6.4　预实验研究

6.4.1　预实验研究设计

由于数目启发式效应在业绩评价任务中的存在性是本章研究

的关键和前提，为检验上述，本章首先设计预实验测试数目启发式效应在业绩评价任务中的存在性。由于以平衡计分卡为代表的多指标评价体系业已成为内部管理评价的主流方法，故本章基于平衡计分卡评价方法构建实验情景：假定被试是一家橡胶塑料制品生产公司（ABC）的高层管理人员，公司旗下产品分为通信设备、音像器材、运动用品、健康医疗设备等四大类别，现阶段主要战略为增长型发展战略，目标是保证公司持续盈利。公司从事运动用品经营销售的“HISPORTS”业务部每年会例行接受ABC 公司总部的绩效评估。ABC 公司针对该业务部的运营实际情况，从财务、市场/客户、内部流程、学习与增长四个方面建立了一系列绩效评估指标。且对于每个指标，公司总部都给出了预期的目标值。

预实验中被试正式进入业绩评价决策任务前，需要完成一项简单的“HISORTS”事业部 PVC 产品广告策略的设定任务。该任务的情景为，“HISPORTS”业务部高级管理层针对 PVC 塑胶运动地板的广告策略展开分析，该业务部需要在以下广告方式中选择一种：（1）网络广告：选择 10 家访问量较高的专业体育网站（如华体网等），在其网页中插播广告。网络广告无时空限制，定向与分类明确，感官性强，从广告材料的提交到发布广告所需时间短，信息承载量大，广告成本相对较低，但其影响仅局限于有上网习惯的消费者。（2）电视广告：制作广告片在 2 家省级电视台播出，这一广告方式其冲击力、感染力强，覆盖范围广，与消费者最为贴切，但其信息量小，不能保留、传阅和反复观看，广告片本身制作成本高，周期长，广告播放费用昂贵。（3）报纸广告：选择 10 家综合性日报、晚报或专业体育报刊刊登广告。这种广告方式出版周期短，信息传递较为及时，信息量大，说明性强，易保存、可重复，但其表现形式相对单一，要求读者在阅读时排除干扰，集中精力，只有广告格外醒目时，才易引起注意。(4) 广播广告：选择受众多的 10 家广播电台进行广告，这种广告方式传播速度快，特别有利于时效性要求强的广告，制作方便，制作费用与播出费用较低，但其生命周期短，信息无法保留，信息内容少，传播方式单一。被试需要在 4 种宣传方式中做出选择，并简要说明理由。该决策任务和本书的研究目的无关，亦不涉及任何数量或概率信息，构建该任务的目的只为了引导被试尽快进入模拟公司经营的环境中。

在完成上述广告策略设定任务后，被试进入业绩评价任务情景。在实验材料中，被试首先被告知“HISPORTS”业务部每年需接受 ABC 公司总部的绩效评估。ABC 公司从财务、市场/客户、内部流程、学习与增长四个方面建立了一系列绩效评估指标。对每一个指标，公司均给出了预期的目标值。在上述简单介绍后，实验情景中以平衡计分卡的形式列示了 16 个来自财务、市场/客户、内部流程、学习与增长四个方面指标的目标值和实际完成情况。这 16 个指标分别是产品平均使用寿命；新产品、新业务收入；年营业额/客户数目；高新技术研究与开发投入；总资产；平均员工培训时间；产品交易次数/年；专利平均期限；预算内产品广告推广及发布次数；净利润；客户满意度；用于客户管理平均时间；员工满意度；经营现金流量；培训员工数；销售收入。被试作为 ABC 公司的管理人员，需要对“HISORTS”业务部的工作业绩做出评价。排除其他可能的干扰因素的影响，实验情景中的各指标完成的实际值均大于目标值，即均为正向、增长的指标。此后被试需要根据平衡计分卡中陈列的指标信息对业务部的工作业绩做出判断。被试被告知是 ABC 公司的高层管理人员，在一个满分 100 分的量表给出“HISPORTS”业务部经理的业绩评价，且不同分数段会对应高层对“HISPORTS”业务部经理不同的态度，0—10 分数段表示撤换该经理，10—20 分表示该经理业绩很差，20—40 分表示该经理业绩较差，40—60 分表示该经理业绩较一般，60—80 分表示该经理业绩较好，80—90 分表示该经理业绩很好，90—100 分表示该经理业绩杰出。该评分会决定“HISPORTS”业务部经理本年度的奖金，评分越高奖金越高。

在实验中，不同分组的被试会收到两类不同数量形式（数量相等）的材料，即被试组间不同的是平衡计分卡中各类指标的数量信息形式：在其中一组中，所有指标的目标值、实际完成值、实际值超出目标值部分均采用大数目的呈报形式，例如总资产以元为单位呈报，持续无故障生产时间用天为单位呈报，员工满意度用 1—1000 的打分区间呈报；而在另一组中，所有指标的目标值、实际完成值、实际值超出目标值部分均采用小数目的呈报形式，例如总资产以百万元为单位呈报，持续无故障生产时间用年为单位呈报，员工满意度用 1—10 的打分区间呈报。以实验情景中的持续无故障生产时间指标为例，在大数目组中，被试见到的平衡计分卡中持续无故障生产时间以小时为单位，目标值为 1428，实际值为 1559.04，实际值优于目标值部分为 131.04；而在小数目组中，被试见到的平衡计分卡中无故障生产时间以周为单位，目标值为 8.5，实际值为 9.28，实际值优于目标值部分为 0.78。虽然数目形式存在差异，但实际数量信息是一致的，1428 小时即为 8.5 周，为契合业绩评价任务的实践情形，实验材料中并无单位间换算的提示信息。

若被试在业绩评价过程中完全理性，则无论以何种货币单位（元或千元、天或年、小时或周等）表述指标信息均不会导致决策评分的显著差异。但若假设 1 成立，被试在业绩评价过程中受到数目启发式影响，则被试将感知到大数目信息如用小时为单位的 131.04 所代表的持续无故障生产时间增加值大于以周为单位的小数目 0.78 所代表的持续无故障生产时间增加值，从而给出更高的业绩评分。在完成上述实验任务后，被试需填写一份实验后问卷，除征集被试的性别、年龄、专业、在读学历等个人基本信息外，还通过一系列数字计算题和逻辑推理对被试的数学水平和逻辑能力进行测量。

6.4.2　预实验被试招募和研究过程

预实验于 2013 年 10 月 26 日在西南财经大学进行。预实验被试也是采取公开招募的方式，在学校教学区和生活区以及校园 BBS 上发布被试招募广告，每位被试参加实验则可当场获得 30 元的现金报酬，被试所获报酬与其业绩评价打分无关。共有 118 名被试参加了预实验（其中 25 名男生，93 名女生；58 名本科生，60 名研究生；平均年龄 22.34 岁；会计相关专业学生 19 名，其他专业 99 人，分别来自企业管理、工商管理、统计、金融等专业）。实验采用纸笔实验形式，被试随机进入两个实验室，一个实验室中所有业绩指标信息以大数目的形式呈现，而另一实验室中所有业绩指标信息以小数目的形式呈现。在进入实验室前，被试会随机领取一个实验代码，以此作为实验中的识别方式和最终领取现金报酬的凭证。被试进入实验室后，首先阅读实验说明，在实验员读完实验导语并确保被试明白实验流程后，统一发放实验材料。完成实验任务后，由实验员收走实验材料并发放实验后问卷。问卷完成之后，被试离开实验室并领取现金报酬。在整个研究过程中，被试不能相互交谈、讨论，不限制使用计算器、手机计算软件等计算工具。

6.4.3　预实验数据结果及分析

预实验共收集到 118 个样本，被试的性别、年龄、专业、在读学历等个人因素对打分的结果没有显著影响。如表 6－1 所示，在业绩评价信息以大、小数目形式分别呈报的两组间业绩评价打分的均值存在着显著差异（t＝2.04，p＝0.022）。该统计结果说明，面对同样数量的评价信息，由于数量形式（数目与单位的组合）的差异，业绩评价信息使用者给出了有显著差异的评价打分，这说明人们不可能避免人类个体认知心理因素的影响而完全以“理性经济人”的绝对状态参与经济活动。在预实验情景的业绩评价任务中，当以大数目结合小量纲单位的数量形式呈报业绩评价信息时，被试给出的评价打分显著高于以小数目结合大量纲单位的数量形式，这说明业绩评价信息使用者在处理信息的认知过程中受到了这种以数目作为数量主导的非理性认知因素——数目启发式的影响，并最终给出了有显著差异的评分。此外，通过使用如前所述的问卷中测试数学能力和逻辑能力的方法对被试的数学水平和逻辑能力的分析显示（见表 6－2 和表 6－3），高数学水平组与低数学水平组评价打分无显著差异（t＝1.096，p＝0.275），高逻辑能力组与低逻辑能力组评价打分无显著差异（t＝0.118，p＝0.906），这说明被试给出有显著差异的业绩评分并非因数学水平和逻辑能力的差异而得出。

表 6－1　　业绩评价预实验任务打分单样本均值检验

	数量形式分组	
	大数目形式组	小数目形式组
样本	59	59
业绩评价指标单位	元、天、小时 1—1000 打分	百万元、年、周 1—10 打分
评分均值	83.407	79.576
p	0.022**	

其中，***，** 和 * 分别代表在 1%，5% 和 10% 的显著性水平下显著。p 值为 one－tail 检验值。

表 6－2　业绩评价预实验任务打分高低数学水平组间均值检验

分组依据	数学水平	
	高数学水平组	低数学水平组
样本	74	44
业绩评价任务预实验评分均值	80.689	82.840
p	0.275	

其中，***，** 和 * 分别代表在 1%，5% 和 10% 的显著性水平下显著。

表 6－3　业绩评价预实验任务打分高低逻辑能力组间均值检验

分组依据	逻辑能力	
	高逻辑能力组	低逻辑能力组
样本	50	68
业绩评价任务预实验评分均值	81.36	81.588
p	0.906	

其中，***，** 和 * 分别代表在 1%，5% 和 10% 的显著性水平下显著。

预实验数据分析及统计结果符合本研究的理论预测，表明在业绩评价任务中面临数量信息做出判断时，被试倾向以数目启发式代替理性算法来推断数量大小，并最终做出有偏误的打分。在两组的业绩评价体系中，所有指标反映的经济实质是一致的，只存在有差异的量纲形式，例如货币单位元与百万元的区别、时间单位天和周的区别、评分量纲 10 分制与 1000 分制的区别。虽然在预实验任务情景的平衡计分卡中每一指标旁都标注了该指标的单位，然而似乎被试倾向于只关注指标在特定单位或量纲下呈现的数目，而给予指标单位或量纲本身较少的权重。由于实验情景中组间只有数量形式存在差别，其他信息均一致，因此推断被试在不同分组间显著的打分差异只能是由数量形式的差异造成的。由此可见，预实验结果和本研究的理论相符合，即在业绩评价任务中，数目启发式策略相比于理性算法是一种更直接、更快捷又节省认知努力耗费的解决问题的途径，但会造成判断的偏差。此外，实验结果还表明被试并非是因计算能力和逻辑推力能力的差异而导致业绩评价打分差异，这说明数目启发式策略独立于人类数学水平和逻辑能力而存在，理性计数和推理能力的高低并不能影响到人类依据数目启发式做出的判断。在预实验验证了业绩评价任务中数目启发式效应存在的基础上，本研究继续构建正式的实验情景更稳健地验证数目启发式效应在业绩评价中的影响，以及评价主体的个人特征是否影响数目启发式效应作用的发挥。

6.5 正式实验研究

6.5.1 正式研究设计

在预实验的基础上，为检验前文所提出的假设 H1 和 H2，本书针对管理会计中的业绩评价任务的数目启发式效应，继续以实验的形式测试数目启发式效应的存在和个人思维特征对数目启发式效应作用的影响。正式实验与预实验的情景相近，被试同样被假定为一家橡胶塑料制品生产公司的高层管理人员，并根据公司下设的“HISPORTS”业务部提交的平衡计分卡对该业务部的业绩进行评价。被试首先会接触到该公司的简单介绍并被告知公司的战略目标：ABC 公司是一家橡胶塑料制品生产公司，其旗下产品分为通信设备、音像器材、运动用品、健康医疗设备等四大类别，现阶段主要战略为增长型发展战略，目标是保证公司持续盈利。此后，材料中会介绍 ABC 公司对下设业务部业绩评价的方法：公司从事运动用品经营销售的“HISPORTS”业务部每年会例行接受 ABC 公司总部的绩效评估，ABC 公司针对该业务部的运营实际情况，从财务、市场/客户、内部流程、学习与增长四个方面建立了一系列绩效评估指标。且对于每个指标，公司总部都给出了预期的目标值。正式实验情景中以平衡计分卡的形式列示了“HISPORTS”业务部 15 个来自财务、市场/客户、内部流程、学习与增长四个方面指标的目标值和实际完成情况，而被试作为 ABC 公司的管理人员，需要对“HISPORTS”业务部的工作业绩做出评价。平衡计分卡中涉及的 15 项指标分别为：产品平均使用寿命；新产品、新业务收入；年营业额/客户数目；高新技术研究与开发投入；总资产；平均员工培训时间；订单处理数量；持续无故障生产时间；净利润；客户满意度；用于客户管理平均时间；员工满意度；经营现金流量；培训员工数；销售收入。该 15 个指标中有些与预实验指标相同，有些则是新引入的指标。与预实验平衡计分卡设计有明显差异的是，正式实验指标除列示目标值、实际值、增加值之外，还列示了每一项指标实际值超过目标值的比率。引入增加比率的考虑是，虽然大小数目组间平衡计分卡中每一项指标的目标值、实际值和增加值会因为单位和量纲的不同而呈现不同的数目形式，然而实际值超过目标值的比率则在大小数目组中是相同的：比率的数值大小一致，且均采取百分比的形式。而相比于指标增加值，指标增加百分比也是一个更合理的考虑指标，因为指标增加值只反映了实际值超过目标值的绝对数，而指标增加百分比则更体现出了相对的增加规模和幅度。在管理会计实践中，指标增长或减少的比率也是一个常用的参考值。因此，在正式研究中引入实际值超过目标值的百分比，既为了更贴切地模拟业绩评价任务，也试图探索百分比是否可抑制数目启发式效应在业绩评价中的影响，毕竟在不同数目形式的情景中，虽然目标值、实际值以及增长值存在着数目形式的差异，但增长百分比是完全一致的。此外，为排除其他可能的干扰因素的影响，实验情景中的各指标完成的实际值均大于目标值，即均为正向、增长的指标。

与预实验不同的是，正式实验的设计为2（大数目形式Vs.小数目形式）×2（抽象思维Vs.具象思维）被试间设计。首先实验材料被分为大数目形式与小数目形式两组，组间不同的是平衡计分卡中各类指标的呈报形式：在其中一组中，所有指标的目标值、实际完成值、实际值超出目标值部分、实际值超出目标值的百分比均采用大数目的呈报形式，例如总资产以元为单位呈报，持续无故障生产时间用天为单位呈报，员工满意度用1—1000的打分区间呈报；而在另一组中，所有指标的目标值、实际完成值、实际值超出目标值部分、实际值超出目标值的百分比均采用小数目的呈报形式，例如总资产以百元为单位呈报，持续无故障生产时间用年为单位呈报，员工满意度用1—10的打分区间呈报。以实验情景中的持续无故障生产时间指标为例，在大数目组中，被试见到的平衡计分卡中持续无故障生产时间以小时为单位，目标值为1428，实际值为1559.04，实际值优于目标值部分为131.04，实际值优于目标值的百分比为9.18%；而在小数目组中，被试见到的平衡计分卡中无故障生产时间以周为单位，目标值为8.5，实际值为9.28，实际值优于目标值部分为0.78，实际值优于目标值的百分比也为9.18%。虽然数目形式存在差异，但实际数量信息是一致的，例如1428小时即为8.5周，为契合业绩评价任务的实践情形，实验材料中并无单位间换算的提示信息。

与预实验相同，在开始正式的研究之前，被试首先会完成一项“HISPORTS”事业部PVC产品广告策略的简单决策任务。该决策任务和本书的研究目的无关，亦不涉及任何数量或概率信息，只是为了引导被试进入模拟公司经营的环境中。该任务的情景为，“HISPORTS” 业务部高级管理层针对 PVC 塑胶运动地板的广告策略展开分析，该业务部需要在以下广告方式中选择一种：(1) 网络广告：选择 10 家访问量较高的专业体育网站（如华体网等），在其网页中插播广告。网络广告无时空限制，定向与分类明确，感官性强，从广告材料的提交到发布广告所需时间短，信息承载量大，广告成本相对较低，但其影响仅局限于有上网习惯的消费者。(2) 电视广告：制作广告片在 2 家省级电视台播出，这一广告方式其冲击力、感染力强，覆盖范围广，与消费者最为贴切，但其信息量小，不能保留、传阅和反复观看，广告片本身制作成本高，周期长，广告播放费用昂贵。(3) 报纸广告：选择 10 家综合性日报、晚报或专业体育报刊刊登广告。这种广告方式出版周期短，信息传递较为及时，信息量大，说明性强，易保存、可重复，但其表现形式相对单一，要求读者在阅读时排除干扰，集中精力，只有广告格外醒目时，才易引起注意。(4) 广播广告：选择受众多的 10 家广播电台进行广告，这种广告方式传播速度快，特别有利于时效性要求强的广告，制作方便，制作费用与播出费用较低，但其生命周期短，信息无法保留，信息内容少，传播方式单一。被试需要在 4 种宣传方式中做出选择，并简要说明理由。

在完成上述任务后，被试即进入到正式的业绩评价任务情景，被试被告知是 ABC 公司的高层管理人员，需要在一个满分 100 分的量表给出 “HISPORTS” 业务部经理的业绩评价，且不同分数段会对应高层对 “HISPORTS” 业务部经理不同的态度：0—10 分数段表示撤换该经理，10—20 分表示该经理业绩很差，20—40 分表示该经理业绩较差，40—60 分表示该经理业绩较一般，60—80 分表示该经理业绩较好，80—90 分表示该经理业绩很好，90—100 分表示该经理业绩杰出。该评分会决定 “HIS-

PORTS”业务部经理本年度的奖金，评分越高奖金越高。被试阅读完实验材料后，以1—100打分的形式做出判断。若被试在业绩评价过程中完全理性，则无论以何种货币单位（元或千元、天或年、小时或周等）表述指标信息均不会导致决策评分的显著差异。但若假设H1成立，被试在业绩评价过程中受到数目启发式影响，则被试将认为的大数目信息如用小时为单位的131.04所代表的持续无故障生产时间增加值大于以周为单位的小数目0.78所代表的持续无故障生产时间增加值，从而给出更高的业绩评分。在正式实验中由于增加值百分比的存在，若被试采用理性的评价策略，应更不易受到数目启发式效应的影响。

为验证假设H2，在完成上述实验任务后，被试需填写一份实验后问卷。在问卷中我们采用行为学中Robin和Daniel（1989）研究中测量被试符合抽象思维特征或具象思维特征的25个问题，衡量被试的思维形式（Mind - set）。这25个问题中每一个问题描述一个情形，被试需选择2个答案（分别是抽象思维形式答案和具象思维形式答案）中的一个，每给出一个抽象思维答案，被试得到2分，最后以得分样本的中位数将被试分为抽象思维形式类（得分高于中位数者）和具象思维形式类（得分低于中位数者）。根据假设2的推导，如果被试为具象思维形式，则更易受数目启发式的影响，具象思维被试更易高估大数目，而对以大数目形式呈报的平衡计分卡中的业绩信息给予比小数目呈报信息更高的评分。问卷除征集被试的性别、年龄、专业、在读学历等个人基本信息外，还统计被试的工作年限、管理经验、实际工作单位的性质、在单位中的职位高低等信息，并通过一系列数字推理题对被试的数学水平进行测量。此外，问卷中一开始即设置了两个检验问题（Check - Question）以检验被试是否认真完成实验。与预实验不同的是，由于考虑到信息使用者的管理和工作年限可能会影响到业绩评价中的信息处理过程，因此在正式实验中提高了参与实验被试的要求，寻找有一定实务工作经验和管理经验的被试参与实验。

6.5.2　正式实验被试招募和研究过程

正式实验于2015年1月10日在西南财经大学进行。被试来源于西南财经大学在职会计硕士班（即在职MPAcc班）。最终共88名被试参与（其中男性37人、女性51人），被试的平均实务工作年限为4.68年（最长17年，最短1年），平均年龄为26.8岁（最大39岁，最小23岁），有56人在实务中从事与财务相关的工作。故被试总体上性别差异不大，从事实务工作年限较长，且大部分被试均是财务的实务工作者。

正式实验也采用纸笔实验形式，实验材料分别为大数目数量形式组与小数目数量形组。被试随机进入到实验室中，且在每一实验室中，被试会随机收到大数目数量形式材料和小数目数量形式材料。在进入实验室时，被试会在实验室门口随机领取编号1—100的实验代码，并以此作为实验中唯一的识别方式，所有信息严格匿名，实验员并不知道每份材料由谁做出。被试进入实验室后，座位上依次摆放着实验流程说明，演算用的白纸和笔。进入实验室后，被试首先阅读实验说明，在实验员读完实验导语并确保被试明白实验流程后，统一发放实验材料。由于前面所述的分组方式，被试会被随机分到两个实验情形之一。在完成实验任务后，由实验员收走实验材料并发放实验后问卷，被试需要将实验代码填写在实验材料和问卷的封面。每位实验员在收取实验材料时会首先确认被试是否完成了实验情景中的业绩评价任务（即是否有业绩评价打分），确认无误后再发放相应实验材料对应的问卷。问卷除测量被试是抽象思维形式或具象思维形式的

25 个问题外，还包括被试的性别、年龄、在读学历等个人基本信息以及一系列数字推理题对被试的数学水平进行测量，同时问卷还征集被试的工作年限、担任管理职位年限、考评他人业绩年限以及在组织中的岗位层次。在整个研究过程中，被试不能相互交谈、讨论，不限制使用计算器、手机计算软件等计算工具。被试领取的实验代码是被试在实验中唯一的识别方式。在完成实验材料和问卷时，被试需将代码填在封面上，使实验材料和问卷相对应。

6.5.3 正式实验数据结果及分析

实验共收集 88 个样本，剔除没有正确回答问卷中 2 个检验问题（Check – Question）的样本 8 个，实验后问卷选项缺失的样本 1 个，最终共 79 个有效样本。被试的性别、年龄、专业、在读学历等个人因素对打分的结果没有显著影响。如表 6 – 4 所示，在业绩评价信息以大、小数目形式分别呈报的两组间业绩评价打分的均值存在着显著差异。该统计结果说明，面对同样数量的评价信息，由于数量形式（数目与单位的组合）的差异，业绩评价信息使用者给出了有显著差异的评价打分，这说明人们不可能避免人类个体认知心理因素的影响而完全以“理性经济人”的绝对状态参与经济活动。在实验情景的业绩评价任务中，当以大数目结合小量纲单位的数量形式呈报业绩评价信息时，被试给出的评价打分显著高于以小数目结合大量纲单位的数量形式，这说明业绩评价信息使用者在处理信息的认知过程中受到了这种以数目作为数量主导的非理性认知因素——数目启发式的影响，并最终给出了有显著差异的评分。此外，通过使用如前所述的问卷中测试数学能力的方法对被试的数学水平进行的分析显示（见表 6 – 5），高数学水平组与低数学水平组决策打分无显著差异（t = 1.176，p = 0.272），这说明被试给出有显著差异的业绩评分并非因数学水平差异而得出。

表 6 – 4　正式实验业绩评价任务打分单样本均值检验

	数量形式分组	
	大数目形式组	小数目形式组
样本	40	39
业绩评价指标单位	元、天、小时 1—1000 打分	百万元、年、周 1—10 打分
评分均值	79.525	76.949
p	0.09 *	

其中，***，** 和 * 分别代表在 1%，5% 和 10% 的显著性水平下显著。p 值为 one – tail 检验值。

表 6 – 5　正式实验业绩评价任务打分高低数学水平组间均值检验

分组依据	数学水平	
	高数学水平组	低数学水平组
样本	56	23
业绩评价任务评分均值	79.125	76.103
p	0.272	

其中，***，** 和 * 分别代表在 1%，5% 和 10% 的显著性水平下显著。

表 6 – 4 的数据分析及统计结果支持假设 H1，表明在业绩评价任务中面临数量信息做出判断时，被试倾向以数目启发式代替理性算法来推断数量大小，并最终做出有偏误的打分。这些结果和我们的理论相符合，即在业绩评价任务中，数目启发式策略相比于理性算法是一种更直接、更快捷又节省认知努力耗费的解决问题的途径，但会造成判断的偏差。此外，实验结果还表明被试并非是因计算能力差异而导致非理性的决策结果，这说明数目启发式策略独立于人类数学水平而存在，也在一定程度上印证了

Gelman 和 Baillergeon（1983）的观点，即人类同时存在两套计数系统，后天学习和培养的理性计数能力与本能的计数系统相独立。当采用本能计数系统时，理性计数能力的高低并不能影响到人类依据前者做出的判断。

表 6－6 是对业绩评价任务中数目启发式与思维形式交互作用的双因素单变量方差分析的结果。表 6－6 表明，数目形式（大数目 Vs. 小数目）的主效应不显著（p 值为 0.115），不同思维形式（抽象思维 Vs. 具象思维）的主效应不显著（p 值为 0.243），交互作用显著（p 值为 0.046）。该结果首先说明抽象思维形式的被试和具象思维形式被试的评价打分显著不同，这与理论预期相符，因为呈现具象思维形式特征的信息使用主体对数目信息及数目的变动更加敏感和侧重，而呈现抽象思维形式特征的信息使用主体则不会如具象思维形式被试般对数目信息及数目变动敏感。数目形式与思维形式交互作用显著，说明在思维形式差异后数目形式差异对评价打分有显著影响，即在呈现不同思维形式特征的组别中，不同数目形式的数量信息仍可能导致业绩评价主体给出显著不同的打分。

表 6－6　业绩评价任务中数目启发式与思维形式交互作用的方差分析

因变量	决策打分		调整的 R^2	0.0886	
方差来源	离差平方和（PSS）	自由度（DF）	均方差（MS）	F 统计量	Sig.
数目形式	188.126	1	188.126	2.54	0.115
思维形式	102.504	1	102.504	1.39	0.243
数目形式×思维形式	304.257	1	304.257	4.11	0.046**

其中，***，** 和 * 分别代表在 1%，5% 和 10% 的显著性水平下显著。

为进一步检验研究假设，下面以业绩评价打分为因变量，分具象思维形式和抽象思维形式两种情形更细致地探讨不同数目形式对业绩评价任务的影响（见图 6－1）。表 6－7 给出了实验情景下的业绩评价任务中被试呈现具象思维特征时大数目 Vs. 小数目两组被试的业绩评价打分选择。依据前文理论分析，如果业绩评价主体为具象思维形式，则在认知过程中对数目及其变动信息更加敏感。若被试受数目启发式影响，将认为大数目形式下的业绩指标及业绩增长比小数目形式下的业绩指标及业绩增长更好，进而更倾向于给予以大数目形式呈现的工作业绩更高的评分。表 6－7 的结果显示，在具象思维形式下，不同数目形式（大数目 Vs. 小数目）导致业绩评价打分出现显著差异：相比于小数目形式，以大数目表述业绩指标增长使评价者更倾向给出更高评分。这与数目启发式效应与思维形式交互作用的预期相吻合。

表 6－7　业绩评价任务具象思维组打分单样本均值检验

	数量形式分组	
	大数目形式组	小数目形式组
样本	18	21
业绩评价指标单位	元、天、小时 1—1000 打分	百万元、年、周 1—10 打分
评分均值	82.833	77.333
p	0.02***	

其中，***，** 和 * 分别代表在 1%，5% 和 10% 的显著性水平下显著。p 值为 one－tail 检验值。

表 6－8 给出了在业绩评价任务中被试呈现抽象思维形式特征时大数目 Vs. 小数目两组被试的评价打分选择。依据前文理论分析，如果业绩评价主体为抽象思维形式，则在认知过程中对数

目及其变动信息不及呈现具象思维形式特征的被试。若抽象思维组被试也受数目启发式影响，将认为大数目形式下的业绩指标及业绩增长比小数目形式下的业绩指标及业绩增长更好，进而更倾向于给予以大数目形式呈现的工作业绩更高的评分。若不受数目启发式影响，则大小数目组间的业绩评分并未显著差异。在表6-8的结果中，从均值来看，大数目组下打分均值为77.714，小数目组打分均值76.869，符合数目启发式预测的趋势，但均值检验结果没有达到显著水平。因此，实验结果说明抽象思维形式特征的被试并不受很强的数目启发式效应影响，大数目形式下评价打分的差异并不显著。结合表6-6、表6-7及表6-8的统计结果，在业绩评价任务评价主体获取信息并做出评价的过程中，数目启发式效应与评价主体的思维形式特征交互作用显著，具象思维形式的信息使用者更容易受数目启发式影响而高估数量信息并给予显著性更高的打分，而抽象思维形式的信息使用者受数目启发式效应影响则不如具象思维形式的信息使用者显著。

表6-8　业绩评价任务抽象思维组打分单样本均值检验

	数量形式分组	
	大数目形式组	小数目形式组
样本	22	18
业绩评价指标单位	元、天、小时 1—1000 打分	百万元、年、周 1—10 打分
评分均值	77.714	76.869
p	0.766	

其中，***，** 和 * 分别代表在1%，5%和10%的显著性水平下显著。p 值为 one-tail 检验值。

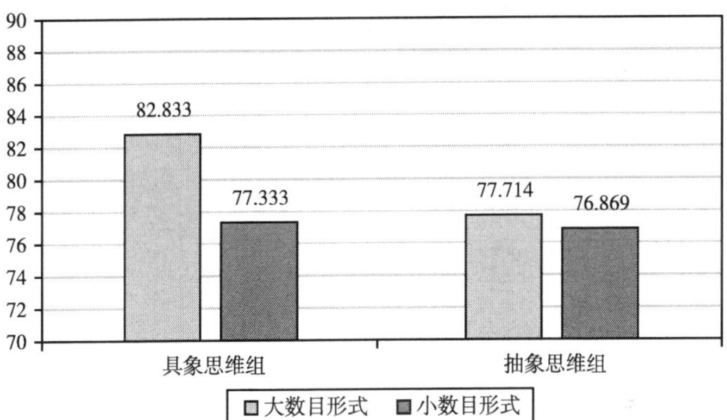

图 6－1　业绩评价任务中被试组间打分均值

除思维方式这一个人特征外，本研究还结合实验后问卷详细探讨了被试的工作年限、担任管理职位年限、考评他人业绩年限以及组织中所在职位高低，对被试业绩评价信息使用过程中认知判断的影响。首先分析的是工作年限，实验后问卷征集了正式实验中每名被试的全职工作年限，并依据工作年限的中位数，将被试分为长工作年限组与短工作年限组两组。表 6－9 呈现了大小数目形式与工作年限长短的交互作用统计结果，数目形式与工作年限交互作用并不显著，说明业绩评价任务中数目启发式效应并不受业绩评价信息使用者工作年限的影响。在分别考察大数目形式组中工作年限长短对业绩评价打分影响的均值检验（见表 6－10）以及小数目形式组中工作年限长短对业绩评价打分影响的均值检验（见表 6－11）也说明，被试在大数目形式或小数目形式下的打分并不因工作年限长短不同而存在显著差异，不会因工作年限更短而更加显著高估大数目形式下的业绩或显著低估小数目形式下的业绩。

表 6-9　业绩评价任务中数目启发式与工作年限交互作用的方差分析

因变量	决策打分		调整的 R^2	0.0329	
方差来源	离差平方和（PSS）	自由度（DF）	均方差（MS）	F 统计量	Sig.
数目形式	141.264	1	141.264	1.80	0.184
工作年限	0.983	1	0.983	0.01	0.911
数目形式×工作年限	67.518	1	67.518	0.86	0.357

其中，***，** 和 * 分别代表在 1%，5% 和 10% 的显著性水平下显著。

表 6-10　正式实验业绩评价任务大数目形式下工作年限组间均值检验

分组依据	工作年限	
	长工作年限组	短工作年限组
样本	21	19
业绩评价任务评分均值	80.524	78.421
p	0.510	

其中，***，** 和 * 分别代表在 1%，5% 和 10% 的显著性水平下显著。

表 6-11　正式实验业绩评价任务小数目形式下工作年限组间均值检验

分组依据	工作年限	
	长工作年限组	短工作年限组
样本	24	15
业绩评价任务评分均值	76.583	76.933
p	0.509	

其中，***，** 和 * 分别代表在 1%，5% 和 10% 的显著性水平下显著。

被试的担任管理职位年限、考评他人业绩年限特征信息也同工作年限一样在实验后问卷中征集，并以中位数分为高低两组。在表 6 - 12 和表 6 - 13 的方差分析统计结果中，数目形式与担任管理职位年限交互作用以及数目形式与考评他人业绩年限交互作用也同样不显著，说明业绩评价任务中数目启发式效应并不受业绩评价信息使用者担任管理职位年限和考评他人业绩年限的影响。

表 6 - 12　业绩评价任务中数目启发式与担任管理职位年限交互作用的方差分析

因变量	决策打分		调整的 R^2	0.0374	
方差来源	离差平方和（PSS）	自由度（DF）	均方差（MS）	F 统计量	Sig.
数目形式	114.733	1	114.733	1.47	0.229
管理年限	82.655	1	82.655	1.06	0.307
数目形式 × 管理年限	13.285	1	13.285	0.17	0.681

其中，***，** 和 * 分别代表在 1%，5% 和 10% 的显著性水平下显著。

表 6 - 13　业绩评价任务中数目启发式与考评他人业绩年限交互作用的方差分析

因变量	决策打分		调整的 R^2	0.0277	
方差来源	离差平方和（PSS）	自由度（DF）	均方差（MS）	F 统计量	Sig.
数目形式	100.197	1	100.197	1.27	0.263
考评年限	30.079	1	30.079	0.38	0.539
数目形式 × 考评年限	7.942	1	7.942	0.10	0.752

其中，***，** 和 * 分别代表在 1%，5% 和 10% 的显著性水平下显著。

此外，正式实验问卷中还征集了被试在组织中的岗位层次信息，从总公司管理层到一般业务人员又高到低共分为7个层次，依次对应1至7分，打分越低，该被试在组织中职位层级越高。在统计分析中本书依据总体打分中位数将被试分为高职位层次组和低职位层次组，并考察职位层次与数目形式的交互作用。如表6-14所示，职位层次与数目形式交互作用也并不显著，这说明数目启发式效应的发挥也同样不受业绩评价信息使用者职位层次的影响。在分别考察大数目形式组中担任管理职位年限长短、考评他人业绩年限长短和任职层次高低对业绩评价打分影响的均值检验（见表6-15）以及大数目形式组中担任管理职位年限长短、考评他人业绩年限长短和任职层次高低对业绩评价打分影响的均值检验（见表6-16）再次印证了上述结论，被试在大数目形式或小数目形式下的打分并不因担任管理职位年限长短、考评他人业绩年限长短和任职层次高低的不同而存在显著差异，不会因担任管理职位年限更短、考评他人业绩年限更短或任职层次更低而更加显著高估大数目形式下的业绩或显著低估小数目形式下的业绩。

表6-14　业绩评价任务中数目启发式与职位层次交互作用的方差分析

因变量	决策打分		调整的 R^2	0.0233	
方差来源	离差平方和（PSS）	自由度（DF）	均方差（MS）	F统计量	Sig.
数目形式	133.832	1	133.832	1.69	0.198
职位层次	2.377	1	2.377	0.03	0.863
数目形式×职位层次	8.530	1	8.530	0.11	0.744

其中，***，**和*分别代表在1%，5%和10%的显著性水平下显著。

表 6 – 15　正式实验业绩评价任务大数目形式下工作年限组间均值检验

分组依据	管理年限		考评年限		职位层次	
	长管理年限组	短管理年限组	长考评年限组	短考评年限组	高职位层次组	低职位层次组
样本	22	18	15	25	19	21
评分均值	78.014	80.818	78.333	80.240	80.052	79.047
p	0.369		0.563		0.753	

其中，***，** 和 * 分别代表在 1%，5% 和 10% 的显著性水平下显著。

表 6 – 16　正式实验业绩评价任务小数目形式下工作年限组间均值检验

分组依据	管理年限		考评年限		职位层次	
	长管理年限组	短管理年限组	长考评年限组	短考评年限组	高职位层次组	低职位层次组
样本	20	19	22	17	19	20
评分均值	76.350	77.579	76.682	77.294	76.789	77.100
p	0.614		0.803		0.899	

其中，***，** 和 * 分别代表在 1%，5% 和 10% 的显著性水平下显著。

6.6　本章小结

本章采取实验研究方法对管理会计业绩评价任务中的数目启发式效应及其对决策的影响进行了探索。研究发现，决策者在业绩任务中使用数量信息时受到数目启发式效应影响，并且导致有差异的评价。而且值得注意的是，本章研究的正式实验中，被试是有着实际会计工作经验和管理经验的在职人员，其平均工作年限为4.69年，从事管理工作的平均年限为2.78年，考评他人业绩的平均年限为2.29年，有19名被试岗位层次为部门管理层及以上。而数目启发式效应同样显著存在于这部分有着实践工作经验且绝大多数从事会计工作的业绩评价信息使用者中。数目启发式效应也可与评价者个人特征如思维形式共同影响业绩评价信息使用和判断过程，具有具象思维特征的被试相比于抽象思维特征的被试更容易受到数目启发式效应的影响。同时，数目启发式效应在业绩评价任务过程中的出现与信息使用者个人的数学能力等特征无关。而管理会计信息使用者的工作年限、担任管理岗位年限、考评他人业绩年限以及职位层次等与实务工作和会计实践紧密相关的个人特征也对数目启发式效应的作用发挥并无影响。这也在一定程度上说明，数目启发式效应是人们潜意识中的数量信息处理策略，在长期进化和适应环境过程里形成于人类认知中，与人类计数系统密不可分，类似大脑数学运算功能的“副产品”。其存在是与生俱来的，后天的培训和积累并不能消除数目启发式效应的存在，人类很难完全规避其影响。

本章的研究结果再次说明信息使用者在会计信息使用过程中容易受到非理性因素的影响。与其他非理性因素不同，数目启发式与会计这个以数量作为主要信息承载方式的领域密不可分，特别是对于种类繁多而且呈报格式、内容、时间及单位都不统一的管理会计信息而言，数目启发式效应更有可能导致信息使用者做出非理性的决策。因此，在不断探索如何完善业绩评价信息结构框架、指标内容等问题的同时，我们更应注意的是，业绩评价体系本质上是管理手段而非目的，业绩评价系统不断完善的根本目标在于通过业绩评价信息获得准确的判断，进而有效配置企业资源并激励员工努力实现组织战略。会计学者也应对会计信息呈报形式及其特征本身给予更多关注，毕竟这是会计信息使用者加工、使用会计信息不可或缺的环节，也是会计信息赖以发挥作用的基础。如果系统设计者们努力开发的业绩评价指标，却因使用这套评价系统的管理者对业绩信息的理解偏差，而产生不同的评价结果与判断，最终不仅会导致整个业绩评价工作功亏一篑，而且会影响到企业的资源配置和相关决策。

第7章 “数目捷径”的稳健性印证和应对措施

7.1 数目启发式效应的进一步印证

在前文的研究中，本书以实验研究的方式验证了数目启发式效应分别在管理会计投资决策任务和业绩评价任务中的存在性，并发现数目启发式效应可以与其他非理性信息处理方式共同存在于管理会计信息使用过程中，此外，个人思维特征也会影响数目启发式效应作用的发挥。在本研究构造和设计的实验材料中，被试被完全随机地分在各个被试组中，而在组间实验材料中，除数量信息呈现的形式存在差异外，其他的材料背景、任务要求、阅读内容等信息均完全一致。而且无论在预实验还是正式实验中，投资决策与业绩评价中的打分均发现相同的规律，即面对同样的决策或评价信息，被试在大数目形式下更倾向给出更高的打分，在小数目形式下则倾向给出相对较低的打分。这说明，被试不仅会因呈现数量的单位或量纲的差异而在决策和评价中表现出一定的偏差，而且该偏差是系统且有规律的：在大数目形式下人们会产生数量更多、规模更大、收益（或损失）更高、成功可能性更高的感知；在小数目形式下人们则会相对应地产生数量更少、规模更小、收益（或损失）更低、成功可能性更低的感知。而且，在每一项实验中，本研究都验证了决策或评价打分与被试数学水平的关系，毕竟依据数量信息决策和评价会涉及一定的数学计算。但是，从实验情景中可以看出，每项任务的计算难度在组间都是相等的，在大数目组中按何种计算规则计算，则在小数目组中也应依据相应计算规则，仅变换数量形式是不会改变任务计算难度的。更重要的是，从最后的决策打分以及业绩评价打分在高低数学水平组间的均值 T 检验显示，数学水平对决策和评价打分并无显著性的影响。

此外，虽然前文的实验研究只从投资决策和业绩评价两个管理会计重要模块构建实验情景进行数目启发式效应的探索，但在前文构建的实验情景中几乎已涉及和包括了绝大部分管理会计数量信息列示时所使用的单位，例如衡量货币金额的单位元、千元、百万元等，衡量工期、送货周期和生产周期的单位天、周、年等，衡量可能性大小的概率信息，以及客户评价打分、质量打分等常用的量纲。因此本研究虽着重关注管理会计控制系统中常见的投资决策和业绩评价任务，但由于数量单位的通用性，这两项任务中的数量信息形式在其他任务中也同样存在。既然这些数量单位在投资决策和业绩评价中可以引发数目启发式效应的出现，很有可能在其他管理会计任务同样的数量单位会同样引发数目启发式效应存在。而且无论是会计专业学生、混合专业学生还是有实务工作经验的人员作为被试，数目启发式效应均存在于管理会计信息的使用过程中。以上实验的结果说明了数目启发式效应确实存在于管理会计控制任务中，为进一步指出上述实验结果的稳健性和适用性，本书再次基于投资决策任务和业绩评价任务构建稳健性实验。

为进一步提升实验结果的可推广性，针对投资决策任务，本章首先选取了一个完全真实的上市公司，将公司背景信息和数据真实地引入实验情景设计中，被试在阅读信息后进行投资决策。实验同样采取被试间实验的形式，将实验情景中的数量信息分为大数目形式（以元为单位）和小数目形式（以百万元为单位）两组。该投资实验于 2015 年 4 月和 7 月分两次在西南财经大学进行，实验被试为会计专业本科生和管理相关专业本科生（共 58 名男生，119 名女生；平均年龄 20.03 岁），最终共搜集到 177 个样本。表 7 - 1 首先呈现了被试在该实验情景投资决策任务的投资额在大小数目形式间的打分差异。从结果可以看出，大数目形式组中的被试会感知到子公司经营情况更好，增长潜力更大，倾向投资更多资金；而小数目形式组中的被试的投资金额显著更低。实验结果有力地说明了在基于真实上市公司信息构建的决策情境下，数目启发式效应同样存在于投资决策过程中，也在一定程度上揭示着该效应在实践中的广泛存在和对管理会计实践的影响，并支持本书的研究结果在实务中的适用性。此外该实验还发现（见表 7 - 2、表 7 - 3），相对于抽象思维，具有具象思维特征的被试在决策过程更易受数目启发式影响。该结果基于投资决策任务再次印证了管理会计信息使用者的个人思维特征对数目启发式效应作用的影响。

表 7-1 子公司投资额度单样本均值检验

	数量形式分组	
	大数目形式组	小数日形式组
样本	85	92
投资额度均值（元）	1279493	1187343
p	0.079*	

其中，***，** 和 * 分别代表在 1%，5% 和 10% 的显著性水平下显著。p 值为 one-tail 检验值。

表 7-2 具象思维组中子公司投资额度单样本均值检验

	数量形式分组	
	大数目形式组	小数目形式组
样本	40	45
投资额度均值（元）	1333332	1181013
p	0.055*	

其中，***，** 和 * 分别代表在 1%，5% 和 10% 的显著性水平下显著。p 值为 one-tail 检验值。

表 7-3 抽象思维组中子公司投资额度单样本均值检验

	数量形式分组	
	大数目形式组	小数目形式组
样本	45	47
投资额度均值（元）	1231636	1193404
p	0.143	

其中，***，** 和 * 分别代表在 1%，5% 和 10% 的显著性水平下显著。p 值为 one-tail 检验值。

在投资决策任务中引入真实公司背景和数据后，本研究继续针对业绩评价任务，以更贴近实际管理业绩评价的情形进行进一步的稳健性检验。在此部分研究中，实验情景仍以一个完全真实的上市公司的数据和背景信息作为实验中的任务情景。被试需要评价并估算实验情景中子公司去年的业绩。实验为被试间实验，子公司的各项指标中所呈现的数量信息分为大数目形式（以元为单位）和小数目形式（以百万元为单位）两组。在此实验中还引入了奖励机制，被试估算越准确，可获现金奖励越高（最高可获 30 元现金激励）。该投资实验于 2015 年 7 月在西南财经大学进行，最终共搜集到 81 个样本。从大数目组和小数目组业绩估计的差异可以看出（见表 7－4），大数目组中被试的估计显著高于小数目组。实验结果再次说明数目启发式效应存在于业绩评价任务中，且在引入激励机制时，该结果同样稳健。从表 7－5 和表 7－6 的统计结果中可以看出，虽然在实验中引入了真实的公司背景和指标数据，并加入现金激励机制的情况下，管理会计信息使用者的个人思维特征仍影响着数目启发式效应作用的发挥，相比于抽象思维主体的被试，具象思维主体更倾向将数目作为数量的判断依据，在业绩评价任务中受数目启发式效应的影响而做出显著有差异的经营情况评价和估计。

表 7－4　　子公司业绩评价单样本均值检验

	数量形式分组	
	大数目形式组	小数目形式组
样本	40	41
业绩估计值（元）	2094532	1999846
p	0.037**	

其中，***，** 和 * 分别代表在 1%，5% 和 10% 的显著性水平下显著。p 值为 one－tail 检验值。

表 7-5 子公司业绩评价具象思维组单样本均值检验

	数量形式分组	
	大数目形式组	小数目形式组
样本	17	20
业绩估计值（元）	2149599	1998184
p	0.042**	

其中，***，**和*分别代表在1%，5%和10%的显著性水平下显著。p值为one-tail检验值。

表 7-6 子公司业绩评价抽象思维组单样本均值检验

	数量形式分组	
	大数目形式组	小数目形式组
样本	23	21
业绩估计值（元）	2053830	2001429
p	0.216	

其中，***，**和*分别代表在1%，5%和10%的显著性水平下显著。p值为one-tail检验值。

7.2 数目启发式效应的应对措施

在前文的各章节实证检验中，本研究分投资决策任务和业绩评价任务系统性地探析了数目启发式效应在管理会计任务中的存在性、作为发挥的影响条件以及与其他非理性行为的交互影响，并以更贴近实践框架的任务情景对该效应进行了稳健性印证。基于前文一系列的实验结果，数目启发式效应确实存在于管理会计信息的认知和使用过程中，而信息使用者或多或少会受其影响做出偏离理性标准的决策。因此，如何在一定程度上抑制该效应的作用或减轻数目启发式效应对决策的影响，是一个既具有理论研究意义又有益于管理会计实践的重要问题。本节即基于本书的实证结果或现有相关研究对该问题进行探讨。

关于数目启发式效应的应对，第一个可能的措施是提供所有决策相关数量信息的量纲单位换算比率，这在潘德莱尔等（2011）研究中明确提出，并在消费者行为的实验中，验证了该方法的确可消除消费者面临不同单位和量纲的质量指标信息进行质量评估时的数目启发式效应。然而，这似乎在管理会计任务中并不可行，由于管理会计报告中涉及的数量指标单位和量纲纷繁复杂，仅就平衡计分卡而言，就可以涉及时间、金额、指标等各类单位和量纲。逐一提供管理会计报告涉及单位的换算比例不仅耗费报告编制者大量时间，也会耗费管理会计信息使用者更多的认知能量和时间。因此该方法可能在任务涉及指标单位和量纲种类不多的消费者行为领域有一定作用，但对于管理会计各类任务而言，是一种难以在实践中实施的举措。同时，在前文验证业绩评价任务中数目启发式效应存在性时，在正式实验中即引入了百分比这一类似于量纲单位换算比例的指标。在该实验情景中，虽然同等数量的指标增长在大小数目形式组间的数字存在很大的差异，但大小数目组间指标增长的百分比是一致的，且百分比并未在情景中涉及任务数目形式的变换，此时百分比的作用就类似于单位量纲的换算比率，它可以换算大小数目形式下增长的幅度。从该实验结果可以发现，引入增长百分比后，数目启发式效应仍然存在于业绩评价任务中，大小数目形式组间并未获得一致的评价打分，大数目形式组下评价打分仍显著高于小数目形式组的打分。实验的结果也在一定程度上说明引入单位换算比例的方法对于管理会计中数目启发式效应的抑制并不适用。

另一个可能的措施是给予决策激励，在林瑙等（2013）的研究中提到，人类在认知过程中同时具有理性、系统的信息处理策略和简便、快捷的启发式策略。由于启发式策略常常是认知节省又快速的，从大脑自发反应而言，相比于复杂、系统的信息处理策略，启发式策略是认知成本和时间成本较低的处理方式，假如并无任何要求和约束，人类极可能偏向启发式策略。因此在实际任务中，人们往往需要一定的动机（至少有最低程度的动机，a minimum level of motivation）去使用认知成本和时间耗费均较高的系统的信息处理策略（Eagly 和 Chaike，1993）。对于经济活动中的行为主体而言，经济动机似乎是最常见的行为动机。但在引入经济激励的业绩评价任务实验中，本研究发现，虽然被试被明确告知利润值估算越准确，被试可获现金奖励越高①，实验结果发现大小数目形式下的利润估计值仍呈现非一致性，大数目形式下利润的估计值仍显著高于小数目形式下利润的估计值。实验结果表明，引入经济激励的方式其实并不能完全有效消除该数目启发式效应作用的影响，这也在一定程度上支持了数目启发式效应在有激励的实际决策环境中仍可以发挥作用并影响决策。这种抑制效应效果不理想的原因可能在于，部分管理会计任务本身涉及许多经济效益，人们已熟悉并完全适应有经济收益激励的任务环境，在涉及类似任务中将经济激励当成理所当然的因素，反而降低了经济激励的有效性。此外，管理会计任务中仍有许多任务并不涉及决策奖励，如果针对每一项任务都设定奖励机制，不仅需花费大量资源调整任务制度，也会为组织增添额外的经济负担。

在上述两种应对措施效果不佳，并被实验结果排除的情况

① 若估计准确度高，被试在完成任务的 20 分钟左右时间即可获得 30 元现金报酬，奖励激励程度是比较高的。

下，针对管理会计实践，本研究提出两项可改进的措施以减少和避免数目启发式效应在管理会计信息使用时的影响。第一种措施是加快管理信息系统的完善和普及，在管理信息系统中设置标准化的信息生成及处理模型，采用标准软件对管理会计信息进行分析、加工并决策，减少人脑在处理信息过程中的非理性因素影响。在会计核算日益信息化的时代中，许多管理会计任务实际可通过管理信息系统快速有效完成，甚至因信息系统改变任务或诞生新任务（Dechow 和 Mouritsen，2005）。由于管理会计任务在管理信息系统中信息生成、传递和综合的效率均高于人们手工的信息搜集、计算和处理的速度，因此，相比于完全不引入信息技术的任务环境，管理信息系统的存在是可以节省人们信息处理中认知努力和时间耗费的。这在一定程度上可降低人们使用理性、系统的信息处理方法的认知成本，进而促使人们倾向使用理性、系统的信息处理方法。特别是管理信息系统中的信息整合能力和相应的模型设定、计算能力，可以很好地辅助决策者采用标准理性的信息处理方式加工众多涉及数量形式的信息。由此，可以减少数目启发式策略在管理会计信息使用者在加工数量信息时的认知偏差。更重要的是，由于管理信息系统中标准化的信息生成及处理模型的存在，部分计算和决策可以完全不经由人类的认知处理过程，直接在标准化的软件中完成信息处理，这也可以减少管理会计信息处理过程中的包括数目启发式在内的人类非理性认知因素的影响。

但值得注意的是，现有的管理信息系统同时也需要因管理会计任务而改进创新。虽然信息系统发展过程中财务软件、生产制造软件、营销管理软件都在完善，但分散的信息系统常难以提供整合优化的数据及决策支持。由于管理会计控制任务信息搜集和处理的需要，在管理信息系统的应用和改进过程中，许多组织需要将这部分内部长期分散割裂的信息系统整合或替换，使管理会计信息有更高的决策价值。因此在关注管理信息系统对管理会计信息决策辅助作用的同时，也应考虑适当调整管理信息系统，以更好地支持管理会计任务，尽量抑制数目启发式效应等人类非理性认知偏差的作用。毕竟组织普及、完善的并不仅是管理信息系统本身，更多是贯穿于系统中、能提高管理效率与企业价值的、标准的管理会计控制规则与思想。

第二种措施是，对管理会计信息呈报中可予以标准化的部分，如呈报格式、单位信息等在一定程度上予以标准化，在给出不同形式下数量信息时，提供标准单位化的数量信息作为参考，尽量减少引发决策过程中数目启发式出现的可能性。这种标准化的过程并不是针对统一的管理会计信息系统而言，主要是针对组织内部具体任务或项目中管理会计信息的呈报。例如统一设定组织内部业务部、项目组的各类管理会计报告中数量信息使用的单位，设定项目工期统一以年为单位成本、预算金额统一用人民币元进行呈报等。毕竟对于组织内部管理而言，对管理会计信息呈报中相关部分进行标准化并不是一件十分繁杂的事项；如果不进行标准化处理，在管理会计信息编制时提供标准化的数量信息作为参考，也会在一定程度上抑制数目启发式效应的影响。除上述措施外，管理决策者的自我约束也是有效的非理性认知效应抑制方案。而自我约束的首要步骤，即管理决策者要对认知及心理知识进行学习，通过了解决策过程中各种可能存在的认知偏差，警醒自己的行为，避免决策陷阱。对于数目启发式效应而言，在了解该效应的存在后，尽量在涉及数量形式的决策和判断中采用理性的计算方法，更全面地搜集和理解数量形式，这也是一个可行的数目启发式效应应对方案。

第8章 实验结果的应用和推广

8.1 实验研究方法的特点

实验研究的应用在近代科学的发展中有着重要的作用，虽然实验研究的起源存在着一定的争议，但一个普遍的共识是：由于16—17世纪实验研究方法的使用，才使得近代科学从自然哲学的土壤中萌芽，而实验研究方法的确立也标志着近代科学的萌芽（Hacking，1983）。实验研究方法之所以有着如此重要的影响，一个重要的原因是，相比于之前被动观察客观现象以总结规律的经验研究而言，实验研究方法有着本质性的改变：研究过程中的主动性（Greenwood，1989）。在实验研究中，研究者可以主动操纵某些影响因素，控制研究进程，然后观测和分析由此带来的变化。一般而言，实验研究方法是指研究者根据研究的本质目标设计实验，根据现实抽象出更简洁、纯粹的实验情景，尽可能地排除外界的影响，突出并控制影响因素的变化，通过对可重复的实验现象进行分析，从而去认识客观规律和本质。自实验研究方法被系统性地使用后，不仅极大推进了物理学、生物学和化学等自然科学的发展，也被广泛应用于社会科学的研究中。例如在心理学领域中，绝大多数心理学家在研究和工作中均使用实验的方法（Kantowitz，2004）。1948 年，钱伯林（Chamberlin）在大学中实施的供给与需求实验则标志着实验方法系统性地引入经济学研究和行为经济学的开端。在经济学中，实验研究方法的运用涉及的内容包括个人选择、博弈论假设和产业组织、公共物品、合作、协议定价、不确定条件下的个人选择等（David 和 Holt，2003；Friedman 和 Sunder，1994）。随着行为经济学在经济学领域逐渐步入主流，与行为经济学相关的行为学科也迅速发展，例如行为会计学、行为金融学等。

行为会计学则诞生于 20 世纪 60 年代不断涌现的以实验方式探讨财务报告编制者和使用者行为和判断的研究过程中，探析行为和认知因素对人类在会计活动中的影响。实验研究方法之所以被广泛认可并应于会计学等经济管理学科的行为研究中，与其自身特征息息相关，相比于其他研究方法和方式，实验研究在许多方面有着得天独厚的优势。首先是在探讨因果关系时，只有实验研究方法可以系统性地与因果关系的特征相符（Shadish et al.，2001；Kerlinger 和 Lee，2000）。因果关系的存在必须满足如下特质：时序性，原因一定优先于结果；对应性，原因和结果须具有必然的联系，属于引起和被引起的关系；特定性，除原因外，其他解释都无法引起结果。实验研究方法可以很好地契合因果关系的分析，实验本身即可以通过研究流程的设计和实验情景的构建而控制自变量的变化，再观察的相应因变量的变化，这本身即具备时序性和对应性，研究者还可以通过巧妙的实验设计（如随机化等）排除对其他可能的解释，保证自变量与因变量之间更加纯粹的因果关系，达到特定性的要求。但会计学研究常用的档案研究、问卷调查等都是对变量间的相关关系进行分析，无法肯定地回答变量的先后顺序问题，从而难以确定变量间的因果关系。然而，因果关系的探讨对于确切地分析会计学中各类问题的影响机制都十分重要。例如，财务分析师动机是否影响其对企业业绩预测的准确性这一问题，由于档案研究无法排除业绩好坏对分析动机的影响①，"狗摇尾巴"和"尾巴摇狗"此类在会计领域研究中常见自变量与因变量的互换可能导致档案式研究中模型设定的失效（内生性），更为重要的是，研究者难以厘清其中真正的影响机制和因果规律。

此外，与其他研究方法不同的是，实验研究方法可以主动控制研究过程，设定研究变量的变化。这也是档案式、问卷调查法等以观察和总结现象为主的研究方法所不具备的优势。而主动地控制研究过程既有助于研究者沿着准确有效的途径完成研究目标，也可以很好地控制和排除额外变量对被解释变量潜在的影响，确保解释变量与被解释变量间更简明干净的因果关系。这也可以避免类似于档案式研究中因遗漏变量或测量误差而导致的内生性等模型设定问题。实验研究方法最常用的排除额外变量影响的方法即被试分组的随机化，被试被偶然分至不同的处理组或对照组中，这种偶然性既可以使实验更契合实际环境，也可以促使不同被试组间除处理效应外其他效应的评价性。从而使组间的差

① Hunton 和 Mceven（1997）用实验研究的方法将业绩好坏对分析动机的影响排除而最终达到纯粹地探析财务分析师动机是否影响其对企业业绩预测准确性的研究目的。

异来自实验处理，并不是处理前的其他效应造成，例如被试当天早餐是否称心、前来实验的路上是否堵车等。同时，主动地控制研究过程，还有助于通过实验设计和构造分析现实中还未广泛存在或无法观测到，但有具有重要意义的变量间的因果关系。例如谭和贾马尔（Tan 和 Jamal，2001）的实验中，经理须对下属提交的备忘录（与工作内容无关的信息）进行两次评价，一次在备忘录中附有下属的姓名，另一次则无。谭和贾马尔的研究结果发现，两次打分存在显著差异，这印证了经理在评价下属工作时会受对下属固有印象的影响而缺乏客观性。但在实际工作中，经理往往清楚自己评价的是谁的工作，故除实验以外的研究方法很难直接清晰地探析评价的客观程度。

相比于经验观测和总结为主的“经验研究”，实验研究方法还有一个重要的特征，即可以通过实验设计构造出在公开情形下难以获得观测值的研究变量。在会计领域研究中，许多研究变量并不能在财务报告或其他资讯中取得，这常限制相关研究的进一步推进。例如涉及个体行为的投资者情绪、乐观与否等变量，其在公开数据库中并无法获得，因此常用的方法是寻找相关的变量作为替代，但往往并不准确。而实验研究方法则可以较直接有效地探讨此类问题，这也是实验成为涉及会计活动中个人心理和行为的研究中常用研究范式和方法的原因。

总体而言，对于研究变量主动地、参与性地控制以及随机分组是实验研究方法鲜明的特征，其保证了因果关系探讨的时序性、对应性、特定性要求，可排除其他因素的干扰，也对错综复杂的现实关系进行有效抽象而探讨纯粹的影响机制，区分开各自变量对因变量的影响，在必要的情况下也可人为地制造出现实中鲜有或无法观测的情形来探讨研究变量间的关系，这均使得实验研究有着很高程度的内部效度[①]。

但与此同时，实验同任何研究一样，具有优势的同时也会有着自己的缺陷。实验研究方法不可避免的问题即研究结果的推广性，由于实验研究方法不能完全模拟实际的经济活动，实验情景构建往往面临简约性与仿真性的协调，而实验结果的外部效度则是实验研究者设计实验、构造情景、选取被试时必要的考虑因素（Christensen，1994）。一般而言，外部效度是指具体实验结果推广到实验外不同群体、不同环境的适应性，即实验结果的代表性和可应用程度。毕竟每一种研究方法都有着自身的优势和劣势，就如同档案式研究中回归模型设定往往受内生性、样本选择、遗漏变量等各类问题的困扰，而调查研究法也面临着内部效度和外部效度问题。研究者能做的就是，在尽可能达到研究目的、发挥各自研究方法优势的同时，通过研究设计的仔细斟酌和设定尽量避免相应研究方法的缺陷；或者在可接受的劣势范围内，运用现有研究方法完成研究。对于实验研究方法而言，其本身有着很高的内部效度，而外部效度问题则是所有实施实验方法的研究者都必须面临的。我们能做的就是在发挥实验研究优势、确保较高的内部效度的同时，通过精心的实验过程、情景设计以及系列研究弥补实验方法的不足。接下来，本书会讨论在研究过程中对提高研究结果的外部效度程度进行的设计和努力。

8.2　本书实验结果的讨论和推广

本书在实验情景设计和实验研究过程中，同样充分考虑了实

① 内部效度是指研究自变量和因变量之间因果关系的明确程度，当因变量的变化能明确归因于自变量变化时，研究被称为具有高的内部效度。

验结果的内部效度和外部效度问题。首先，为达到高的内部效度，厘清自变量和因变量的因果关系，使因变量的变化可完全归属于自变量，本书在实验构建时，针对第 4 章、第 5 章和第 7 章数目启发式效应在投资决策任务和业绩评价任务中的存在性及稳健性的探讨，相应实验情景组间差异仅为管理会计信息数量形式的差异；其次，针对第 5 章中数目启发式效应与人们对待不同情形下风险信息呈现不同态度的非理性行为的交互作用，相应实验情景组间差异也仅为管理会计信息数量形式的差异和损益情形的差异。其他需探讨的个人特征和任务情景等因素均在实验材料完成后以问卷的形式进行征集，因此，实验情景组除上述差异外，其余实验内容、流程、激励机制、实验后问卷完全一致。同时为保证自变量与因变量因果关系的纯粹，实验的流程中还引入了严格的随机化机制。首先是被试分组的随机，在实验开始前，被试以完全随机的方式分别进入不同的实验室中，实验工作人员也以完全随机的顺序将归属不同组的实验材料发放至每位被试手中，而被试也以完全随机的次序获得实验代码并随机入座。这使得每位被试有严格均等的机会被分配至任意刺激组，保证了在实验中除主研究变量外的其他变量并不会对研究结果产生系统性的偏见。在此设计下，被试组间除数量形式（大数目 Vs. 小数目）和损益情形存在差异外，其他因素都保持恒定，因此从逻辑上可以断定，被试决策打分和评价打分的显著差异仅是由数量形式的差异或损益情形差异造成的，即仅仅因使用不同单位量纲呈现等量的收益、概率或业绩信息，就可引发管理会计信息使用者做出有偏或非一致的投资决策或业绩判断，且该效应还可与其他非理性效应共同作用于信息使用者的认知过程中。此结果严格厘清了数目启发式效应导致被试在管理会计具体任务中有偏的、非一致的判断和决策的影响机制，证实了数目启发式效应与决策偏误间的因果关系，具有高程度的内部效度。为保证实验结果的一致和稳健，本研究还谨慎地在每次正式实验前均构建预实验进行预测试，并在主要实验完成后调整实验情景构建新的实验，进一步验证研究结果的稳健性和推广性。

在确保高内部效度的同时，提高外部效度和实验结果的推广性也是本研究在实验构造和设计时考虑的重要问题。本研究涉及的外部效度问题又主要包括总体效度（Population Validity）和生态效度（Ecological Validity）。总体效度是指本研究中使用的样本能适用到相应研究群体的程度；而生态效度则是指本研究结果能一般化到真实情景的程度。本书谨慎细致地设计了被试选择和招募、实验激励、实验任务情景和流程等众多环节，以保证本研究结果的外部效度和实验结果在样本的总体和真实情景中的推广性。

首先是被试群体的选择。在大多数行为研究（包括心理学、行为经济学、行为会计学）中，以在校本科学生或研究生作为被试是常见的现象。克里斯滕森（Christensen，1994）发现，75%的心理学研究均以学生为实验被试完成。但在本书研究中对正式实验被试群体选择时，不同管理会计任务的自身特征成为被试群体选择的主要依据，以确保研究结果的推广性和完备效度。在本书研究中，涉及的管理会计具体任务主要包括投资决策任务和业绩评价任务两种。

对于投资决策任务而言，本研究最终选定在校生为正式实验的被试。主要原因在于，虽然真实的投资决策任务是由在职的会计师或管理者做出，但投资决策任务的理性计算方式和标准法则是在学习过管理会计或财务管理相关课程即可获得的，例如净现值法则、内含报酬率法则、投资回收期法则等。而并非要等到从事相应投资决策实际工作才可以学习到此类标准算法。例如投资决策中常用净现值法则，无论是学生被试还是在职的工作群体在运用净现值法则衡量投资项目的收益和可行性时，均需要搜集和考虑不同年份的净现金流量、促使投资额、项目使用年限以及折现率，并按照标准统一的计算公式最终计算出项目净现值，若采用标准理性的计算方式，学生和在职工作人员对于同一投资决策项目，最终计算出的净现值是完全一致的。因此，就理性决策方法而言，实际投资决策中决策主体和学生被试都是使用相同的标准计算法则（NPV 法，计算期望收益等），并不存在在职人员比学生计算时更加标准、准确的差异。同时，相比于实际投资决策任务中的决策主体，财经大学的在校学生更有可能采用理性分析的方法，毕竟他们正在接受这方面的教育。而对于实际工作的会计人员和管理者，由于自身经历的积累和相应情景的熟悉，实际的在职工作人员在真实情景中进行投资决策时反而更可能依据自身经验或过往相似案例进行决策（而启发式策略正是一种基于经验或直觉的非理性认知），或更可能受过度自信等心理效应的影响。众多探讨实际投资决策中非理性认知的文献也支持上述可能性，如张和帕丁顿（2008）在对澳大利亚 356 家公司的调查研究中发现，由于在实际使用中回收期法不需依据时间价值计算收益率、不用计算初始期的资本成本、更不用考虑回收期后复杂的现金净流量，因此回收期法比更全面、系统的净现值法在实际投资决策中的应用更加频繁。该研究还发现，超过 30% 的 CFO 会使用回收期法，相比于大公司，小公司更倾向偏好回收期法而非 NPV 法，更重要的是，任期时间更长和年龄更大的经理人会也更加倾向选择回收期法。这说明有实际工作经历积累的会计人员或管理者相比于完全无相应经历的学生更有可能偏离理性标准的计算方式，毕竟对于使用标准投资决策法则进行决策而言，学生被试无可依据的经验和可依赖的直觉。本书在探讨投资决策任务中数目启发式效应存在性时，主要探讨被试的投资决策是否受数目启发式效应影响而偏离理性决策，不采用标准理性的计算法则。考虑到学生被试与在职人员被试采用的理性计算法则是一致的，在校学生更有可能采用理性分析的方法，本研究最终选取在校学生作为被试，以探析投资决策中数目启发式效应与标准理性计算策略的应用情况和数目启发式效应对决策的影响。同时，预实验和正式实验的实验后问卷均显示被试的数学逻辑能力不影响实验结果。因此，本研究在选择和招募投资决策任务正式实验相应被试时，将被试群体限定于至少是学习过管理会计、财务管理课程的会计学院学生或学习过投资决策方法的相关专业学生。

此外可以发现，在实验经济学和行为会计学中，大部分实验同样是以学生为被试进行的。例如开创实验经济学研究的甘贝林（Chambelin，1948）验证市场不完全性的实验即在哈佛大学课堂进行，以学生为实验被试。"竞争性市场行为"的实验（Smith，1962）、"最后通牒"实验（Guth et al.，1982）、"礼物交换博弈"实验（Fehr et al，. 1996；2000）等众多著名行为经济学实验也均以学生作为被试。在其他经济学相关实验中，研究者也强调使用普通人（包括学生）作为被试，因为探索经济活动中人类行为的实验是检验相应经济理论的，而经济理论又具有普遍适用性，因此在理论的描述下，任何人的决策都应该是一样的。在本研究中投资决策任务情景也属于类似的情况：如果被试采用理性方式，那么只要学习过管理会计或财务管理课程中相应投资决策的标准计算法则，在理性计算方式下，无论是学生还是在职人员的计算方式和决策步骤应该是一致的，并不存在理性计算法则的差异，而实验后问卷也显示被试个体计算能力或逻辑能力的差异对决策影响并不显著；如果被试采用数目启发式策略，而数目启发式是一种人类潜意识中与生俱来的非理性数量信息处理方式，则无论是学生还是在职人员，其分辨数目的能力是天生的也应该是无差异的，因此学生和在职人员以数目启发式策略处理数量信息的方式同样也应该是无差异。故无论是理性计算策略，还是数量启发式策略，在投资决策任务中的解释力和应用性也是普遍的。以学生为被试和以在职人员为被试，其决策过程中以理性计算方式或数目启发式策略的决策路径均是一致的，也是一般性的。并不能说同样计算净现值、内含报酬率等决策指标时，在职人员就会比在校学生计算得更准确。

但对于业绩评价任务而言，由于任何业绩评价任务均没有标准统一的计算法则或公式，相比于可以使用标准计算方式得出客观最优解的投资决策任务而言，业绩评价任务则更依赖于管理会计信息使用者的主观判断和主观决策过程。因此，在业绩评价任务中没有学生和在职人员可共用统一标准的处理策略，此时学生和处于实际会计岗位以及管理岗位的在职人员使用业绩评价信息作出判断的过程可能会存在显著的差异。而学生和在职人员在业绩评价过程中主观决策路径的差异又难以探析，故在本研究探讨业绩评价任务中数目启发式效应的影响时，在预实验中先选择在校学生为实验被试，为保证实验结果的稳健性和推广性，在正式实验中最终选择有实际工作经验的会计领域专业人士作为实验被试。这部分在职被试平均工作年限为 4. 69 年，从事管理工作的平均年限为 2. 78 年，考评他人业绩的平均年限为 2. 29 年，有 19 名被试岗位层次为部门管理层及以上。从实验结果的统计分析可以看出，无论是使用在校学生为被试的预实验还是使用会计领域专业人士为被试的正式实验，数目启发式效应均出现于业绩评价信息使用者处理信息并进行判断评价的过程中，导致被试做出非一致的决策。实验的结果说明了数目启发式效应在业绩评价任务中的影响是具有普遍性的，对于现实情景中实际的业绩评价情景同样有着适应性和推广性。

此外，对于被试的招募，本研究也采取了多种被试招募的方式，既包括完全随机招募的方式，也包括直接使用整个班级学生作为实验被试的方式。但无论何种被试招募方式，最终的实验结果仍是一致的，数目启发式效应在管理会计信息使用过程中的影响是显著存在的。在采取多种被试招募方式的同时，本书对被试专业背景限制也进行了多样化处理，既有单独以会计专业背景为被试的研究样本，也包括来自于金融、企业管理、工商管理、统计学、法律等各个专业被试的研究样本，但无论何种专业限定标准，实验结果仍是一致的，数目启发式效应在管理会计信息使用过程中的影响同样显著存在。

实验报酬和激励以及实验情景中具体任务的设置同样是影响实验结果外部效度的重要因素。因此本研究首先细致地设计了实验情景中的任务内容，以便契合和模拟实际的决策情景。首先对于每一项实验，在正式的投资决策任务和业绩评价任务开始前，被试都需要先阅读公司背景信息，完成一个并不包含数量信息处理的、与后续投资决策任务、业绩评价任务独立的产品定价策略，选择任务或广告营销方式选择任务，通过该任务的引入，被试可更快地熟悉决策情景并进入决策者的角色中。其次，在每一项投资决策和业绩评价任务中，涉及决策金额或业绩指标中的金额也是多样的，可更契合现实情景中的投资决策金额和业绩评价信息。例如既有涉及金额较小的物流路线投资决策（每条子路线收益均在 10 万元以下），也有涉及金额较大的消毒技术投资决策（不确定性收益或损失可达 1000 万以上），这符合真实投资决策中常涉及的金额范围。毕竟并非所有真实企业的投资决策均是百万、千万的投资额，即使是在大企业中，也存在着许多小额投资（例如企业内部某个部门的项目投资决策），而广大中小企业的投资决策涉及的投资额度也并不高。因此，本书实验情景中的决策任务既包含了重要的大额投资，也囊括金额较小的小额投资，对于不同层次的投资决策任务均有着适应性和推广性。此外，在稳健性实验中，本书研究还基于真实的公司背景和数据构建实验任务情景，实验中涉及的公司信息、市场竞争环境、发展阶段、主要业绩数据等内容均完全来自于一家真实上市公司，被试完全基于真实公司背景和决策信息完成决策任务。该实验的情景已完全不同于虚拟的实验情景，基本上符合真实的决策环境。但实验结果显示，被试仍在决策过程中受数目启发式影响而做出有偏的、非一致的决策，这再次支持了研究结果的稳健性和在实践中的推广性。

关于实验报酬和激励的设置，本研究也引入了不同的报酬和激励机制以契合错综复杂的现实情景。首先是现金报酬，本研究包括两种现金报酬形式，一种是均等奖励，即被试只要参与实验即可在实验后当场获得 30 元现金报酬；另一种为现金奖励获得的数量与决策准确度相关，决策准确度越高，被试可获得的现金报酬越高，此情形设定下被试最高可获得 30 元现金报酬。这两种奖励机制也符合现实情景中的两种报酬获取方式，一种是投入时间或精力参与到决策等具体工作或任务中，即可获得一定报酬的情形；另一种则是参与具体工作或任务并不是获得报酬的依据，报酬的依据是最终的工作结果和效率。此外，报酬数额的多少也是实验设计时需要考虑的重要问题。有时人们可能会认为，由于研究资源的限制，实验提供的报酬与现实相比似乎较少，而在现实中更高的金额似乎会使人们更看重自身的利益从而更加认真，因此可能对实验结果的推广性存在疑惑。其实，行为经济学等其他行为学科也常常面对此问题，一般而言，对于公开招募被试支付的报酬，常用的参照标准是该国或该地区的平均时薪或最低小时工资。故绝大多数行为经济学和相关行为学科实验给予的报酬均不太高，但实验结果同样具有推广性。这是因为此类实验一般探讨的均为人们行为和认知的系统性规律，而这些规律常是整个人类群体和较大群体的总体特征。例如 Terrell（1994）和 Payne et al.（1993）等关于“赌徒谬误”这一非理性心理效应的探究发现，“赌徒谬误”在以在校学生为被试、给予较低金额报酬的实验情景中存在，而在涉及大额赌金的金钱激励和真实的赌博环境下，参与赌博的人们同样受“赌徒效应”心理偏差的影响而做出非理性决策。类似的涉及大量金额和真实选择的行为经济学研究中，行为主体（如购买彩票行为、电视节目秀的参与者等）的群体行为仍然与实验情景下得出的结论一致，同样受到心理偏差的影响，尽管这些主体都是面对真实的、大额的金钱激励。因为此类行为问题的探讨都是针对人类的认知规律或群体行为规律而言的，毕竟不能说“互惠”“搭便车”“赌徒谬误”等心理因素只存在于平均时薪的实验情景下，而在现实工作和生活中并不存在。这对于数目启发式效应这一人们在处理数量信息时常见的心理偏差也同样如此。此外，本研究实验情景中涉及的金额并不低，而实验报酬和经济激励折算为工资率也并不低。在实验中，被试只需花费 20 分钟左右时间完成投资决策任务或业绩评价业务，即可获得 30 元奖励，相当于日薪 720 元，这甚至高于普通会计人员的工资水平，故本研究中的现金报酬对于被试而言并不是微不足道的小额激励。在此情景设定下，被试面对的决策金额和获得的报酬金额都很贴近现实中的决策情景，据此得到实验结果也具有较好的推广性和外部效度。最后，本研究也认为最理想的被试当然是企业经理人员并施加真实的经济激励，但实现起来会有一定难度。因此，下一步的研究目标是争取在企业中进行田野实验（Field Study）并把实验结果和经济激励结合起来。例如，如果要支付对经理人员有吸引力的报酬往往很难做到（对研究人员来说金额太高），但可以只在优胜者中随机抽取一名，给予比较高额的奖励。

第9章 研究结论及展望

9.1 研究结论

在前文研究中，本书着眼于管理会计控制任务中常见的投资决策任务和业绩评价任务，采用实验研究方法，探讨了数目启发式效应在管理会计信息使用过程中的存在性，影响数目启发式作用的情景条件和个人特征，以及数目启发式与其他非理性行为的交互影响，并通过引入决策激励等方法对数目启发效应的存在性进行的稳健性检测。

归纳前文的研究结果，本书主要得出研究结论如下：

其一，数目启发式效应确实存在于管理会计具体任务中，并最终导致有偏的决策。本书研究发现，数目启发式效应确实存在于投资决策和业绩评价任务中：在投资决策任务面临数量、概率信息做出判断时，被试倾向以数目启发式代替理性算法来推断数量大小和可能性高低，并最终做出有偏误的决策；在业绩任务中被试同样受到数目启发式效应影响，被试面对等量的数量信息仅因数目形式的差异而给出了有显著差异的评价。

其二，任务情景和个人特征可影响数目启发式效应在管理会计任务中的作用。在验证了数目启发式效应存在于管理会计信息使用过程的前提下，本书研究继续探讨了管理会计任务中数目启发式效应作用发挥的影响条件，此处的影响条件又实际分为任务情景和个人特征。本书研究发现，数目启发式效应作用的发挥首先会受到任务情景条件的影响，让被试感到复杂程度更高、耗费认知努力更多的任务会促使其更倾向于选择数目启发式策略作为完成决策任务的依据。同时，数目启发式效应也与个人思维方式密切相关，相比于抽象思维组，具象思维组的被试更易受数目启发效应的影响；但数学水平、逻辑能力等个人特征并不能在依据数量信息进行判断的任务中导致有差异的决策。这说明数目启发式策略独立于人类数学水平和逻辑能力而存在，也在一定程度上印证了人类同时存在两套计数系统，后天学习和培养的理性计数能力与本能的计数系统相独立，当采用本能计数系统时，理性计数能力的高低并不能影响到人类依据前者做出的判断。

其三，数目启发式效应可与其他非理性行为共同影响管理会计信息的使用过程。在数目启发式效应与其他非理性行为的交互影响研究中，实验结果发现，数目启发式效应可与人们在不同情形下对待风险态度和偏好不一致的非理性行为共同影响决策者的判断。被试在对确定性收益项目和不确定性收益项目进行比较抉择的投资决策任务中，当一个确定性收益项目用大数目（即小计量单位）表述时，决策者比同样的项目用小数目（即大计量单位）表述时更有可能选择该项目；而当一个确定性损失项目用大数目（即小计量单位）表述时，决策者比同样的项目用小数目（即大计量单位）表述时更有可能拒绝该项目而选择对应的不确定性损失项目。

最后，本书研究通过引入真实公司背景、数据和决策激励的方法进一步验证了实验研究的稳健性以及在实践中的可推广性。研究结果发现，数目启发式效应仍然稳健地存在于引入真实数据和决策激励的管理会计投资决策及业绩评价任务情景中，在该实验情形下，被试仍然更倾向高估大数目形式下的数量信息，低估小数目形式下的数量信息，以数目作为判断数量大小的依据。该结果在印证了数目启发式效应稳健性的同时，也在一定程度上使本书研究结果更具实务推广性和实践意义。针对数目启发式效应的影响，本书研究从引入和完善管理信息系统、对可标准化的数量信息进行标准化以及管理决策者自我约束和警醒的角度探讨了数目启发式效应的应对举措。

9.2 展望

基于上述研究结果，本书以行为研究的方式印证了数目启发式效应在会计信息系统特别是管理会计信息系统中的作用。对于一个将数量信息视为“语言”的学科而言，数目启发式效应对会计信息系统的影响是举足轻重的，这直接涉及会计信息最本质和核心的功能——会计信息决策有用性。虽然我们不断完善会计信息体系、概念框架、质量特征要求等方面的要求，但只有我们提供的信息被信息使用者充分并无偏地理解，这部分信息才能被有效地应用于决策之中，也才能达到会计信息呈报和编制的本质目的。在人类认知中非理性认知过程的存在，特别是数目启发式效应这一针对会计信息系统主要载体数量信息的非理性认知因素的存在，很可能导致我们精心设计和编制的会计报告并不能如最初所愿有效地辅助决策。因此，会计信息有用性的探索不应只局限于会计信息的生成过程，会计信息的使用过程同样应受到关注。毕竟依据会计信息进行决策的主体并不是完美的计算机软件，而是有着认知能力限制、需要在大脑中经历特定过程才能加工处理信息并据此给予主观判断的人类。人类在会计信息处理过程中，特别是依据数量信息处理的过程中种种有规律的偏差都值得我们进一步深究和探索。毕竟生成会计信息并不是我们的最终目的，会计信息能够被有效使用并辅助决策才是会计信息有用性的终点。现有研究中会计信息、特别是数量信息的使用过程中人类的认知和行为仍属于少数，还有许多问题值得我们继续探讨。

对于数目启发式这一认知效应而言，由于实验数据的获取难度和研究精力所限，本书只从管理会计信息使用这一研究点切入数目启发式效应的研究，并重点关注于管理会计任务中的投资决策和业绩评价模块。针对管理会计“数目捷径”的探讨，本书研究认为，至少有以下问题值得进一步探析：

第一，管理会计控制系统中其他子模块，如预算、薪酬激励等任务中数目启发式效应是否同样会影响相应管理会计信息的使用过程，这在本书研究中并未直接探讨。但基于本书的实验情景构造，在预算、薪酬激励等任务中涉及的数量信息和单位，如货币单位、时间单位等同样也适用于在预算、薪酬激励等任务中。故我们可以推断，在没有统一数量信息要求的其他管理会计子模块中，数目启发式效应会同样存在。这些数目启发式效应的表现形式和决策影响机制可能会与投资决策及业绩评价任务有一定差别。因此，为完整成体系地探索数目启发式效应在管理会计体系中的影响，我们在今后的研究中会继续就数目启发式在管理会计信息系统中存在性问题进行更广泛的探讨。

第二，关于数目启发式效应在管理会计任务中作用发挥的条件，同样是一个值得继续探讨的问题。本书研究主要针对任务情景条件中的任务复杂程度、认知努力耗费程度和个人特征中的思维方式、数学水平、逻辑能力、工作年限、管理年限、岗位层次等进行了相应分析，但我们相信，这并不是可影响数目启发式效应在管理会计信息使用时发挥作用的全部影响因子。就任务情景而言，时间的控制也是一个可继续探讨的因素，毕竟数目启发式是人们处理数量信息时一种快速便捷的处理方式，其所花费的时间成本相比于系统性的信息处理策略是较低的。因此管理会计任务的时间耗费长短、紧急程度也是一个我们将会在今后研究中继续探讨的任务情景因素。此外，在认知过程中，信息使用者的个人行为和认知过程也千差万别，每个人都可能受各自的心理或行为特征约束。因此，除本书研究探讨的因素外，管理会计信息使用者的其他个人特征也同样可能影响信息使用者是否在加工处理信息时使用数目启发式策略，这可以结合更多行为学研究中影响认知的个人特征继续对该研究进行探讨。

第三，在现有数目启发式的相关研究中，也较少有研究探讨数目启发式效应与其他非理性认知因素的交互影响和对决策行为的共同影响。本书在管理会计投资决策任务中详细分析了数目启发式效应与人们对待风险时的态度不一致的非理性行为的交互效应。然而，还可能有更多其他非理性认知与数目启发式效应交互影响。毕竟人们在信息使用时需经过众多认知过程才得以完成信息处理，而每一认知阶段都可能因各种诱因或固有认知缺陷引发认知偏差。虽然数目启发式主要针对数量信息的使用而言，但该认知过程中仍难免受其他非理性认知因素的影响。因此在管理会计中加工和处理数量信息时，数目启发式效应与其他认知效应的交互影响和对决策的共同作用也值得未来的研究继续探讨。

第四，对于数目启发式效应的抑制措施，本书主要从管理信息系统的引进和改善、尽量标准化数量信息呈报形式以及管理决策者自身约束等方面进行了探讨。在实验中，本研究也就引入百分比（类似于单位换算比）和决策激励等措施进行了尝试，但该结果说明引入百分比和决策激励的措施并未达到相应效果，并在一定程度上验证和支持了数目启发式效应存在的稳健性。但此后的研究仍然可以进一步探讨数目启发式效应的其他抑制措施和应对方案，毕竟在行为学研究中，许多认知偏差和心理效应如过度自信等的抑制也引起了广泛的探讨。对于针对会计信息载体数量信息而言的非理性认知偏差——数目启发式效应的抑制和应对也同样值得我们继续深究。

[1] 阿伦森著. 郑日昌译. 社会性动物 [M]. 北京：新华出版社，2001.

[2] 池国华. 内部管理业绩评价系统设计的整合机制 [J]. 会计研究，2005，(7)：61-64.

[3] 丹尼尔·卡尼曼，保罗·斯洛维奇，阿莫斯·特沃斯基著. 方文，吴新利，张擘译. 不确定状况下的判断：启发式和偏差 [M]. 北京：中国人民大学出版社，2008.

[4] 杜荣瑞，肖泽忠，周齐武，赵立新. 管理会计与控制技术的应用及其与公司业绩的关系 [J]. 会计研究，2008 (9)：39-46.

[5] 刘凤良. 行为经济学 [M]. 北京：北京大学出版社，2008.

[6] 刘俊勇，孟焰，卢闯. 平衡计分卡的有用性：一项实验研究 [J]. 会计研究，2011：36-43.

[7] 孟焰. 管理会计理论框架研究 [M]. 大连：东北财经

大学出版社，2006.

[8] 饶育蕾，蒋波. 行为公司金融：公司财务决策的理性和非理性 [M]. 北京：高等教育出版社，2010.

[9] 施建祥，朱丽莎. 从行为经济学视角解析保险需求的非理性行为 [J]. 浙江金融，2006：49－51.

[10] 王斌. 中国国有企业业绩评价制度：回顾与思考 [J]. 会计研究，2008（11）：21－28.

[11] 王化成，刘俊勇. 企业业绩评价模式研究——兼论中国企业业绩评价模式选择 [J]. 管理世界，2004（4）：82－91.

[12] 奚凯元. 别做正常的傻瓜 [M]. 北京：机械工业出版社，2008.

[13] 熊焰韧，邱冠华. 管理会计决策中的框架效应初探——以转移定价决策为例 [J]. 会计研究，2007（5）：67－72.

[14] 亚当·斯密著. 郭大力，王亚南译. 国民财富的性质和原因的研究 [M]. 北京：商务印书馆，2014.

[15] 张朝宓，张宇，陈晶. 业绩评价信息使用者的认知与判断——以平衡计分卡为背景的实验研究 [J]. 中大管理研究，2007：22－47.

[16] 郑雨明. 决策判断中认知偏差及其干预策略 [J]. 统计与决策，2007，5：37－45.

[17] 周齐武. 中国企业中"恶性增资"现象的广泛性、影响、原因和对策探讨 [J]. 中国会计与财务研究，2000，1：1－20.

[18] Adaval, R.. Numerosity and Consumer Behavior. Journal of Consumer Research, 2013, 39 (5): 11－16.

[19] Alba, J. Susan, M., Terence, A.. The Influence of

Prior Beliefs, Frequency Cues, and Magnitude Cues on Consumers' Perceptions of Comparative Price Data. Journal of Consumer Research, 1994, 21 (2): 219 -235.

[20] Allais, M.. Le compartment de l'homme rationnel devant le risque. Critque des postulates et axiomes de l'ecole Americaine. Econometrica, 1953, 21: 503 -546.

[21] Alonso, D., Fernάndez - Berrocal, P.. Irrational decisions: attending to numbers rather than ratios. Personality and Individual Differences, 2003, 35 (7): 1537 -1547.

[22] Arkes, H. R.. Costs and benefits of judgment errors: Implications for debiasing. Psychological Bulletin, 1991, 110 (3): 486 -498.

[23] Atkinson, A. A.. Management Accounting. Prentice Hall, 1997: 381 -385.

[24] Baddeley, A., Wilson, B. A.. When implicit learning fails: Amnesia and the problem of error elimination. Neuropsychologia, 1994, 32 (1): 53 -68.

[25] Bagchi, R., Li, X.. Illusionary progress in loyalty programs: magnitudes, reward distances, and step - size ambiguity. Journal of Consumer Research, 2011, 37 (12): 888 -901.

[26] Banker, R. D., Chang, H., Janakiraman, S. N.. A balanced scorecard analysis of performance metrics. European Journal of Operational Research, 2004, 154 (2): 423 -436.

[27] Barberis, N., Huang, M.. Mental Accounting, Loss Aversion, and Individual Stock Returns. Social Science Electronic Publishing, 2001, 56 (4): 1247 -1292.

[28] Barberis, N., Huang, M.. The Loss Aversion/Narrow

Framing Approach to the Equity Premium Puzzle – Handbook of the Equity Risk Premium. Handbook of the Equity Risk Premium, 2008: 199 – 229.

[29] Basel, J., Brnhl, R.. Concepts of rationality in management research. ESCP Europe Working Paper, No. 57, 2011.

[30] Benartzi, S., Thaler, R. H.. Myopic Loss Aversion and the Equity Premium Puzzle. Social Science Electronic Publishing, 1993, 110 (1): 73 – 92.

[31] Benveniste L M, Ljungqvist A, Wilhelm W J, et al. Evidence of Information Spillovers in the Production of Investment Banking Services. Journal of Finance, 2005, 52: 117 – 146.

[32] Berg, J., John, D., Kevin, M. C.. Trust, Reciprocity, and Social History. Games and Economic Behavior, 1995, 10 (1): 122 – 142.

[33] Bless, H., Bohner, G., Schwarz, N.. Mood and persuasion: A cognitive response analysis. Personality and Social Psychology Bulletin, 1990, 16 (2): 331 – 345.

[34] Brewer, M. B.. A dual process model of impression formation. Advances in social cognition, Hillsdale, NJ: Erlbaum. 1988, (1): 1 – 36.

[35] Broadbent, D. E.. Perception and Communication. Education and Training, 1958, 14 (1): 183 – 203.

[36] Burson, K. A., Larrick R. P., Lynch J. G.. Six of One. Half Dozen of the Other Expanding and Contracting Numerical Dimensions Produces Preference Reversal. Psychological Science, 2009, 20 (9): 1074 – 1078.

[37] Cadez, S., Guilding, C.. An exploratory investigation of

an integrated contingency model of strategic management accounting. Accounting Organizations and Society, 2008, 33 (8): 836 -863.

[38] Camerer, C. F., Thaler, R. H.. Anomalies: Ultimatums, Dictators and Manners. Journal of Economic Perspectives, 1995, 9 (2): 209 -219.

[39] Campbell, K.. Smart Money, Noise Trading, and Stock Price Behavior. Review of Economic Studies, 1993 (60): 1 -34.

[40] Chaiken, S., Liberman, A., Eagly, A. H.. Heuristic and systematic information processing within and beyond the persuasion context. Unintended thought, New York: Guilford Press, 1989.

[41] Chaiken, S., Liberman, A., Eagly, A. H.. Heuristic and systematic information processing within and beyond the persuasion context. Unintended thought, New York: Guilford Press, 1989: 212 -252.

[42] Chamberlin, E. H.. An Experimental Imperfect Market. Journal of Political Economy, 1948, 56 (2): 95 -108.

[43] Chip, H., Jack S.. Mental budgeting and consumer decisions. Journal of Consumer Research, 1996 (23): 62 -78.

[44] Christensen, A. J.. Cognitive distortion, helplessness, and depressed mood in rheumatoid arthritis: a four - year longitudinal analysis. Health Psychology, 1994, 13 (3): 213 -217.

[45] Clotfelter, C. T., Cook, P. J.. Notes: The "Gambler's Fallacy" in Lottery Play. Management Science, 1993, 39: 1521 - 1525.

[46] Conlon, E. J., Parks, J. M. Information Requests in the Context of Escalation. Journal of Applied Psychology, 1987, 72 (3): 334 -350.

[47] Coulter, K. S., Coulter, R. A.. Size Does Matter: The Effects of Magnitude Representation Congruency on Price Perceptions and Purchase Likelihood. Journal of Consumer Psychology, 2005, 15 (1): 64-76.

[48] Cyert, R. M., March, J. G.. A behavioral theory of the firm. Upper Saddle River, NJ: Prentice Hall, 1992.

[49] Darke, P., Freedman, L. J.. Deciding whether to seek a bargain: Effects of both amount and percentage off, Journal of Applied Psychology, 1993, 78: 960-965.

[50] Datar, S., Kulp, S. C., Lambert, R. A.. Balancing Performance Measures. Journal of Accounting Research, 2001, 39 (1): 75-92.

[51] David, C., Rosser, R. H.. The Changing Face of Mainstream Economics. Review of Political Economy, 2003, 16 (4): 485-499.

[52] Dechow, N., Mouritsen, J.. Enterprise resource planning systems, management control and the quest for integration. Accounting Organizations and Society, 2005, 30 (78): 691-733.

[53] Demski, J. S., Feltham, G. A.. Cost determination: A conceptual approach. Iowa: Iowa State University Press, 1976.

[54] Dilla, W. N., Steinbart, P. J.. The effects of alternative supplementary display formats on balanced scorecard judgments. International Journal of Accounting Information Systems, 2005, 6 (3): 159-176.

[55] Eagly, A. H., Chaiken, S.. Thepsychology of Attitudes. Fort Worth, TX: Harcourt Brace Jovanovich College Publisher, 1993.

[56] Edwards, W.. Utility theorys: Measurements and Applications. Boston, MA: Kluwer. 1992.

[57] Epstein, S.. Integration of the cognitive and the psychodynamic unconscious. American Psychologist, 1994, 49 (8): 709 - 724.

[58] Farrell, A. M., Kadous, K., Towry, K. L.. Contracting with Financial and Non - financial Performance Measures - Experimental Evidence. Ssrn Electronic Journal, 2005.

[59] Fehr, E., Cachter, S.. Fairness and Retaliation: The Eeonomies of Reciprocity. Journal of Eeonomic Perspectives, 2000 (14): 159 - 181.

[60] Fehr, E., Chter, S., Kirchsteiger, G.. Reciprocal Fairness and Noncompensating Wage Differentials. Journal of Institutional and Theoretical Eeonomics, 1996, 152 (4): 608 - 640.

[61] Fehr, E., Kirchsteiger, G., Redle, A.. Does Fairness Prevent Market Clearing? An Experimental Investigation. Quarterly Joumal of Eeonomics, 1993, 108: 437 - 459.

[62] Fischhoff, B.. For Those Condemned To Study the Past: Heuristics and Biases in Hindsight. Judgment under uncertainty: Heuristics and biases, 1982.

[63] Fischhoff, B., Lichtenstein, S.. Knowing with uncertainty: the appropriateness of extreme confidence. Journal of Experimental Psychology: Human Perception and Performance, 1977 (1), pp: 288 - 299.

[64] Fischhoff, B., Lichtenstein, S., Slovic, P.. Knowing with certainty: the appropriateness of extreme confidence. Journal of Experimental Psychology, 1977 (4): 552 - 564.

[65] Fiske, S. T., Taylor, S. E.. Social cognition. McGraw - Hill series in social psychology, 1991.

[66] Flyvbjerg, B., Holm, M. S., Buhl, S.. Underestimating Costs in Public Works Project: Error or Lie? Journal of the American Planning Association, 2002, 68 (3): 279 - 295.

[67] Forsythe, R., Horowitz, J., Savin, N. E., Sefton, M.. Fairness in Simple Bargaining Experiments. Games and Eeonomic Behavior, 1994, 6 (3): 347 - 369.

[68] Friedman, D., Sunder, S.. Experimental Methods. Cambridge University Press, 1994.

[69] Gehring, W. J. Willoughby, A. R.. The medial frontal cortex and the rapid processing of monetary gains and losses. Science, 2002, 295 (09): 2279 - 2282.

[70] Gelman, R., Meck, E.. Early principles aid initial but not later conceptions of number. Pathways Press, 1992.

[71] Gelman, R., Meck, E.. Merkin, S.. Young children's numerical competence. Cognitive Development, 1986, 1 (86): 1 - 29.

[72] Gelman, R., Spelke, E. S., Meck, E.. What Preschoolers know about Animate and Inanimate Objects. The Acquisition of Symbolic Skills, 1983, 27: 297 - 326.

[73] Gerling, P. G.. Controlling und Cognition: Implications of bounded cognitive capacities for management accounting. Eul Verlag, 2007.

[74] Gervais, S., Heaton, J. B., Odean, T.. The Positive Role of Overconfidence and Optimism in Investment Policy. Working Paper, 2012.

[75] Ghosh, A., Petkov, N. A.. Cognitive Evaluation Procedure for Contour based descriptors. International Journal of Hybrid Intelligent Systems, 2005, (2): 237-252.

[76] Gigerenzer, G.. Adaptive thinking - rationality in the real world. Oxford University Press, 2000.

[77] Gigerenzer, G., Gaissmaier, W.. Heuristic decision making. Annual Review of Psychology, 2011, 62 (1): 451-482.

[78] Gigerenzer, G., Goldstein, D. G.. Reasoning the fast and frugal way: Models of bounded rationality. Psychological Review, 1996, 103: 650-669.

[79] Gigerenzer, G.. The adaptive toolbox. Cambridge, MIT Press, 2001.

[80] Gigerenzer, G., Todd, P.. Simple Heuristics that make us smart. Oxford University Press, 1999.

[81] Gilbert, D. T., Malone, P. S.. The correspondence bias. Psychology bulletin, 1995, 117 (1): 21-38.

[82] Gilbert, D. T., Pelham, B. W., Krull, D. S.. On cognitive busyness: When person perceivers meet persons perceived. Journal of Personality and Social Psychology, 1988, 54 (9): 723-740.

[83] Granlund, M., Malmi, T.. Moderate impact of ERPS on management accounting: a lag or permanent outcome?. Management Accounting Research, 2002, 13 (3): 299-321.

[84] Greenwood, J. D.. Explanation and Experiment in Social Psychological Science. Springer: New York, 1989.

[85] Griffin, K., Tversky, A. The Weighing of Evidence and the Determinants of Overconfidence. Cognitive Psychology,

1992, 24: 111 -135.

[86] Groner, M. , Groner, R. , Bischo, W. F.. Approaches to heuristics: A historical review, Hillsdale: Erlbaum, 1983.

[87] Hacking, B. D.. Representing and Intervening: Introductory Topics in the Philosophy of Natural Science. Nous, 1983, 2: 33 -41.

[88] Hasher, L. , Zacks, R. T.. Automatic and effortful processes in memory. Journal of Experimental Psychology General, 1979, 108 (3): 356 -388.

[89] Henderson, Pamela, W. , Peterson, R. A.. Mental Accounting and Categorization. Organizational Behavior and Human Decision Processes, 1992, 51: 92 -117.

[90] Hirshleifer, D.. Investor psychology and asset pricing. Journal of Finance, 2001 (5): 1533 -1539.

[91] Hopwood, D. P.. An Accounting System and ManagerialBehaviour. Economic Journal, 1973, 35 (84): 121 -134.

[92] Hunton, J. E. , Mcewen, R. A.. An Assessment of the Relation between Analysts' Earnings Forecast Accuracy, Motivational Incentives and Cognitive Information Search Strategy. Accounting Review, 1997, (4): 497 -515.

[93] Ittner, C. D. , Larcker, D. F.. Are Nonfinancial Measures Leading Indicators of Financial Performance? An Analysis of Customer Satisfaction. Journal of Accounting Research, 1998, 36 (1): 1 -35.

[94] Ittner, C. D. , Larcker, D. F. , Meyer, M. W.. Subjectivity and the Weighting of Performance Measures: Evidence from a Balanced Scorecard. Accounting Review, 2003, 78 (3): 725 -758.

[95] Jegadeesh, N., Titman, S.. Returns to buying winners and selling losers: Implications for stock market efficiency. Journal of Finance, 1993, 48: 22 - 39.

[96] Josephs, R., Larrick, R. P., Steele, C. M.. Protecting the self from the negative consequences of risky decisions. Journal of Personality and Social Psychology, 1996, 62: 26 - 37.

[97] Kahneman, D., Dan, L., Sibony, O.. Before you make that big decision. Harvard Business Review, 2011, 89 (6): 50 - 60.

[98] Kahneman, D., Dan, L.. Timid Choices and Bold Forecasts: A Cognitive Perspective on Risk Taking. Management Science, 1993, 39 (1): 17 - 31.

[99] Kahneman, D.. New challenges to the rationality assumption. Journal of Institutional and theoretical economics, 1994, 150: 18 - 36.

[100] Kahneman, D., Tversky, A.. On the interpretation of intuitive probability: a reply to Jonathan Cohen. Cognition, 1979, 7: 409 - 411.

[101] Kahneman, D., Tversky, A.. On the psychology of prediction. Psychological Review, 1973, 80: 237 - 251.

[102] Kahneman, D., Tversky, A.. Prospect theory: an analysis of decision making under risk. Econometrica, 1979, 47: 263 - 291.

[103] Kantowitz, H. B.. Development of Critical Knowledge Gaps and Research Efforts. Support of the Safety R & T Partnership Agenda, 2004.

[104] Kaplan, R. S., Norton, D. P.. Strategy Maps. Har-

vard Business School Publishing, 2004.

[105] Kaplan, R. S., Norton, D. P.. The Balanced Scorecard: Measures that Drive Performance, Harvard Business Review, 1992, (70): 71-79.

[106] Kaplan, R. S., Norton, D. P.. Translating Strategy into Action: The Balanced Scorecard. Process Accountability on Managerial Judgement, The Accounting Review, 1996, 30 (4): 712-736.

[107] Kaplan, R. S., Norton, D. P.. Using the Balanced Scorecard as a Strategic Management System. Harvard Business Review, 1996, 85 (1): 150-161.

[108] Kerlinger, F. N., Lee, H. B.. Foundations of behavioural research (4th Edition). Fort Worth: Harcourt College Publishers, 2000.

[109] Kinney, J., William, R., Bonner, S. E.. The Effects of Domain Experience and Task Presentation Format on Accountants' Information Relevance Assurance. Social Science Electronic Publishing, 2001.

[110] Kirkpatrick, L. A., Epstein, S.. Cognitive-experiential self-theory and subjective probability: further evidence for two conceptual systems. Journal of Personality and Social Psychology, 1992, 63 (4): 534-544.

[111] Knight, F.. Risk, Uncertainty, and Profit. Boston, MA: Houghton Miffin ComPany, 1921.

[112] Kurz-Milcke, E., Gigerenzer, G.. Heuristic decision making. Marketing Journal of Research and Management, 2007, 3 (1): 48-60.

[113] Libby, R., Lewis, B. L.. Human information processing research in accounting: Thestart of the art. Accounting, Organizations and Society, 1981, 7 (3): 231 -285.

[114] Lichtenstein S., Slovic P.. Reversals of preference between bids and choices in gambling decisions. Journal of Experimental Psychology, 1971, 89 (1): 46 -55.

[115] Li, H., Zhao, F.. Unspanned Stochastic Volatility: Evidence from Hedging Interest Rate Derivatives. Journal of Finance, 2006, 61 (1): 341 -378.

[116] Lingnau, V.. Shareholder value as the basis for a "controlling" theory? A knowledge based approach with analogies to marketing science. Poland: In Management, 2009.

[117] Lingnau, V.. The use of quantitative methods in the practice of middle - class firm. Zielona Gora: University Press, 2011.

[118] Lingnau, V., Walter, K.. Psychological paradigms for management accounting research. Zur Controlling - Forschung, 2011, Nr. 17.

[119] Lipe, M. G., Salterio, S.. A note on the judgmental effects of the balanced scorecard's information organization [J]. Accounting Organizations and Society, 2002, 27: 531 -540.

[120] Lipe, M. G., Salterio, S. E.. The Balanced Scorecard: Judgmental Effects of Common and Unique Performance Measures. Accounting Review, 2000, (3): 283 -298.

[121] Ljungqvist, A., Wilhelm, W. Jr.. Does prospect theory explain IPO market behavior? Journal of Finance, 2005, 60: 1759 - 1790.

[122] Lovallo, D., Kahneman, D.. Living with uncertainty:

attractiveness and resolution timing. Journal of Behavioral Decision Making, 2000, 13 (2): 179 - 190.

[123] Luft, J. L., Shields, M. D.. Why Does Fixation Persist? Experimental Evidence on the Judgment Performance Effects of Expensing Intangibles. Accounting Review, 2001, 76 (4): 561 - 587.

[124] Luft, J., Shields, M. D.. Mapping management accounting: graphics and guidelines for theory - consistent empirical research. Accounting Organizations and Society, 2003, 28 (23): 169 - 249.

[125] Maheswaran, D., Chaiken, S.. Promoting systematic processing in low motivation settings: Effects of incongruent information on processing and judgment. Journal of Personality and Social Psychology, 1991, 61 (11): 13 - 25.

[126] Malcolm, H.. Performance Measurement. Commercial Management of Projects: Blackwell Publishing Ltd, 2008.

[127] Malmi, T.. Balanced scorecards in Finnish companies: a research note. Management Accounting Research, 2001, 12 (2): 207 - 220.

[128] Medin, D. L.. Concepts and Conceptual Structure. American Psychologist, 1989, 44 (12): 1469 - 1481.

[129] Miller, G. A.. The magical number seven, plus or minus two: Some limits on our capacity for processing information. Psychological Review, 1956, 8: 11 - 97.

[130] Miller, K., Gelman, R.. The Child's Representation of Number: A Multidimensional Scaling Analysis. Child Development, 1983, 54 (6): 1470 - 1479.

[131] Monga, A., Bagchi, R.. Years, Months, and Days versus 1, 12, and 365: The Influence of Units versus Numbers. Journal of Consumer Research, 2012, 39 (1): 185 - 198.

[132] Neisser, U.. Memoyr: What are the important questions? Memory observed. San Francisco: Freeman. 1982.

[133] Nejad, M. R., Onay, S.. Numerosity and Cognitive Complexity as Moderators of the Medium Effect. Procedia Economics and Finance, 2014: 445 - 453.

[134] Newell, A., Simon, H. A.. Human problem solving. Englewood Cliffs, NJ: Prentice - Hall, 1972.

[135] Newtson, D.. Attribution and the unit of perception of ongoing behavio. Journal of Personality and Social Psychology, 1973, 24: 28 - 38.

[136] Ofir, C., Raghubir, P., Brosh, G.. Memory - Based Store Price Judgments: The Role of Knowledge and Shopping Experience. Journal of Retailing, 2008, 84 (4): 414 - 423.

[137] Olsena, A., Hjorth, F.. Fiscal Framing: Vividness and Numerosity Biases in Perceptions of Public Spending. Midwest Political Science Association Annual Conference, 2014.

[138] Pacini, G., Tonolo, G., Sambataro, M.. Sensitivity and glucose effectiveness: minimal model analysis. American Journal Psychology, 1998, 274 (4): 592 - 599.

[139] Pandelaere, M., Briers B., Lembregts C.. How to Make a 29% Increase Look Bigger: The Unit Effect in Option Comparisons. Journal of Consumer Research, 2011, (38) 2: 308 - 322.

[140] Payne, J. W., Bettman, J. R., Johnson, E. J.. Be- l decision research: A constructive processing perspec-

tive. Annual Review of Psychology, 1992, 43: 87 - 131.

[141] Payne, W. J., James, R. B. Eric, J. J.. The Adaptive Decision Maker. Cambridge: Cambridge University Press, 1993.

[142] Pearl, J.. Heuristics: intelligent search strategies for computer problem solving. Addison - Wesley Longman Publishing, 1984.

[143] Pelham, B. W., Sumarta, T. T., Myaskovsky, L.. The easy path from many to much: The numerosity heuristic. Cognitive Psychology, 1994, 26 (3): 103 - 133.

[144] Pelham, B. W., Swann, W. B.. From self - conceptions to self - worth: On the sources and structures of global self - esteem. Journal of Personality and Social Psychology, 1989, 57 (10): 672 - 680.

[145] Petty, R. E., Cacioppo, J. T.. The effect of involvement on responses to argument quantity and quality: Central and peripheral routes to persuasion. Journal of Personality and Social Psychology, 1984, 46 (9): 69 - 81.

[146] Petty, R. E., Cacioppo, J. T.. The effects of involvement on responses to argument quantity and quality: Central and peripheral routes to persuasion. Journal of Personality and Social Psychology, 1984, 46 (1): 69 - 81.

[147] Pezzo, M. V., Pezzo, S. P.. Making sense of failure: a motivated model of hindsight bias. Social cognition, 2007, 25 (1): 147 - 164.

[148] Raghubir, P.. Is 1/10 > 10/100? The Effect of Denominator Salience on Perceptions of Base rates of health risk. International Journal of Research in Marketing, 2008, 25 (4): 327 - 334.

[149] Raj, V. D., EpsteinS.. Conflict Between Intuitive and Rational Processing: When People Behave Against Their Better Judgment. Journal of Personality and Social Psychology, 1994, 66 (5): 819 - 829.

[150] Savage, L. J.. Thefundations of Statisties. New York: Wiley. 1954.

[151] Schwenk, C. R.. Cognitive Simplification Processes in Strategic Decision - making. Strategic Management Journal, 1984, 5 (2): 111 - 128.

[152] Sciascia, S.. Exploring corporate entrepreneurship: Entrepreneurial orientation in small - and medium - sized enterprises. JIBS research reports, 2004.

[153] Shadish, W., Chacón - Moscoso, S.. Observational studies and quasi experimental designs: similarities, differences and generalizations: similarities, differences and generalizations. Metodología De Las Ciencias Del Comportamiento, 2001, 4: 283 - 290.

[154] Shafir E, Diamond P, Tversky A.. Money Illusion. Quarterly Journal of Economics, 1997, 112 (2): 341 - 374.

[155] Shafir, E., Tversky, A.. Thinking through uncertainty: nonconsequential reasoning and choice. Cognitive Psychology, 1992, 24 (4): 449 - 474.

[156] Shanteau, J.. Psychological characteristics and strategies of expert decision makers. Acta Psychologica, 1988, 68 (88): 203 - 215.

[157] Shefrin, H., Statman, M.. Behavior Portfolio Theory. Journal of Financial and Quantitative Analysis, 2000, 35 (2): 115 -

[158] Shields, Michael, D.. Research in management accounting by North Americans in the 1990s. Journal of Management Accounting, 1997, (9): 3-61.

[159] Shiller, R. J.. Human Behavior and the Efficiency of the Financial System. Handbook of Macroeconomics, 1998: 1305-1340.

[160] Showers, C.. Compartmentalization of positive and negative self-knowledge: Keeping bad apples out of the bunch. Journal of Personality and Social Psychology, 1992, 62 (5): 1036-1049.

[161] Simon, H.. A Behavioral Model of Rational Choice. The quarterly journal of economics, 1955, 26 (4): 105-111.

[162] Simon, H. A.. Chase W G. Skill in Chess: Experiments with chess-playing tasks and computer simulation of skilled performance throw light on some human perceptual and memory processes. American Scientist, 1973, (4): 394-403.

[163] Simon, H. A., Herrmann, J.. Individual-Level Loss Aversion in Riskless and Risky Choices. Centre for Decision Research and Experimental Economics Discussion, 2007, Paper No. 2007-02.

[164] Simon, H. A.. Invariants of Human behavior. Annual Review of Psychology, 1990, 41 (1): 1-19.

[165] Simon, H. A.. Models of man. New York: John Wiley and Sons, 1957.

[166] Simon, H. A.. Rational Choice and The Structure of The Environment. Psychological Review, 1956, 63: 129-138.

[167] Slovic, P., Lichtenstein, S.. Comparison of Bayesian and Regression Approaches to the Study of Information Processing in Judgement. Organizational Behavior and Human Performance, 1971, 6: 649-744.

[168] Soman, D, Wertenbroch K, Chattopadhyay A.. Currency Numerosity Effects on the Perceived Value of Transactions. Ssrn Electronic Journal, 2002, 18 (2): 116 - 127.

[169] Speier, C.. Influence of information presentation formats on complex taskecision - making performance. Human - Computer Studies, 2006, 64: 1115 - 1131.

[170] Stevens, S. S.. Ratio scales and category scales for a dozen perceptual continua. Journal of Experimental Psychology, 1957, 54 (6): 377 - 411.

[171] Tan, H. T., Jamal, T.. Can Auditors Predict the Choices Made by Other Auditors? Journal of Accounting Research, 2001, 39 (3): 583 - 597 (15).

[172] Terrell, D. A.. Test of the Gambler's Fallacy: Evidence from Pari - mutuel Games. Journal of Risk and Uncertainty, 1994, 8 (3): 309 - 317.

[173] Thaler, R.. Advances of Behavioral Finance. New York: McGraw Hill Press, 1993.

[174] Thaler, R., Johnson E.. Gambling with House Money and Trying to Break Even: The Effects of Prior Outcomes on Risky Choice. Management Science, 1985, 36: 643 - 660.

[175] Thaler, R.. The End of Behavioral Finance. Financial Analysis Journal, 1999, 11: 12 - 16.

[176] Traupmann, K. L., Wong, P. T., Amsel, A. Durability of persistence as a function of number of partially reinforced trials. Journal of Experimental Psychology, 1971, 88 (3): 372 - 375.

[177] Trope, Y., Liberman, N.. Temporal Construal. Psy- al Review, 2003, 110 (3): 403 - 421.

[178] Truong, G., Peat, M., Partington, G.. Cost of Capital Estimation and Capital Budgeting Practice in Australia. Australian Journal of Management, 2008, 48 (1): 153 – 158.

[179] Tversky, A., Fox, C. R.. Weighting Risk and Uncertainty. Psychology Review, 1995, 102: 269 – 283.

[180] Tversky, A., Heath, C.. Preferences and beliefs: Ambiguity and competence in choice under Uncertainty. Journal of Risk and Uncertainty, 1991, 4: 5 – 28.

[181] Tversky A., Kahneman D.. Availability: a heuristic for judging frequency and probability. Cognitive Psychology. 1973, 5: 207 – 232.

[182] Tversky, A., Kahneman, D.. Judgment under Uncertainty: Heuristics andBiases. Science, 1974, 185: 1124 – 1131.

[183] Tversky, A., Kahneman, D.. Rational choice and the framing of decisions. Journal of Business, 1986, 59: 251 – 278.

[184] Tversky, A., Kahneman, D.. The belief in the law of small numbers. Psychol Bull. 1971, 76: 105 – 110.

[185] Tversky, A., Kahneman, D.. The framing of decisions and the psychology of choice. Science, 1981, 211: 453 – 458.

[186] Tversky, A., Shafir, E.. Thinking through uncertainty: Nonconsequential reasoning and choice. Cognitive Psychology, 1992, 24: 449 – 474.

[187] Van, D., Zeelenberg, M.. The discounting of ambiguous information in economic decision making. Journal of Behavioral Decision Making, 2003, 16: 341 – 352.

[188] Van, D., Zeelenberg, M.. When curiosity killed re-

gret: Avoiding or seeking unknown in decision – making under uncertainty. Journal of Experimental Social Psychology, 2007, 16: 656 – 662.

[189] Wertenbroch, K., Soman, D., Chattopadhyay, A.. On the perceived value of money: The reference dependence of currency numerosity effects. Journal of Consumer Research, 2007, 34 (5): 1 – 10.

[190] Wilder, D. A.. Homogeneity of Jurors: The majority's influence depends on their perceived independence. Law and Human Behavior, 1978, 2 (6): 363 – 376.

[191] Wilder, D. A.. Perception of groups, size of opposition and social influence. Journal of Experimental Social Psychology, 1977, 13 (4): 253 – 268.

[192] Wolfe, J. B., Kaplon, M.. Effect of amount of reward and consummative activity on learning in chickens. Journal of Comparative Psychology, 1941, 31 (2): 353 – 361.

[193] Yamagishi, K.. Nishimura Y.. Reaction – Time Assessment of Beliefs Underlying the Irrational 'Ratio – Bias' in Choic. The 28th Annual Conference of the Cognitive Science Society, 2006: 2404 – 2409.

[194] Yamagishi, K.. When a 12.86% Mortality is More Dangerous than 24.14%: Implications for Risk Communication. Applied Cognitive Psychology, 1997, 11 (6): 495 – 506.

[195] Zhang, Y. C., Schwarz, N.. How and Why 1 year differs from 365 days: aconversational logic analysis of inferences from the granularity of quantitative expressions. Journal of Consumer Re-
2012, 39 (12): 248 – 259.